PHILOSOPHIE

MORALE ET POLITIQUE

ÉTUDES

PAR

J.-E. ALAUX

Professeur de Faculté

Professeur de Philosophie à l'Ecole des Lettres d'Alger.

PARIS
ANCIENNE LIBRAIRIE GERMER-BAILLIÈRE ET Cie
FÉLIX ALCAN, ÉDITEUR
108, Boulevard Saint-Germain, 108

1893

8° R
14400

PHILOSOPHIE
MORALE ET POLITIQUE

PHILOSOPHIE

MORALE ET POLITIQUE

ÉTUDES

Par J.-E. ALAUX

Professeur de Faculté
Professeur de Philosophie à l'Ecole des Lettres d'Alger

PARIS
ANCIENNE LIBRAIRIE GERMER-BAILLIÈRE ET Cie
FÉLIX ALCAN, ÉDITEUR
108, Boulevard Saint-Germain, 108

1893

AVANT-PROPOS

Les études qu'on va lire sont de diverses époques : conférences, discours, fragments de cours publics, lectures faites à l'Institut, articles de revues et de journaux, parfois de simples notes demeurées inédites. Plusieurs sont datées, qui devaient l'être : leur date les explique, et en explique le ton. Je les conserve telles qu'elles furent écrites : ce qui était vrai quand elles furent écrites n'a pas cessé de l'être, ni, je crois, d'être utile ; et peut-être ont-elles gardé de l'occasion ou du sentiment qui les inspira quelque chose de vivant qu'elles perdraient à une retouche.

Ces études, cependant, ne sont pas mises, dans ce livre, par ordre de dates, mais suivant une progression d'idées qui leur permettra de former un ensemble. Il est certain qu'un assemblage d'études diverses, un livre de *mélanges*, comme on disait autrefois, n'est pas un livre, mais plutôt une collection de petits livres, un recueil de *brochures*. La plupart des auteurs qui publient de tels *mélanges* s'attachent à en montrer la réelle unité sous la diversité apparente ; et elle y est en effet, par cela seul qu'elles sont œuvres d'un même auteur, enfants d'un même esprit. Les études recueillies dans ce volume ont naturellement cette unité-là ; elles sont d'un philosophe qui a sa doctrine, et qui se retrouve naturellement dans tous ses écrits. Elles ont une autre unité : c'est qu'elles se rapportent à un même ordre d'idées, elles ne sont pas études quelconques de philosophie sur toutes sortes de matières : car quelles matières sont étrangères à la philosophie, qui embrasse tout ? sous un point de vue propre, sans doute, et elle ne prétend point prendre la place des autres sciences : mais il n'est point de sciences, ni d'arts, ni peut-être de choses humaines, ou divines (autant qu'elles sont accessibles à l'homme), qu'elle ne touche par quelque côté. Ces études ne sont point psychologiques, ou métaphysiques, ou historiques et critiques, elles sont morales ; et non pas seulement de morale générale, mais surtout appliquée aux problèmes sociaux : non à tous, mais à quelques-uns, et des plus graves.

L'ordre suivi est donc celui-ci : les premières études sont de morale générale ; les suivantes, de morale appliquée à la littérature, aux lettres françaises, à la France même dans les épreuves terribles où elle a failli périr ; enfin, à plusieurs des grandes questions de philosophie politique, ou de philosophie sociale, qui ont été agitées de notre temps, qui le sont ou peuvent l'être encore, et sur lesquelles il ne semble pas que le dernier mot ait encore été dit.

Il y a entre la politique et la morale de tels rapports que beaucoup de philosophes les confondent, chargeant l'Etat de procurer le règne du bien. Je suis, tout au contraire, de ceux qui les séparent profondément, la morale, à mon sens, ayant pour objet le bien et la politique le droit ; mais la question du droit est elle-même une question de morale, j'ajoute une des plus délicates, des plus difficiles et des plus mal résolues. On a essayé ici de le bien définir ; telles de ces études, notamment celles qui ont pour titre : *Les questions du temps*,

Du rôle de l'État dans les questions économiques, *La vraie démocratie*, s'attachent à cette définition, et présentent une solution de ce grand problème du droit, qui est au fond de tous les débats, de tous les conflits, de toutes les résistances comme de toutes les poussées d'un peuple instable, d'une nation inquiète, d'un siècle orageux.

A Jules Simon

AU SÉNATEUR

Membre de l'Académie Française
Secrétaire perpétuel de l'Académie des Sciences
Morales et Politiques

Je dédie respectueusement ces modestes études

PHILOSOPHIE MORALE & POLITIQUE

DES VARIATIONS DE LA MORALE

I

Savoir affirmer où il faut affirmer, nier où il faut nier, et douter où il faut douter, est chose peu commune. C'est un mal assurément que d'affirmer où il faudrait douter, où il faudrait nier ; c'est un plus grand mal de nier, de douter même, sans motif légitime. On a besoin de connaître pour agir; et connaître, n'est-ce pas croire ? Le scepticisme est funeste. Un sceptique absolu, si un pareil prodige ou un pareil monstre pouvait exister, ne vivrait pas. Des philosophes, dans la hauteur sereine de leurs chaires,

Edita doctrina sapientum templa serena,

ont pu se faire honneur de conclure à l'incertitude universelle, parlant, sans certitude d'être, à un auditoire ravi de les entendre et de les applaudir sans être bien assuré ni de les applaudir ni de les entendre, à un auditoire qui peut-être n'était pas :

tout se passe alors comme dans ces royaumes du vide où l'on voyait (les voyait-on ?)

> l'ombre d'un cocher
> Qui, tenant l'ombre d'une brosse,
> Nettoyait l'ombre d'un carrosse.

Mais dès qu'ils descendent de leurs chaires dans la vie, ils oublient ici-bas les belles choses qu'ils ont dites là-haut, et bien leur en prend. Pyrrhon, enseignant, est Pyrrhon, le maître des pyrrhoniens ; Pyrrhon, vivant, n'est pas un pyrrhonien, mais un homme. L'astrologue qui

> un jour se laissa choir
> Au fonds d'un puits,

ce n'était point par pyrrhonisme : c'était qu'il ne l'avait pas vu. Si aussi bien, au lieu d'être un simple astrologue, il eût été Pyrrhon en personne, et qu'il eût vu le puits, il eût cru à ses yeux, au sortir d'un savant enseignement où il eût clairement démontré qu'il n'y fallait pas croire ; après avoir parlé en systématique, il eût agi en homme, et doublement : il se fût détourné du précipice, et se fût contredit. Heureux d'être sage au prix d'une inconséquence ! La plupart des hommes sont inconséquents, et n'en sont pas plus sages. Devant cette insolente nécessité d'agir et de vivre, qui ne respecte ni systèmes ni chaires, il n'y a point pyrrhonisme qui tienne : « la nature soutient la raison impuissante, et l'empêche d'extravaguer jusqu'à ce point. (Pascal). »

Dira-t-on que cette impossibilité même d'être

conséquent avec son scepticisme sauve le sceptique ? Dans ses intérêts matériels, peut-être : la vie terrestre, la vie présente, a des exigences qui s'imposent assez impérieusement pour faire taire toute rébellion. Mais il n'en est plus ainsi dès qu'il s'agit de la vie morale. Le doute sur les grandes vérités d'où elle relève la rend, à tout le moins, languissante et molle. Encore, s'il porte sur la divinité, sur la providence, sur la vie éternelle, est-il compatible, chez quelques âmes d'élite, avec la foi au devoir, et avec la pratique du bien qu'inspire une telle foi. Mais s'il porte sur le devoir ? Si la distinction du bien et du mal ne paraît fondée que sur des préjugés, fruits d'habitudes séculaires, mais arbitraires en elles-mêmes ? Si la loi morale n'est qu'une chimère : pour les bonnes gens illusion, convention pour les habiles ? Si l'illustre mourant qui, se frappant de sa main, dit : « Vertu, tu n'es qu'un nom ! » ne jette au monde, en ce cri du désespoir, que le cri de la vérité ? Triste vérité pour les malheureux, joyeuse pour les heureux : commode aux vainqueurs, qui ajouteront à la raison du plus fort celle du plus sage ! Il est difficile de sacrifier l'intérêt ou la passion à l'obligation morale quand on croit en Dieu, quand on travaille pour la vie éternelle ; presque impossible quand, sans croire à la vie éternelle, on croit du moins à l'obligation morale : que fera donc celui pour qui elle n'existe pas ? Qui doute de l'existence des corps (en a-t-on sérieusement douté ?) est ramené à la vérité, dans la pratique de la vie, par les besoins, par les plaisirs, par tous les intérêts de la vie ; qui doute du devoir est encore écarté de la vérité, dans la pratique de la vie, par la vie même, dont les besoins, dont les plaisirs, dont tous les intérêts le combattent.

Le scepticisme peut avoir, dans les intelligences diverses, divers points d'appui : le plus solide est, sans contredit, le désaccord des hommes sur les mêmes objets de foi. Rien n'ébranle plus la croyance naturelle qu'on aurait en une vérité, que de voir la diversité des croyances, d'où l'on a peu de peine à conclure qu'il n'y en a pas qui soit véritablement naturelle aux hommes. On doute de la philosophie, parce qu'on voit ou qu'on croit voir plusieurs philosophies, entre lesquelles on se sent incapable de choisir ; et il n'a pas manqué de logiciens avisés, d'habiles raisonneurs, pour faire du scepticisme philosophique établi sur ce motif un argument irréfutable en faveur de la religion. Leur argument a paru si fort, qu'on le leur a pris contre eux-mêmes : comme on doute de la philosophie parce qu'il y en a plusieurs, on doute de la religion pour le même motif.

C'est que l'homme, fait pour vivre en société, ne s'isole pas plus dans sa vie intellectuelle et morale que dans sa vie physique. Il a plus de confiance en autrui qu'en soi-même ; ou plutôt, il ne sépare pas autrui de soi-même, et ne se croit qu'autant qu'il retrouve autrui en soi, ou qu'il se retrouve en autrui,

*Quandoquidem sapiunt alieno ex ore, petuntque
Res ex audilis potius, quam sensibus ipsis* (Lucr.).

Il en est ainsi pour toute vérité, même sensible. Que d'autres hommes, nos semblables, n'aperçoivent pas avec nous un objet que nous voyons de nos yeux, que nous touchons de nos mains, nous doutons de nos propres mains, de nos propres yeux ; nous soupçonnons quelque hallucination ; nous craignons une maladie, un rêve, un délire. Nous croyons, nous sentons que la vérité est la même pour tous les hommes. Quand c'est le spectacle du désaccord des hommes qui engendre le scepticisme, qu'est-il autre chose qu'un acte de foi en l'humanité, ou en la communauté de la raison ?

Ce désaccord, si fâcheux partout où il se présente, s'est-il également produit dans la détermination des règles de la conduite humaine ? Y aurait-il plusieurs morales, comme on va répétant qu'il y a plusieurs philosophies, plusieurs religions ? La chose, il faut en convenir, serait grave. Sans doute, c'est de mes yeux que je vois, de mes oreilles que j'entends, et je n'ai pas besoin, pour être assuré de l'orage qui éclate au-dessus de ma tête, d'une autre affirmation que la leur. Il me suffit aussi, pour être assuré que je dois souffrir plutôt que de nuire à personne, que ma conscience me le dise. Mais comment, si nous sommes plusieurs présents dans le même temps et dans le même lieu, puis-je être le seul à voir, à entendre l'orage ? Comment la conscience de l'humanité tout entière pourrait-elle n'être pas d'accord avec la mienne dans la déclaration d'un devoir? Certes, il me serait malaisé de n'être point profondément troublé, s'il y avait désaccord entre le genre humain et moi. Mais non, la raison est une ; et le désaccord qu'on accuse n'est qu'une vaine apparence, à laquelle il ne faut pas se laisser surprendre.

A ne considérer que la surface, rien de plus différent, chez les différents peuples de la terre, que les mœurs, les habitudes, les règles de conduite, les maximes de sagesse ; rien de plus différent que les lois mêmes ; et rien de plus différent aussi que les théories, soit religieuses, soit philosophiques, que les conceptions qu'on a eues des principes du devoir, de la science du bien. Autant d'âges de la civilisation humaine, autant de morales. Mais cette diversité qui éclate à la surface couvre une profonde unité. Toutes ces morales ne sont que des formes diverses, ou des applications diverses, ou des degrés de développement divers, d'une morale universelle. La retrouver sous tant de mœurs si variées, sous tant de lois si opposées, sous tant de systèmes qui se combattent, la dégager du milieu de tant de formes qui l'enveloppent et la déguisent, la reconnaître derrière tant de masques ; rendre compte des points de son développement où elle s'arrête, des déviations où elle s'égare, des contrariétés où elle semble se diviser contre elle-même et périr ; la rétablir enfin dans sa vérité, dans sa pureté, la restituer à elle-même :

quelle tâche offrirait plus d'intérêt, quelle œuvre serait plus instructive ?

Nous ne prétendons pas remplir ici cette tâche, accomplir cette œuvre. Nous voudrions indiquer d'un trait rapide comment elle doit être conçue, comment il serait possible à un plus habile, ou mieux préparé, de la mener à bonne fin.

II

Diversité de mœurs, diversité de lois, diversité de systèmes et d'écoles, tout semble d'abord se réunir contre la prétention ou la chimère d'une morale qui serait universelle parce qu'elle serait naturelle. « Ils sont plaisants, dit Montaigne, quand, pour don-
» ner quelque certitude aux lois, ils disent qu'il y
» en a aucunes fermes, perpétuelles et immuables,
» qu'ils nomment naturelles, qui sont empreintes en
» l'humain genre par la condition de leur propre
» essence ; et de celles-là, qui en fait le nombre de
» trois, qui de quatre, qui plus, qui moins : signe que
» c'est une marque aussi douteuse que le reste. »

Voilà l'objection. Etablissons-la dans toute sa portée, dans toute sa force.

Jusqu'où s'est étendue la diversité des mœurs ? Jusqu'à la contrariété ; et non pas seulement sur quelques points, mais sur tous les points. Il n'est pas une habitude réputée vertu chez quelque peuple, qui chez quelque autre n'ait été réputée vice. « Plai-

sante justice, qu'une rivière ou une montagne borne! »
s'écrie Pascal ; et Montaigne, dont il s'est inspiré :
« Quelle bonté est-ce, que je voyais hier en crédit,
« et demain ne l'être plus, et que le trajet d'une
« rivière fait crime ? Quelle vérité est-ce que ces
« montagnes bornent, mensonge au monde qui se
« tient au-delà ? »

Que se doit l'homme à lui-même ? De s'instruire, de fortifier son intelligence, d'éviter l'ignorance, qui en est le néant, et l'erreur, qui en est la mort ? De suspendre et d'attendre, mais en cherchant à connaître ; de se réserver, de douter, tant que la clarté de la vérité ne luit pas encore à ses yeux ? De croître en science ; mais de croître surtout en puissance, en droiture et en élévation de raison ? — L'esprit *positif* des Romains n'avait que dédain pour les hautes spéculations de la pensée, et, pour les paresseux qui se livraient à cette œuvre inutile, il n'avait qu'un blâme superbe. L'esprit *positif* ne s'est pas confiné dans Rome, et un blâme tout semblable poursuit, en bien des pays, la paresse du travail philosophique. Il en est d'autres où c'est, au contraire, à la vie contemplative qu'appartient l'estime, tandis que la vie active est peu prisée, lot misérable des pauvres, des humbles, des inférieurs. — Ailleurs, la recherche de la vérité est proscrite comme une révolte de l'orgueil contre la foi, et l'effort pour comprendre comme un crime de lèse-divinité : on impose l'obligation morale de croire sur parole, sans preuve, ou avant la preuve ; on interdit le doute, même provisoire, hypothétique, purement scientifique ; on interdit surtout l'enquête sur les mystères, et le monde est plein de pieuses gens qui ne regardent qu'avec une véritable épouvante ces rebelles, ces hérétiques, ces enfants de Satan, ces êtres qui pensent, qui raisonnent, qui ne s'en rapportent pas à la parole dominatrice !

L'homme se doit-il d'exercer sur ses propres inclinations l'empire du maître, de les gouverner, de les diriger, de les régler sans les détruire, de faire effort pour amoindrir en lui-même les basses et pour y accroître, par tous les moyens dont il dispose, par les pénétrantes influences de la musique, de la peinture, de la poésie, de l'art, celles qui, hautes et généreuses, le portent vers l'idéal ? — Ici, on lâche la bride aux passions ; là, on se travaille pour les étouffer, et comme pour se mutiler soi-même. On estime les natures passionnées, ardentes, puissantes ; on estime les apathiques, ou ceux qui se sont rendus tels : on a du respect, on a de l'admiration, pour les eunuques. Plusieurs sociétés ont vu dans les artistes des prêtres de l'idéal, dans les poètes des prophètes, des révélateurs, des favoris du Ciel qui les inspire ; d'autres les excommunient du même anathème dont ils poursuivent Satan, ses pompes et ses œuvres, et je ne sais si la sainte horreur de tels sectaires bien connus, puritains, calvinistes, jansénistes, n'a pas été plus impitoyable encore pour l'art que pour la science. Ceux-ci ont admis la science en quelque mesure, bien que Pascal se soit amèrement reproché, comme des péchés graves, les études scientifiques de sa vie mondaine. Passe encore pour certaines sciences, mais l'art ! c'est l'abomination de la désolation, et la voûte du temple s'écroulera sur nos têtes ! D'autres, enfin, ne voient dans l'art qu'un plaisir, et dans les artistes que des hommes occupés à charmer l'oisiveté de leurs semblables. Le plaisir même, il en est qui, sans le louer ni le blâmer, l'admettent comme une chose naturelle, légitime en soi : commode théorie, que la pratique d'un grand nombre de nations a poussée aussi loin que la dépravation de l'imagination humaine le peut concevoir ; il en est qui le repoussent comme illégitime et coupable en soi, et qui font précisément consister le péché dans le plaisir. Sobriété, chasteté, tempérance : là, c'est prudence et modération qu'on entend sous ces mots ; ici c'est abstinence, c'est continence absolue.

L'homme se doit-il de soutenir sa dignité d'être libre ? On estime une fierté virile ; mais on estime l'humilité, la soumission, la résignation passive, l'esprit d'obéisssance, et jusqu'au servilisme politique, suite d'un servilisme religieux qui, pour certaines gens, est l'idéal même de la vertu. Suivant l'éducation qu'on a reçue, savoir être libre est la propre marque ou d'une grande âme ou d'une âme orgueilleuse ; cesser d'être libre, c'est, au jugement des uns, dégrader l'humanité en soi, descendre du rang de personne à celui de chose ; c'est, au jugement des autres, s'élever à la perfection de l'abnégation chrétienne. Qui se livre à une autorité «comme un bâton aux mains d'un vieillard », par ce même acte par lequel il s'engage à l'obéissance absolue non plus d'un homme mais d'un « cadavre » (*perinde ac cadaver*), excite en des cœurs différents, également sincères, des sentiments tout contraires de réprobation ou de vénération.

L'homme se doit-il de conserver, de développer, d'orner et de parer son corps, d'entretenir et d'embellir cette demeure ou plutôt ce temple de son âme ? De croître en force et en grâce comme en sagesse ? — Les cyniques se firent une vertu, et on leur fit une vertu, de vivre nus, sales et grossiers ; les Spartiates mirent leur gloire dans une rudesse qui ne nous paraîtrait guère moins repoussante ; et combien de chrétiens, combien de boudhistes, ont été vénérés pour la courageuse pratique d'étranges macérations, de mortifications inouïes ! En d'autres sociétés, l'admiration s'est portée sur ceux qui étaient capables de vider d'un seul trait les plus amples coupes, et la puissance de boire a été, comme la bravoure dans les combats, un titre d'honneur.

Le travail fut longtemps méprisé ; on commence à l'honorer aujourd'hui. Point n'est besoin d'aller bien loin ni de remonter bien haut pour voir la vie oisive tenue en singulière estime : c'était vivre noblement que vivre sans rien faire. L'oisiveté, cette mère de toute frivolité comme de tout vice, fut une noblesse. De nos jours même, où du moins l'on tient quelque compte d'une vie occupée, quels sont ceux qui infligent à la vie oisive la mésestime qu'elle mérite ? Elle trône dans les salons ; elle jouit de la considération publique ; les égards, les respects, les saluts dus au travail utile vont, se trompant d'adresse, à la fainéantise riche, qui les prend pour siens, et en triomphe.

Le suicide est, pour beaucoup, le plus affreux des crimes, le seul qui, quand il réussit, ne laissant pas de place au repentir, échappe à la divine miséricorde. Les parricides ont encore, après la juste peine qui les a retranchés du nombre des vivants, les prières de l'Eglise, avec une sépulture chrétienne : l'Eglise refuse un peu de terre, l'Eglise refuse ses prières à ceux à qui Dieu même ne peut plus, le voulût-il, accorder le pardon, aux suicides. Leur crime est le seul qui soit irrémissible ; si bien que, il y a quelques années, un insensé, voulant, sans se tuer, rejeter le fardeau d'une vie dont il était las, n'imagina rien de mieux que de se faire assassin, dans l'espérance d'une condamnation à mort : celui qui, au sortir d'un théâtre, à Lyon, frappa d'un poignard dans la foule une victime qu'il ne connaissait point, cherchait, par l'acte monstrueux qu'il commettait, une manière de mourir lui-même, criminel, mais absous, assassin, mais non suicide ! tant la mort volontaire inspire l'horreur. Elle inspira, autrefois, l'admiration : l'histoire est remplie de suicides illustres, de grands hommes qu'a faits grands précisément ce meurtre de soi, si abominable à d'autres yeux. Mais, chez nous-mêmes, le monde n'inflige-t-il pas la honte aux malheureux qui, contraints par des circonstances fatales à choisir entre la vie avec le déshonneur et la mort volontaire, ont reculé devant le crime de la mort volontaire ou devant la crainte de la mort, et, soit manque de courage, soit force d'une âme inaccessible au désespoir comme à la gloire humaine, ont préféré vivre ? Les anciens, les stoïciens surtout, furent moins tragiques : ils considérèrent la vie comme une propriété dont on peut disposer à son gré, dont on use tant qu'elle plaît, dont on se défait dès qu'on en est las. *Placet ? Vive. Non placet ? Licet eo reverti, unde venisti* (Sén.). Le corps n'est-il point le serviteur de l'âme ? et depuis quand est-il défendu de renvoyer un serviteur importun ? ou depuis quand n'est-il plus permis de sortir de table, sitôt qu'on a assez mangé ?

Cur non ut plenus vitæ conviva recedis (Lucr.)?

III

Que l'on parcoure tous les devoirs dont l'ensemble constitue ce qu'on nomme aujourd'hui la morale individuelle, je doute que l'on en rencontre un seul qui n'ait été nié par des sociétés entières, qui n'ait été violé avec l'approbation, quelquefois avec l'admiration publique. Toutes ces divergences dont la pratique des peuples, dont les mœurs des nations offrent le spectacle funeste, ne prouveraient rien si elles se bornaient à la pratique, aux mœurs : que conclure contre la morale de la conduite des vicieux? Mais c'est de la conduite des gens vertueux, c'est de mœurs approuvées, c'est d'une pratique de sagesse qu'il s'agit ; et voilà ce qui rend si funeste le spectacle de telles divergences.

Ce sera pis, si de la morale individuelle nous nous retournons vers la morale sociale. Il semble que celle-ci soit plus sacrée encor . Que de gens n'en reconnaissent point d'autre ! Que de gens qui ne croient pas se rien devoir à eux-mêmes, mais croient devoir à autrui ! qui s'estiment gens de bien et honnêtes s'il ne font de tort à personne, de quelque manière qu'ils se comportent pour leur propre compte, dans quelque sens qu'ils gouvernent leur vie privée ! Trouverons-nous enfin, sur la règle qui doit présider aux relations des hommes, cet accord vainement cherché dans leurs mœurs particulières? Nous ne le trouverons pas. Le même désaccord attristera nos yeux : d'autant plus triste en effet, d'autant plus grave, que, les relations des hommes entre eux étant la matière même des lois, la divergence des lois s'ajoutera, comme pour la consacrer et la rendre à jamais irrémédiable, à celle des mœurs.

Considérons donc l'homme dans l'humanité. Entendez-vous retentir d'âge en âge ces grands commandements, sortis moins encore de la conscience que du cœur de l'homme? Tu ne tueras pas. Tu ne déroberas pas. Tu ne te vengeras pas. Tu ne te feras pas justice à toi-même. Tu aimeras ton prochain comme toi-même. Ne fais point à autrui ce que tu ne voudrais point qu'on te fît à toi-même. Fais à autrui ce que tu voudrais qu'on te fît à toi-même. Respecte la personne, la réputation, l'honneur, la propriété, respecte la liberté d'autrui. Respecte le droit.

Le droit ! Ah ! Les mœurs qui jusqu'ici ont prévalu, les lois qui ont régné dans les sociétés, l'ont-elles consacré, ont-elles su même le reconnaître ?

Le droit ? — Laissons les anthropophages, laissons ces sauvages, qui cependant furent des hommes. Mais l'esclavage, mais la traite des nègres, mais la guerre, mais les persécutions religieuses, mais.... Qui se flatterait d'épuiser la sombre nomenclature des attentats que consacrent les mœurs, que permettent, que commandent les lois, contre le droit d'autrui, contre ce droit qu'il leur appartient de définir et de défendre ?

Tu ne tueras point ? On tue ses ennemis. On les tue au nom de la patrie, pour la protéger contre leur agression, et c'est légitime défense ; ou pour l'agrandir à leurs dépens, pour leur imposer un joug, pour s'emparer de leur territoire : et la gloire n'est pas moindre, et les lois ne sont pas moins complices de l'homicide, dans cette sorte de vol à main armée qu'on nomme conquête, ou dans ces batailles que sanctifie, en les rendant nécessaires, un trop juste motif. « Le tigre déchire sa proie, et dort ; « l'homme devient homicide, et veille », a dit Chateaubriand. Il devait dire : Le tigre ne déchire pas le tigre ; mais l'homme déchire l'homme, et dort, dans son triomphe, le sommeil du juste ! De quelle nature, en vérité, sont les rapports des peuples ? Ces peuples sont-ils peuples d'hommes, ou peuples de bêtes féroces ? Et de combien de brigandages est faite la gloire des plus fières nations ! Toutes se sont admirées dans leur gloire, et il n'est point de victoire, même sur le droit foulé aux pieds, même sur la justice conspuée, même sur le ciel outragé, qui n'ait été célébrée par un cantique d'actions de grâces !

Encore si l'on ne tuait que ses ennemis ! Mais on tue ses compatriotes, ses concitoyens. On tue pour la protection d'une fabrication dite nationale, d'un commerce, d'un titre, d'un rang, d'un droit fictif, d'une classe d'hommes, d'un homme qu'on favorise par un privilège qui va jusqu'à lui subordonner la vie d'autrui : et la loi ici n'est plus seulement complice de l'homicide, la loi en est l'auteur. On tue, et avec un raffinement de tortures, les malheureux qui ne partagent pas une croyance. On tue pour venger une insulte, pour punir une atteinte à l'honneur. On tue, pour imprimer la terreur en l'âme de ceux qui tuent, et pour apprendre ou rappeler aux autres le grand commandement : Tu ne tueras pas !

Les lois ont diversement permis, ou même diversement ordonné, et les mœurs ont diversement approuvé ces diverses formes d'homicide. La torture a été établie, puis abolie. La peine de mort a été établie, elle est abolie chez quelques peuples : chez nous, la peine de mort en matière politique. Le duel a été établi, sous le nom de *jugement de Dieu* ; nos lois civiles, aujourd'hui, l'interdisent mollement, et nos lois militaires ne le condamnent pas, ou même, en certains cas, le commandent. *Dent pour dent, œil pour œil*, disait l'ancienne justice, celle surtout que l'on se rendait à soi-même ; et il y a encore des populations qui considèrent la vengeance comme un devoir étroit et sacré : la *Colomba* de Prosper Mérimée n'est point une fable. Le tyrannicide a eu ses apologistes, et les tyrannicides leurs admirateurs. Judith est une des héroïnes de la Bible. Quel catholique, dans les siècles passés, ne se fût fait un mérite devant Dieu de l'extermination des protestants ; ou quel protestant, de l'extermination des catholiques ? Qui ne connaît les *autos da fé*, ces *actes de foi* qui étaient des bûchers dans la catholique Espagne ? Qui ne connaît l'inquisition ? Mais la révocation de l'édit de Nantes fut hautement approuvée de Bossuet et des évêques du XVIIe siècle ; mais la nouvelle du massacre de la Saint-Barthélemy fut accueillie du Pape avec des transports de joie ; mais il n'y a point de religion dont l'histoire ne soit l'histoire d'un fanatisme ; mais le paganisme eut ses fanatiques, et Socrate fut condamné à boire la ciguë ! Il y a eu aussi des lois de tolérance. Il y a même en certains pays (ce qui vaut mieux) des lois de liberté. La liberté de l'industrie, celle du commerce, mille autres, sont-elles de droit naturel ? Qu'en dit la morale ? Qu'en disent les lois ? Elles ont beaucoup varié dans leurs réponses à ces peu discrètes questions : les unes, favorables au libre-échange ; d'autres, protectrices et prohibitrices, créent des contrebandiers, qui se font tuer et qui tuent. Toutes lois sur toutes sortes de matières, toutes discordantes et mal sûres d'elles-mêmes, et qui toutes se sont exécutées avec l'autorité de la certitude morale, soit en respectant la vie, soit, pour peu qu'elles l'aient rencontrée sur leur passage, au prix de la vie. Ne faut-il point que force reste à la loi ? Toutes ont prévalu, au besoin, contre le commandement qui dit : Tu ne tueras pas !

Tu ne déroberas pas ? Ne parlons plus de ces conquêtes illégitimes, aussi odieuses que glorieuses, et qui ne sont que de formidables vols. Mais le larcin était permis à Sparte, et, s'il était habile, honoré. Des populations entières ont ignoré la propriété. D'autres l'ont réglée à leur fantaisie, ce qui est encore la méconnaître. En certains pays, l'Etat a été le propriétaire des biens-fonds, qui ont été affermés à des particuliers. Louis XIV déclare en son testament que la propriété des biens de tous les sujets est au roi : c'est la doctrine de l'ancien régime. Ici la loi dispose des biens d'un homme après sa mort, et les divise en parts égales entre ses enfants, ou entre les héritiers qu'elle-même institue, sans lui permettre de faire à l'un d'eux un autre avantage que celui qu'elle fixe elle-même : elle va jusqu'à déterminer le mode du partage : ce ne sera pas une valeur égale à chacun, ce sera une part égale de toutes les natures de biens ; ailleurs, elle croirait attenter à la propriété en limitant la liberté testamentaire. Elle a tour à tour, suivant les temps et les lieux, admis et repoussé les propriétés de main-morte. Elle a prescrit, dans sa pénalité, des confiscations ; puis, les a proscrites. Elle a autorisé des banqueroutes publiques, des fabrications de fausses monnaies, des réquisitions et des pillages pour besoins de guerre ou autres, des fixations de prix de marchandises au préjudice soit des vendeurs, soit des acheteurs, etc. ; et, les temps ayant changé, elle a condamné tout ce qu'elle avait fait. Elle en a usé avec la propriété comme avec la vie humaine, se contredisant à chaque changement de latitude ou de saison.

Quelle sera donc la morale sociale, si on l'étudie dans l'histoire ? Quand Voltaire ouvrait sa *Henriade* par ces deux vers :

> Je chante le héros qui régna sur la France
> Et par droit de conquête et par droit de naissance,

se doutait-il, le redoutable novateur, qu'il écrivait une vieillerie ? Aujourd'hui, le droit de naissance est contesté, le droit de conquête est nié.

Peut-être si, au lieu de considérer l'homme en société, nous le considérons dans ce qui est le fondement de la société, dans la famille, marcherons-nous sur un terrain plus ferme : nous trouverons sans doute ici des mœurs plus constantes, des lois moins acharnées à se contredire, à se combattre les unes les autres ? Notre espérance va être frustrée. Rien de plus variable, dans les lois comme dans les mœurs, que les rapports de l'homme et de la femme. Qu'il me suffise de rappeler et la communauté des femmes, comme à Sparte, et la polygamie, comme en Orient, et ces introductions légitimes de la captive, de la vassale, de la servante, dans la couche du maître, et ces prostitutions conformes à d'étranges lois, et ces unions entre frère et sœur, qui furent saintes, et qu'on abhorre. Le divorce a été accordé, puis retiré, puis rétabli. Il y a des pays, tels que la Moldavie, où l'on peut divorcer jusqu'à cinq fois ; il y en a où il a été défendu aux veuves de survivre à leurs époux : parler des veuves du Malabar est un vieux lieu-commun. La loi détermine diversement les conditions du mariage : il y avait trois sortes de mariage chez les seuls Romains ; ailleurs, elle ne s'en est même pas occupée, elle a laissé à l'Eglise tout le soin d'un acte si grave. Elle détermine diversement les droits des époux, allant de la puissance absolue du mari sur la femme à la presque égalité des deux. Elle détermine diversement les droits et les obligations des parents, allant du droit de vie et de mort que chez les premiers Romains, elle accordait au père sur ses enfants, à l'obligation qu'elle lui impose chez nous de les nourrir, de les entretenir, de les établir, de les instruire. Elle détermine diversement les droits des enfants : pour les enfants naturels, par exemple, la recherche de la paternité a été interdite, après avoir été admise ; et ce qu'ils doivent aux auteurs de leur être : on ne saurait dire qu'elle se soit tenue invariable depuis le temps de ces barbares qui tuaient leurs pères, pour leur épargner les infirmités de la vieillesse, et les mangeaient, pour les ensevelir en un tombeau digne d'eux.

L'homme n'a pas moins varié dans sa façon d'entendre et de pratiquer ses devoirs envers la nature, ses devoirs envers Dieu. Les Hindous se font un crime de toucher à rien de ce qui a eu vie ; à plus forte raison, de maltraiter une créature vivante. Ailleurs, on s'est fait un jeu cruel de détruire pour le plaisir de détruire, pour l'égoïste joie d'exercer une maîtrise, et la poursuite peu périlleuse d'inoffensives bêtes fut, dans un temps, privilège de grand seigneur ; on a dit : le noble plaisir, le royal plaisir de la chasse. Il existe aujourd'hui une société protectrice des animaux, et une loi contre ceux qu'on pourrait appeler des malfaiteurs d'animaux.

Mais c'est la morale religieuse dont la pratique a donné lieu aux plus bizarres coutumes, aux plus étonnantes en même temps qu'aux plus contradictoires lois. On a cru honorer Dieu, ici, par le culte de Priape, par des prostitutions, par l'exaltation de la chair, là, par la mortification de la chair ; et les uns, dans leurs processions, ont porté le phallus comme d'autres la croix. On a cru plaire à Dieu par des sacrifices humains ; et les adorateurs de celui qui a dit: « Tu aimeras ton prochain comme toi-même », n'ont-ils pas fait succéder à ces horribles immolations des exterminations d'infidèles, et remplacé les mannequins d'osier par des bûchers dressés pour des hérétiques ou pour des juifs ?

IV

Ce serait une longue histoire que celle qui se proposerait de raconter les coutumes et les extravagances religieuses des nations. Mais ce serait une longue histoire que celle qui se proposerait de raconter, sur tous les points de la morale, les variations des lois et des mœurs. Contentons-nous d'en avoir tracé un rapide tableau. Aussi bien, ce n'est pas le détail curieux qui nous intéresse : c'est le fait de l'immense désaccord, poussé jusqu'à la contrariété la plus manifeste, de tant de mœurs, de tant de lois, et entre elles et avec ce qu'enseigne la morale. La morale est-elle donc une vaine convention, une piperie à prendre les gens vertueux, dupes des coquins ? C'est pour consoler, sans doute, ces impuissants, qu'on les appelle vertueux, et les autres, coquins : mais ils n'ont que l'ombre, les autres ont la proie. — Entrons dans les écoles, interrogeons les maîtres : nous allons tenir enfin, avec l'unité, la vérité.

La vérité ? Peut-être y a-t-il une école qui la possède, mais laquelle ? Car ce qui manque ici encore, c'est l'unité. Les écoles se divisent et se contredisent et se combattent plus que les lois, plus que les mœurs.

Plusieurs proclament qu'il n'y a pas de bien ni de mal, que la morale est une convention nécessaire peut-être dans une société, utile à ceux qui n'ont point la force de s'en affranchir, et faite pour les faibles, non pour les puissants. C'est ce que soutenaient les sophistes : il faut lire dans Platon l'exposition de leur doctrine ; il faut voir surtout comme, dans son *Gorgias*, il en réfute l'expression qui sort éloquente et hardie de la bouche de Calliclès. Leur doctrine fut plus tard celle de Hobbes, qui fonde la société sur la nécessité pour l'homme de se défendre contre l'homme, *homo homini lupus :* d'où la nécessité de l'autorité du roi, d'où les lois, et toutes les conventions de la morale. Elle est logiquement celle de tout sensualiste, de tout négateur de l'innéité des idées et des principes de la raison pure, comme aussi de tout négateur du libre-arbitre.

Platon, à la suite de Socrate, la combat, lui oppose une idée absolue du bien, qu'il place au faîte de la hiérarchie des idées, et dont il fait l'essence première de l'être, la substance de Dieu : il propose à l'homme l'imitation de Dieu ; il compte quatre formes du bien : la sagesse, la force, la tempérance, et la justice, vertu suprême qui est pour lui l'harmonie des trois autres ; il estime, avec Socrate, que savoir le bien, c'est le vouloir, et voit dans la science la condition déterminante de la vertu. — Aristote met la vertu dans un juste milieu entre deux extrêmes. — Epicure la met dans la recherche du bonheur par un sage gouvernement de la vie : le bien, selon lui, est de suivre la nature, faite pour la jouissance, pour la volupté, pour le plaisir. — Son système révolte, et le stoïcisme met le bien dans la répression des passions, dans la négation du mal !

il ne distingue pas entre un mal et un mal : tout mal est mal : c'est un absolu, qui ne comporte pas de degrés. Le bien n'est pas moins, pour lui, de suivre la nature ; mais la raison constituant le propre de la nature humaine, dont elle est le trait distinctif, c'est suivre la nature, quand on est homme, qu'étouffer la sensibilité pour ne s'attacher qu'à la raison : qui le fera sera vertueux, et délivré de cette sensibilité qui le trouble, sera heureux. — Les Alexandrins reviennent au système Platonicien de l'imitation de Dieu, qu'ils exagèrent et poussent jusqu'à l'union ou plutôt l'identification avec Dieu. Ce sont des mystiques. D'autres mystiques font de la pure et arbitraire volonté de Dieu le principe du bien en soi, et de l'obéissance à Dieu en vue du salut le principe du bien pour l'homme. Déjà Platon, dans l'Eutyphron, les avait réfutés ; mais, armés d'une religion plus sainte, ils reparaissent avec plus d'honneur. D'autres remplacent l'obéissance à Dieu en vue du salut par l'amour de Dieu. D'autres s'en tiennent à l'amour du bien, à l'inspiration de cet « instinct divin, » de cette « immortelle et céleste voix (J.-J. Rousseau) », qu'ils nomment la conscience, sorte d'oracle infaillible qu'il suffit d'écouter pour être assuré de ce qu'il faut faire. D'autres choisissent un de nos sentiments pour lui rapporter et lui subordonner toute notre conduite : ce sera, par exemple, la sympathie. D'autres se retournent vers la recherche du bonheur, essaient de ramener encore l'honnête à l'utile, mais un utile raffiné, l'intérêt bien entendu, ou même l'intérêt général. D'autres ignorent le bien, si à ceux-ci la constitution civile, à ceux-là l'éducation, à un plus grand nombre la révélation, ne le fait connaître ; ils mettent la morale sous la dépendance qui d'une habitude, qui de l'Etat, qui de la foi. Il en est qui la mettent sous la dépendance de la métaphysique, et en font le corollaire obligé d'un système de philosophie.

Kant, à l'inverse, en tire une philosophie. Il fonde la morale sur ce qu'il nomme la *raison pratique*, sur la notion pure de principes qui s'imposent à la volonté comme lois absolues de toute volonté raisonnable. La loi morale exige la réalité objective du libre-arbitre, comme condition nécessaire de l'accomplissement du devoir. Elle commande le désintéressement ; elle exclut toute considération de jouissance, présente ou future ; elle va quelquefois jusqu'à demander le sacrifice du bonheur. Mais elle rend digne du bonheur celui qui la pratique. D'où il suit que, dans un ordre de choses conforme à la raison, il faut que l'homme entre en participation du bonheur dont il est digne, dans la mesure même où il en est digne. Le souverain bien consiste, aux yeux de Kant, dans cet accord du bien avec le bonheur, comme de l'antécédent avec ce qui en est la conséquence juste, la suite rationnelle, et moralement nécessaire à ce titre. Un temps fini ne suffit pas à la perfection morale, pour laquelle nous sommes faits : elle suppose un progrès à l'infini et, dans l'existence de la personne morale, une durée à l'infini : d'où suit l'immortalité de l'âme. Mais cette perfection fût-elle atteinte, ce n'est encore qu'un élément du souverain bien : reste l'harmonie de la vertu et du bonheur, qui requiert, pour être réalisée, l'existence d'une justice toute puissante et toute sage, l'existence de ce Dieu qu'affirme l'universelle foi.

Kant ne tire donc pas la morale d'une philosophie ou d'un dogme ; c'est le dogme, au contraire, c'est la philosophie qu'il tire de la morale. L'indépendance de la morale, à titre de science qui, si elle suppose une connaissance préalable de la nature humaine, n'en suppose aucune de la nature divine, semblait acquise. La plupart des philosophes l'avaient acceptée, et appuyé leur théologie sur la morale même ; les théologiens ont réclamé.

La morale, chez Kant, ne suppose aucune connaissance préalable ni de Dieu ni de l'homme : tout s'y déduit de l'idée du bien. Cette idée, analysée, donne le libre-arbitre, l'âme immortelle, Dieu. Mais qu'est-ce que le bien ? « Agis toujours de telle sorte », dit Kant, « que la formule de ta volonté puisse revê-
« tir la forme d'un principe de législation univer-
« selle. » Et qu'est-ce qui sera principe de législation universelle ? Ce qui est d'intérêt universel, dit l'un ; Jouffroy dit : C'est la fin de l'être. « L'accomplisse-
« ment de sa destinée, voilà tout ce qu'il y a d'abso-
« lument bon pour un être ; les actions qu'il fait et
« celles que les autres font, de quelque nature qu'elles
« soient, ne sont bonnes ou mauvaises pour lui que
« par leur concours ou leur opposition avec ce qui,
« seul, est absolument et vraiment bon pour lui...

« Tout ce qu'on peut dire du bien pour un être, c'est
« qu'il est l'accomplissement de sa destinée ; tout ce
« qu'on peut dire du bien, c'est qu'il est l'accomplis-
« sement des destinées de tous les êtres. — Or, qu'est-
« ce que l'accomplissement de toutes les destinées
« particulières ? C'est l'ordre universel (Jouffroy). » —
D'où la nécesisté de connaître la nature humaine
pour constituer la morale humaine, indépendante de
la théologie, mais non point de la psychologie.

La morale, induite de la psychologie pour ses
applications en même temps que, dans son principe,
elle est fondée sur l'idée pure du bien, donne lieu à
des conséquences théologiques et métaphysiques.
Plusieurs les rejettent sur ce motif, que l'attente d'une
sanction de la loi morale altère le caractère essentiellement désintéressé de la vertu, et ramène, disent-
ils, la morale du devoir à n'être plus qu'une forme,
supérieure sans doute, mais une forme de la morale
de l'intérêt.

Le débat roule aujourd'hui, parmi les moralistes,
sur ces trois points : l'indépendance de la morale, la
sanction de la loi morale, et la nature du bien.

V

Avons-nous résumé l'histoire de la philosophie morale ? Mais avons-nous résumé celle des lois, celle des
mœurs ? Non. Nous posons une objection contre la morale, tirée de ce que l'universalité manque à ses principes et à ses règles : l'objection paraîtra d'autant plus

forte qu'elle aura eu l'air de s'appuyer sur l'histoire, et qu'elle ne sera ni une histoire ni une philosophie. Produire un pêle-mêle, un tumulte, le spectacle d'une lutte d'où ne jaillit que la poussière qui aveugle, un amas de toutes sortes d'éléments pris au hasard, est-ce là s'appuyer sur l'histoire ? Et éviter de distinguer entre les principes et leurs applications, est-ce là faire œuvre de philosophie ? Mais cette histoire et cette philosophie, si elles étaient faites, donneraient tort à l'objection et la réduiraient à néant.

Une histoire des mœurs les suivrait, comme pas à pas, de peuple à peuple, et d'âge en âge ; elle en étudierait les phases, elle déterminerait le sens de leurs changements, et les montrerait s'avançant dans une direction, allant vers un but, tendant à un terme, le bien : c'est dans leur progrès qu'elle retrouverait l'unité, c'est dans la loi de leur marche, c'est dans leur effort pour la réalisation d'une conception supérieure, d'un idéal. Il y a une vie de l'enfance, une vie de la jeunesse, une vie de la maturité ; et il y a des nations qui sont encore dans l'enfance, pendant que d'autres sont dans la jeunesse, d'autres dans la maturité. La différence de leurs coutumes ne saurait étonner : le merveilleux serait qu'elles ne différassent pas.

Une histoire des lois, les suivant avec le même soin, montrerait le même progrès, et plus visible encore. La marche n'en est-elle pas manifeste, de la guerre à la paix, de l'esclavage à la liberté, du privilège à l'égalité, de la dictature à la justice ? Quelqu'un a-t-il jamais dit que la haine mutuelle vaut mieux que l'amour mutuel, ou que des lois de haine sont meilleures que des lois d'amour ? Y a-t-il désaccord sur le but où il faut tendre ? Ce but n'est-il point le règne de la liberté, le respect du droit ? Et n'est-ce point là le bien ?

Ce progrès qui serait si visible dans une histoire des mœurs, dans une histoire des lois, le serait plus encore dans une histoire des écoles philosophiques.

Mettons à part les négateurs de la morale : il est clair qu'il n'y a pas d'accord à chercher entre eux et les autres ; et je ne soupçonne point les sceptiques de fonder leur pyrrhonisme sur la contradiction qui existe entre ceux qui affirment et ceux qui nient, mais sur la contradiction qu'ils voient ou qu'ils croient voir entre ceux qui affirment. Y a-t-il un bien ? Laissons donc ceux qui se refusent à reconnaître qu'il y ait un bien, et voyons si les divergences qui se sont produites sur la nature du bien sont des contradictions, ou des vues partielles qui, se complétant les unes les autres, n'auraient de contradictoire que ce qu'elles auraient d'exclusif.

La science, dont Platon fait dépendre la conduite, peut ne pas suffire ; suivra-t-il de cette insuffisance que la connaissance du bien ne doive pas en précéder la pratique ? — Le bien peut, comme le veut Aristote, être un milieu entre deux extrêmes, sans être cela par essence. — Pour les Stoïciens comme pour les Epicuriens, le bien est de suivre la nature, que ceux-ci font consister dans la sensibilité, ceux-là, dans la raison ; ne se peut-il qu'elle soit sensibilité subordonnée à la raison, et le bien, le bonheur comme suite légitime de la vertu ? Kant a vu cet accord ; Jouffroy également, et de plus il détermine comme eux le bien d'un être par la nature de cet être. — D'autres le mettent dans l'imitation de Dieu : c'est le mettre dans la volonté de la perfection ; d'autres, dans l'union avec Dieu : c'est le mettre dans la possession de la perfection. Sont-ce là choses contradictoires entre elles, ou contradictoires avec l'accomplissement d'une nature qui aurait son principe et sa fin en Dieu ? D'autres, dans l'obéissance à Dieu : si c'est à un décret arbitraire d'un Dieu maître capricieux et tout-puissant du sort de sa créature, et dont on aurait intérêt à cultiver la faveur comme à prévenir le courroux, oui, voici une morale en désaccord avec celle qui se fonde sur la raison ; mais si c'est parce que Dieu ne veut que le bien ? et si c'est parce que la raison commande qu'on obéisse à Dieu ? — D'autres prétendent qu'un sentiment, soit l'amour de Dieu, ou l'amour du bien, ou la sympathie, ou tout autre, dirige la conduite : qui en décide, sinon la raison ? De même pour l'intérêt bien entendu : car qui en juge ? De même pour l'éducation, ou pour la constitution de l'Etat, ou pour la foi, comme sources de la morale, comme motifs de nos actes : car qui juge des motifs ? — Tous, tous, dis-je, ou nient le bien, ou, à quelque point de vue qu'ils se placent pour en déterminer la nature, le fondent, soit qu'ils s'en rendent compte ou qu'ils ne sachent pas le comprendre, sur la raison.

Voilà déjà un accord très remarquable et très considérable, et, à vrai dire, capital : car il porte sur le principe même. C'est, sous l'apparente diversité, l'unité profonde. Obéir à Dieu, s'unir à Dieu, agir par amour de Dieu, agir par amour du bien, tendre à sa fin, suivre la nature, s'attacher à la recherche du bonheur, négliger le bonheur pour en être redevable à la vertu, tout converge vers cette unique mais compréhensive doctrine : qu'il y a une loi morale, une règle de nos actes, un bien, dont la notion est dans la raison, qui l'impose à notre volonté libre, l'éternelle sagesse nous confiant l'accomplissement de notre nature, la réalisation de notre destinée, la perfection de notre être, l'union avec Dieu.

Et c'est ce qu'établirait une histoire de la philosophie : elle distinguerait les principes, elle s'opposerait à cette confusion avec les applications où l'objection triomphe si mal à propos.

Le bien, au point de vue moral, n'est pas la conséquence d'un acte, mais un caractère de l'action ; et encore, non de l'action, mais de la volonté : le bien est un bon vouloir. C'est le cri de la conscience universelle, qu'il y a un bon vouloir, que vouloir le bien est vouloir bien, alors même qu'on se tromperait (mais de bonne foi) sur ce qu'on doit vouloir ; que qui veut le bien veut bien, est homme de bien, et mérite le bonheur. Non contente d'être universellement affirmative sur ce principe, la conscience l'est encore sur cet autre principe, qu'en elle-même, dans la raison, dans la notion du bien naturelle à l'homme, elle découvre les formes du bien ; et elle l'est encore sur ces formes. Elle affirme partout que c'est un bien de s'instruire, *prudentia* : un bien d'avoir l'empire sur soi, de régler ses inclinations, de les subordonner à la raison, *temperantia* ; un bien de savoir être libre et porter la dignité du nom d'homme, *fortitudo* ; un bien de soigner, de fortifier, de parer le corps, dans la mesure du bien de l'âme, dont il est l'instrument, et de l'honneur de l'âme, dont il est le séjour ; un bien d'être juste, et de ne pas faire à autrui ce qu'on ne voudrait point recevoir d'autrui, sauf le cas de légitime défense ; un bien d'être charitable, et de faire à autrui ce qu'on voudrait recevoir d'autrui ; un bien d'aimer sa femme, d'élever ses enfants, d'honorer ses parents ; un bien de respecter dans les créatures inférieures le créateur qui les a faites, mais non leur propre droit, puisqu'elles ne sont pas des personnes, d'où résulte pour nous le droit de les faire servir à nos besoins ; un bien de rendre au créateur le culte qui lui est dû par la créature. La conscience humaine, unanime sur chacun de ces biens, varie sur la conciliation d'un bien avec un autre.

On parle de la diversité des jugements et des actes moraux ? Mais c'est leur accord qui me frappe. L'accord existe sur tous ces points, qui sont les plus importants : pourquoi s'obstiner à détourner ses yeux des points importants, pour ne s'attacher qu'aux points secondaires ? Vous me dites, Montaigne, qu'il n'y a point de lois naturelles « perpétuelles et immuables ; » vous me demandez de vous en montrer, « pour voir, une de cette condition. » Une ? Ce serait peu : en voilà quinze, en voilà vingt.

On donne trop à la vie contemplative, ou trop à la vie active, mais on sait qu'il y a place pour l'une et pour l'autre ; on accorde trop ou l'on refuse trop aux passions, mais on sait qu'il faut les régler ; on a trop de fierté ou trop d'humilité, mais on sait qu'il faut être digne sans être orgueilleux ; on est trop complaisant pour le corps, ou trop sévère, mais on sait qu'il faut le soigner sans lui livrer empire ; on flétrit le suicide, mais on admire le sacrifice de la vie à une idée, à un intérêt public, à un devoir : car ce que l'on condamne dans le meurtre de soi, ce n'est pas le courage, c'est l'égoïsme. On tue, et l'on sait qu'il est écrit : Tu ne tueras point ; mais on sait que le meurtre commis en un cas de légitime défense n'est point homicide, ou que, s'il y a crime d'homicide, l'agresseur est le criminel. A combien de sanglants abus cette restriction, si importante et si juste, n'a-t-elle pas donné lieu ! Le fanatique qui exterminait l'hérétique ou l'infidèle, croyait défendre l'humanité contre ses pires agresseurs, contre des empoisonneurs d'âmes. Toutes les lois dont l'exécution coûta la vie à des hommes furent portées dans l'intérêt, bien ou mal entendu, de la nation même dont elles sacrifièrent tant de membres. On s'empare de la propriété d'autrui ? C'est qu'on se trompe sur le lien qui la rattache à la liberté sacrée des personnes. On s'empare des personnes, et des civilisations entières ont vécu de l'esclavage ? Les esclaves, à l'origine, furent des vaincus épargnés par leurs vainqueurs, qui préférèrent à leur mort leur servitude utile. L'esclavage s'explique par la guerre ; la guerre, par l'ambition chez les uns, que de tout temps réprouva toute conscience, et par le droit de défense chez les autres : le droit de défense exagéré, le droit de la guerre outré et dépassé, fut le droit du meurtre, le droit de l'asservissement. On me cite cent formes de mariage : eh ! qu'importent des formes, qui ne sont que les modes, variables à l'infini, de l'intervention de la société dans le lien qu'elle consacre ? Ce lien a ses règles naturelles, et l'époux qui les viole ressemble à un riche qui mésuse de sa richesse : innocent devant les tribunaux, il ne l'est point devant la conscience générale. Tu honoreras ton père et ta mère ? Que de manières de les honorer, selon les idées dont on a été imbu ! Ceux qui les mangeaient les honoraient, s'ils les mangeaient, en effet, pour leur faire honneur, après les avoir tués pour leur épargner les misères de la vieillesse. On sait qu'il faut faire à Dieu l'hommage de tous les biens de ce monde, et on le lui a fait des puissances génératrices,

Æneadum genitrix, hominum divumque voluptas, Alma Venus !

De là le phallus, les temples lupanars, les pieuses prostitutions, tant d'aberrations impures, tant d'abominables cultes. On sait qu'il faut lui sacrifier, au besoin, ce que la terre a de plus précieux, et on lui a sacrifié des victimes humaines. Qui ne voit, dans l'erreur de l'application, la vérité du principe ? On n'a pas compris que le sacrifice de la vie à Dieu n'est autre que le sacrifice de la vie au devoir.

Que de choses mal comprises, et que d'erreurs dans les applications ! Mais quelle fermeté, quelle unité dans les principes ! Sans doute, si la conscience était une sorte d' « instinct divin, » juge infaillible ou plutôt mystique révélateur du vrai moral, la variation dans les applications mêmes serait inexplicable. Si tel est le système que vise l'objection du scepticisme, elle sera puissante. Mais tel n'est point l'enseignement de la morale. La conscience pose des principes : à la réflexion de les appliquer, avec le risque de l'erreur. Dieu n'a voulu soustraire au progrès, œuvre laborieuse de l'homme, rien de ce qui appartient à l'homme, la science du bien et du mal non plus que les autres sciences.

Les actions ne sont pas bonnes ou mauvaises en elles-mêmes, mais dans la bonne ou mauvaise volonté de l'agent, d'une part, et de l'autre dans le rapport qui les rattache à un bien général où tout se résume : d'où la périlleuse nécessité de raisonner, pour connaître si, dans tel cas, telle action sera bonne ou mauvaise. Il n'est point un seul débat sur les lois qui ne montre les mêmes lois bonnes dans certaines circonstances, mauvaises dans d'autres : ainsi, la loi qui établissait la *trêve de Dieu* ; celle qui, sous le nom de *jugement de Dieu*, autorisait le *uel* ; celle qui, chez les Iraélites, prescrivait le mariage, défendu chez nous, du frère avec sa belle-sœur veuve, etc., etc. Les exemples en seraient par milliers. — Ajoutons ce que Cicéron appelle les degrés de l'honnête : le maintien de l'équilibre ou de la véritable harmonie entre les divers devoirs, est l'œuvre d'un art délicat : faut-il, dans un cas donné, accorder plus, accorder moins, au soin du corps, à l'étude, à la chasse, à la guerre, à l'ambition, à l'amour ? Les circonstances en décident. Les circonstances expliquent donc, non dans les principes, mais dans les applications des principes, une première variation très légitime. Une seconde, moins légitime, s'explique par l'habitude une fois prise, et par le préjugé qui en résulte. Une troisième, moins légitime encore, par la passion, si ingénieuse à tromper, même où il ne semble point que l'erreur soit possible : que sera-ce en des matières douteuses, où l'erreur a sa place naturelle ? Une quatrième enfin, la plus importante, la plus significative, et dont le scepticisme argue d'autant plus à tort qu'elle prouve contre lui, s'explique précisément par le développement lent mais sensible de la conscience morale, par la loi du progrès.

VI

Du sein de tant de divergences pratiques, nous voyons se dégager comme d'eux-mêmes des principes universels ; et du sein des divergences théoriques, une théorie qui embrasse tous les systèmes, un fonds commun de morale.

La morale est-elle indépendante ? Mais ce mot veut un complément. « Si par *morale indépendante*, dit M. P. Janet, on entend une science qui, comme toutes les autres, a ses principes propres, suivant l'expression d'Aristote, principes qu'elle puise immédiatement dans la conscience humaine sans les déduire d'une science antérieure, si l'on se contente d'affirmer que ces principes, tels que la distinction du bien et du mal, la loi du devoir, le principe du mérite et du démérite, etc., ne dérivent ni de l'idée d'un pouvoir supérieur, ni de l'idée de sanction, mais qu'ils ont une valeur en eux-mêmes, avant même que nous sachions qu'ils émanent d'une volonté toute-puissante et qu'ils sont garantis par cette même volonté, nous admettons entièrement en ce sens l'idée de *morale indépendante*. Mais nous ne pensons pas pour cela qu'elle puisse se séparer entièrement (comme la physique ou la chimie) de la métaphysique ou de la religion. » La raison en est que la morale n'a point pour but de constater des faits, ni d'établir des lois générales, mais des principes ; et non de les poser simplement, ces principes, mais de les établir par l'analyse des idées, dont l'intelligence la conduit en pleine métaphysique. Peu importe d'ailleurs qu'elle les emprunte à la métaphysique, ou, au contraire, que la métaphysique les lui emprunte.

Sans doute. Mais la question est de savoir s'il est possible de faire cette métaphysique qui consiste à établir les principes de la morale, indépendamment de la métaphysique générale, ou de la théologie. Or, il semble que la science du bien, prise dans ses principes, et les applications mises à part, suppose une psychologie, mais non une théologie ; qu'elle requiert une connaissance préalable des facultés et des pouvoirs de l'homme, non une doctrine préalable sur les rapports de l'homme à l'univers et à Dieu. En un sens, elle dépend de la doctrine, dont elle est une application ; en un autre sens, elle en est indépendante et peut s'établir par elle-même. La preuve en est qu'on réfute un système par ses conséquences morales. La morale juge religions et philosophies, et bien des doctrines ont été convaincues d'erreur par le seul fait de leur désaccord avec elle. Elle-même sert de fondement aux plus excellentes démonstrations de la divinité, de l'immortalité des âmes ; elle est la base, et, jusqu'ici, la plus solide base du spiritualisme. Elle précède donc la doctrine, loin de la suivre ; et beaucoup d'âmes incapables d'atteindre la doctrine s'arrêtent à la morale. Et, cependant, il est vrai aussi qu'elle suit la doctrine, comme la conséquence le principe. Quelle difficulté peut-on voir en ceci ? Dans l'enchaînement universel des choses, les mêmes qui précèdent à un point de vue suivent à un autre ; elles suivent, par exemple, dans l'ordre de la connaissance ce que, dans l'ordre de l'existence, elles précèdent. C'est le cas pour les objets de l'observation humaine : ils sont effets visibles de causes invisibles ; nous les connaissons donc avant les principes dont leur existence est une conséquence, et, des conséquences données, nous nous efforçons de remonter aux principes inconnus. La morale nous est donnée : la conscience nous enseigne nos devoirs, et nous les connaissons avant de connaître les principes supérieurs d'où ils relèvent. Même nous avons besoin de connaître le bien, selon la notion que nous en trouvons dans notre âme, pour parvenir à déterminer les principes, qu'il applique, de l'ordre moral ou du royaume des cieux. Autre est la connaissance du bien, autre celle de la raison du bien ; savoir ce que doit l'être responsable nous sert à édifier la métaphysique, qui, à son tour, devient le principe de notre science des motifs suprêmes en vertu desquels il doit ce qu'il doit. Voilà comment, dans une foule d'âmes, la morale se passe de la doctrine qu'elle implique et qui l'explique, soit métaphysique, soit dogme religieux ; et l'honnêteté n'a pas attendu, grâce à Dieu, pour paraître sur la terre, l'apparition de la vraie religion ou de la vraie philosophie.

La morale, par laquelle on juge une doctrine, n'est donc pas tirée de la doctrine, mais d'un principe propre qui la fonde en notre âme, de la pure notion du bien. A la fois indépendante et dépendante, s'agit-il de rendre raison des devoirs, elle dépend de la doctrine qui explique les rapports de l'homme à l'univers et à Dieu ; s'agit-il de faire connaître les devoirs, de dire quels ils sont sans chercher à dire pourquoi ils sont ce qu'ils sont, elle se tire directement de l'idée du bien, et de cette connaissance de nos devoirs s'infère à son tour toute une doctrine, qu'elle implique, sur notre nature et sur notre destinée. Au lieu de partir de la doctrine pour en conclure la morale, faisons le contraire, et de la morale remontons à la doctrine qu'elle suppose ; on le peut ; la preuve en est que nous le faisons.

L'homme, en présence d'une action à faire, se demande s'il y a lieu de la faire. Il n'agit pas sans motif d'agir. Distinguons le motif et le mobile : le motif est la raison pour laquelle on agit, le mobile est la force qui permet d'agir. Le mobile nous pousse, le motif nous guide. Nous pouvons agir pour bien des motifs : ils se ramènent tous à un petit nombre d'espèces. Ainsi nous agissons pour le plaisir que nous procurera notre conduite ; ou encore pour l'utilité que nous en attendons. Ces motifs sont-ils légitimes ? Est-il permis de faire ce qui est agréable, ou ce qui est utile ? Pourquoi non, si d'ailleurs il n'y a point de mal ?

Mais voici un autre motif, le mal à éviter, le bien à faire. Une action est agréable ou utile : on peut la faire si elle n'est pas mauvaise. Mauvaise, on ne doit pas la faire ; bonne, on doit la faire, au contraire, fût-elle d'ailleurs pénible, fût-elle nuisible. Il y a des actions qu'on est obligé de ne pas faire, d'autres qu'on est obligé de faire.

On fait donc une chose parce qu'elle est agréable, ou parce qu'elle est utile, ou parce qu'elle est obligatoire. Les deux premiers motifs sont relatifs, le troisième est absolu. Les deux premiers, en outre, ne portent point sur l'action, mais sur le résultat de l'action ; le troisième porte sur l'action même, dont il est un caractère. Ce caractère est-il chimérique ? Il conviendra d'en examiner la valeur. S'il est chimérique, il n'y a pas de devoir, pas de morale ; s'il ne l'est pas, il y a une loi de la conduite humaine.

Admettons, par hypothèse, la valeur, la légitimité de cette idée d'une action obligatoire. La loi qui oblige est universelle, invariable, absolue, comme toute loi : elle oblige également, dans les mêmes circonstances, tous les êtres capables de moralité. A toute loi appartient l'universalité ; à celle-ci, en outre, l'autorité : elle s'impose aux consciences. Où résidera-t-elle ? Dans le plaisir, dans l'intérêt ? Dans la sensibilité, en un mot ? Non. Rien ici d'universel : le plaisir de l'un n'est pas le plaisir de l'autre ; ni l'intérêt de l'un l'intérêt de l'autre. Rien d'obligatoire : qui dira qu'il est obligatoire de chercher soit son intérêt, soit son plaisir, où on le trouve ? dans le meurtre d'un ennemi, par exemple ? — Mais peut-être la loi, qui ne réside pas dans l'intérêt, résidera-t-elle dans l'intérêt bien entendu. Qu'est-ce que l'intérêt bien entendu ? Est-ce l'accord de l'intérêt particulier avec l'intérêt général ? Il n'y a rien ici de plus universel, ni de plus obligatoire, que pour l'intérêt propre. Est-ce l'intérêt général ? Il se peut, mais ce n'est pas la sensibilité, c'est la raison qui en décide. — Ou encore la loi, qui ne réside pas dans le plaisir, résidera-t-elle dans un sentiment choisi entre tous pour être le principe de la morale ? On rapportera, on subordonnera tout à la sympathie, par exemple, ou à l'amour du bien, ou à l'amour de Dieu, ou à l'amour du bonheur à venir, au désir du salut ? Non. Un sentiment, comme tel, en vaut un autre ; s'il y en a de meilleurs les uns que les autres, ce n'est pas la sensibilité, c'est la raison qui en juge. Pour la sensibilité, ils ne diffèrent entre eux que par le degré de durée ou d'intensité, ils sont plus ou moins constants, plus ou moins vifs, ils ne sont pas plus ou moins conformes au bien. L'amour du bien suit, dans la sensibilité, l'idée du bien : il est conséquence, il ne saurait être principe. L'amour de Dieu est le meilleur de nos sentiments ; mais qu'en savons-nous par la sensibilité ? C'est la raison qui nous l'enseigne. L'amour du bonheur à venir, le désir du salut, ne saurait être non plus le motif qui oblige : car l'obligation porte sur l'acte même, non sur les suites possibles, ou mêmes certaines, de l'acte. L'action obligatoire l'est en elle-même : on doit la faire parce qu'elle est bonne, non parce qu'elle aura un résultat heureux. La fait-on parce qu'elle est bonne, on mérite un bonheur proportionné au bien qu'on a fait ; la fait-on parce qu'elle amène le bonheur, on ne le mérite pas. Ces sentiments sont d'excellents mobiles ; aucun d'eux, aucun ne saurait être le motif qui oblige. Ce n'est donc point dans la sensibilité que réside la loi de la conduite humaine ou le principe de la morale : c'est dans la raison.

Le caractère obligatoire de certaines actions, motif de la conduite bonne, est le principe de la morale. Il n'est pas le principe du bien, mais c'est le bien qui est le principe du caractère obligatoire ; en d'autres termes, ce n'est point parce qu'une action est obligatoire qu'elle est bonne, mais parce qu'elle est bonne qu'elle est obligatoire. La vouloir parce qu'elle est bonne, ce qu'on reconnait à ce signe qu'elle est obligatoire, c'est agir bien. Il y a ici un jugement, une déclaration de la raison, que l'action est bonne ; il y a ici une application de l'idée du bien. — Que vaut cette idée ? Est-elle vraie, ou chimérique ?

Il est clair qu'un acte qui apparait comme obligatoire doit s'imposer à la volonté de l'être qui le perçoit tel, alors même que cette perception serait une illusion de cet être. Mais elle n'est pas une illusion. L'idée du bien est vraie, étant inhérente à l'esprit de l'homme, car elle est irréductible à toute autre : elle ne se ramène point à celle de l'agréable, ni à celle de l'utile, ni à aucune autre ; elle est universelle, ce qui est une conséquence et un signe de son innéité. On a varié sur ce qui est bien, sur ce qui est mal : la distinction du bien et du mal exista de tout temps, en tout lieu ; le langage, la pratique journalière des hommes, tout en témoigne.

A l'idée du bien, qui appartient à la raison, se joint le sentiment du bien, qui appartient à la sensibilité ; les deux ensemble sont la conscience morale, ou simplement la conscience, dans l'acception de ce grand mot.

Il ne faut point confondre le bien en soi, le bien naturel ou essentiel, avec le bien moral. Celui-ci est la volonté du bien : il existe dès qu'il est voulu en qualité de bien ; dès qu'on a fait effort pour l'accomplir, il est accompli comme acte moral. Le mal, également :

*Nam scelus intra se tacitum qui cogitat ullum,
Facti crimen habet.* (Juv.)

Mais qu'est-ce que le bien en soi ?

Le bien est ce que la raison propose à la volonté, l'être même tel que le comprend la raison, la perfection de l'être, l'ordre, la loi : il est ce qui doit être, et il doit être voulu parce qu'il est ce qui doit être. *Et vidit quia erant valde bona* : Dieu, créant les choses, les veut parce qu'elles sont bonnes, et elles sont bonnes parce qu'elles sont ce qu'elles doivent être, parce qu'elles sont ce que, en Dieu même, la raison propose à la volonté. Le bien est la loi, au sens métaphysique comme au sens moral : ordre, et commandement. Commandement, parce qu'il est ordre. Les êtres sans volonté réalisent leur loi fatalement ; les êtres doués de volonté sont appelés à réaliser leur loi. Le bien, pour un être, est donc la loi de cet être, en rapport, dans l'harmonie des choses, avec les lois de tous les êtres ; c'est la fin ou la perfection de son être : une fin à atteindre, un être supérieur à réaliser, la loi même de l'être ou l'ordre des choses à accomplir dans la mesure de sa puissance. Toutes les fins se rapportent à une fin suprême, Dieu.

Tel est le bien en soi. Le bien dans l'homme, ou le bien moral, est la volonté du bien, *Pax hominibus bonæ voluntatis*. Pour le vouloir, il faut le connaître ;

l'ayant voulu, il faut le faire. Le connaître, le vouloir, le faire, trois choses : raison, liberté, puissance. La puissance n'est point dans la raison, ni même dans la liberté, mais dans l'amour. La sensibilité, qui a été subordonnée à la raison, reprend ici l'avantage ; les mobiles, qui ne valent pas comme motifs, sont des forces nécessaires à l'action ; ce sont les penchants, moteurs aveugles qu'il appartient à l'âme raisonnable et libre de diriger. Il y aurait à montrer ici le rôle de l'amour du bien, attrait pour le bien, *grâce* divine ; de l'amour de Dieu. Subsidiairement, l'amour ou le désir des récompenses futures, comme d'ailleurs toutes les inclinations de l'homme, sont des forces, mais non des motifs. Il faut vouloir le bien parce qu'il est le bien. Ce n'est pas le vouloir à ce titre, que le vouloir parce qu'il procure le bonheur, ou parce qu'il satisfait un sentiment quelconque : mais c'est le vouloir à ce titre, que le vouloir par amour du bien, ou par amour de Dieu ; car, soit qu'on s'en rende compte ou non, un tel sentiment ne va point sans l'idée dont il dérive. Pour peu qu'il en accompagne un autre, tel que le désir de la récompense, on agit bien : car, dans ce cas, le second aide à faire le bien, dont le premier enveloppe l'idée qui en est le principe.

La liberté, impliquée par le devoir, l'implique à son tour. La liberté est le pouvoir de s'imprimer à soi-même une détermination. La liberté est la puissance que j'ai de vouloir ou de ne vouloir point, selon que je le juge à propos : elle est ma personne, elle est la force non qui est en moi, mais qui est moi-même. Comment, si la force que je suis n'est pas une force libre, puis-je régler ma conduite ? Ou je marche dans le chemin de ma vie comme le soleil m'éclaire sans qu'il soit possible à ses rayons de ne pas m'éclairer, comme les astres qui roulent au-dessus de ma tête tournent fatalement, invinciblement, dans le cercle que Dieu les contraint de suivre ; ou, dis-je, l'ordre éternel me domine et m'entraîne, il ne reste pour moi ni bien ni mal, ni vertus ni vices : ou je suis libre. La liberté est la condition du bien. Mais elle implique aussi le bien : car elle implique la responsabilité, et la responsabilité le devoir. L'obligation la suppose, et elle suppose l'obligation : car elle est un moyen pour une fin, et elle ne se détermine pas sans motif. Elle choisit le meilleur : et qui le lui enseignera, la sensibilité, ou la raison ? Ce qui est chez l'homme principe de force, ou ce qui est principe de lumière ?

Céder à un penchant n'est point faire acte d'être raisonnable, mais faire abstraction de sa qualité d'être raisonnable. Sacrifier l'agréable à l'utile, gouverner la sensibilité pour lui procurer une plus grande somme totale de jouissances, c'est faire acte de raison, sans doute, mais en vue d'une fin prise hors de la raison ; c'est subordonner en soi l'être raisonnable à l'être sensible, soumettre l'universel au particulier, l'absolu au relatif, le supérieur à l'inférieur, dans l'économie de son âme. L'homme qui accomplit le bien s'élève sans cesse, par l'acte d'une volonté libre que la raison éclaire, de son être imparfait à un être supérieur :

il va vers Dieu, qu'il ne cherche pas seulement en lui-même, mais hors de lui, comme le centre d'une sphère infinie dont il ne parcourt lui-même qu'un rayon. L'égoïste, l'homme qui ne cherche que son agrément ou son utilité propre, se fait lui-même centre des choses, et s'adore comme le Dieu de l'Univers : plus il se cherche lui-même, plus il s'enfonce dans son propre être, c'est-à-dire dans son propre néant, et il descend dans la sphérie infinie le rayon que remonte l'homme de bien.

Qui a moralement bien agi, a bien agi : qui a bien agi, a mérité ; qui a mal agi, a démérité. Le mérite est l'accord nécessaire, conçu par la raison, du bien moral avec le bonheur ; le démérite, l'accord nécessaire du mal moral avec le malheur. La raison de cette subordination du bonheur à la vertu dans l'accord de l'une avec l'autre, est que l'une et l'autre sont également, quoique diversement, l'ordre : l'une est la fin de l'être atteinte ; l'autre, la conscience de cette fin accomplie.

La fin de l'homme, telle qu'elle résulte de ses facultés, telle que la donne l'observation de son être, étant multiple et une, son devoir est aussi multiple et un. Ce devoir a pour mesure, non la raison ni la liberté, mais la puissance. Ici se placerait l'esquisse rapide d'une classification hiérarchique des penchants ; d'une détermination des relations diverses de l'âme avec son corps, avec elle-même, avec les corps et avec les âmes des autres hommes (humanité, famille, état), avec l'univers et avec Dieu. Appétits du corps ; inclinations en quelque sorte sympathiques de l'âme s'intéressant à la vie du corps, pour le nourrir, l'entretenir, le protéger, le défendre, etc. ; inclinations propres à l'âme, individuelles : amour du vrai, du beau, du bien, du souverain bien ou de Dieu ; sociales : amour de l'humanité, de la patrie, de la famille, et les divers sentiments qui s'y rattachent. A la racine de toutes, l'amour de soi, d'où elles partent et s'élancent pour s'épanouir dans l'amour de l'être, ou de Dieu : le corps pour l'âme, l'âme pour l'infini.

Les inclinations ne sont en elles-mêmes ni mauvaises ni bonnes : elles servent au bien, comme elles peuvent devenir des sources de mal. Excessives, elles sont passions : c'est quand elles maîtrisent l'âme, qui doit les gouverner. Les meilleures peuvent être dans ce cas. L'excès n'est pas dans la grandeur, mais dans l'*insubordination* des inclinations. Il ne faut pas les supprimer, ni les étouffer ; il faut les régler et se développer soi-même dans le sens qu'elles indiquent, subordonnant et sacrifiant, au besoin, les moins bonnes aux meilleures : les corporelles aux spirituelles, celles d'entre les spirituelles qui ont trait à la vie de l'individu à celles qui ont trait à la vie du genre humain, le moi à l'être ; disons le corps à l'âme, et l'âme à Dieu.

Il y a conflit entre elles : notamment, entre celles qui se rapportent au corps et celles qui sont propres à l'âme ; et, dans l'âme même, entre les *individuelles* et les *sociales*. C'est le caractère de notre épreuve : lutte entre l'amour de soi et l'amour de Dieu, l'*orgueil* et la *charité*, « la chair et l'esprit (St-Paul) ». Toute action bonne est un sacrifice.

De là des devoirs de toute nature ; de là des vertus et des vices, dont il faut omettre ici le détail. On les connaît : la division en *morale individuelle, morale sociale, morale religieuse,* la première embrassant les devoirs de l'homme relatifs tant à son corps qu'à son âme, la seconde les devoirs de l'homme dans l'humanité, dans la cité, dans la famille, la troisième les devoirs de l'homme envers l'univers et envers le principe de l'univers, envers les créatures et Dieu, est classique à juste titre : elle est exacte, et elle est complète. Ajoutons une observation : c'est que nous devons le meilleur. Le bien est moins de s'abstenir que d'agir. La maxime des stoïques : *abstine, sustine,* ne suffit pas. Il faut travailler à conserver son être, et à l'accroître : en puissance, en intelligence, en amour. On pèche beaucoup par pensée, par parole, par action ; on pèche plus encore par omission. Ce n'est pas assez de n'être pas envieux du bien d'autrui : il faut s'en réjouir et s'y dévouer ; ce n'est pas assez d'être juste : il faut être bon. « Soyez parfaits comme votre Père qui est au ciel « est parfait. (Ev.) »

La conduite libre a des conséquences inévitables, et d'une gravité terrible : elle enfante en nous des habitudes qui nous rendent presque impossible dans la suite le vice, si elles sont bonnes, ou, si elles sont mauvaises, la vertu : elle change nos inclinations en passions. L'homme, une fois créé, devient comme un créateur de soi-même : il crée incessamment son être futur, il se fait une seconde nature qui le récompense ou qui le punit. Si la raison n'est pas fausse (et pourquoi, quand les sens, quand les autres facultés de l'âme ne le sont pas, la raison le serait-elle ?), il faut que ses exigences soient satisfaites, il faut que l'accord qu'elle conçoit entre la vertu et le bonheur se réalise : il existe une sagesse toute-puissante qui proportionne le bonheur à la vertu.

Déjà nous la voyons à l'œuvre dès ce monde. Quand l'âme s'abaisse jusqu'à s'asservir au corps qui doit être son serviteur, quand elle met sa fin et sa joie dans les satisfactions corporelles, ce renversement lui est un châtiment, en ce qu'elle n'y trouve pas sa propre fin, l'infini, qu'elle y cherche : rappellerai-je le caractère insatiable, et par conséquent misérable, des passions, telles que la gourmandise, la débauche, la cupidité, etc ? De plus, elle y perd sa liberté, partant sa puissance, et son être même : elle est punie par la folie. Néglige-t-elle d'agir ? Elle est punie par l'ennui : la vie de l'oisif, riche et blasé, est plus malheureuse encore que celle du pauvre à qui la sueur de son front ne donne pas le pain de ses enfants !

L'expérience nous montre ici-bas d'autres sanctions de la loi morale, toutes insuffisantes. Une sanction naturelle, celle qui fait trouver la récompense ou le châtiment d'un acte moral dans les suites naturelles qu'il entraîne, est très juste : mais combien de libertins conservent leur vigueur jusque dans la vieillesse même, tandis que peu d'excès détruisent la santé chez d'autres ! La sanction légale punit et ne récompense pas ; elle ne punit qu'une espèce d'infraction aux devoirs, ceux de l'homme envers ses semblables, et même parmi ceux-ci elle n'atteint que la violation des devoirs de justice, laissant les hommes fouler aux pieds les devoirs de charité et d'amour : elle frappe quelquefois l'innocent, bien souvent elle ignore ou épargne le coupable. La sanction de l'opinion publique est plus incomplète encore : quoi de plus téméraire que les jugements d'une foule frivole, distraite, passionnée, variable ? Que d'hypocrites honorés ! que de criminels inconnus ! et que d'hommes vertueux méconnus ! La sanction intérieure, qui est ou le remords ou la satisfaction de soi, dépend de la sensibilité de chacun, et manque de proportion, puisqu'on voit des coupables s'endurcir à mesure qu'ils méritent de souffrir davantage. Sans doute, cet endurcissement même est une punition ; mais pourquoi, si ce n'est parce qu'elle est une impunité, et que l'impunité, séparant l'homme de l'ordre moral, le livre plus coupable encore aux mains de la justice divine ?

Il faut, quand on a été coupable, qu'on expie. Il faut qu'on répare, ce qu'on ne peut faire qu'à trois conditions : d'abord, qu'on se repente, c'est-à-dire qu'on retire sa volonté de son péché, que, de mauvaise qu'on l'a eue, on la rende bonne ; ensuite qu'on accepte de cœur une épreuve nouvelle, toute pareille à celle où l'on a failli ; enfin, qu'on souffre un malheur proportionné à celui qu'on a voulu s'épargner ou qu'on a causé par sa faute : et quel homme calculera jamais ces effroyables suites de son mal ?

La loi morale n'a point sur la terre la sanction qu'elle doit nécessairement avoir, et la vie présente fait contracter en quelque sorte à la Providence la dette d'une vie à venir. Elle existe, cette sanction : si elle n'existe pas sur la terre, elle existe ailleurs ; si elle commence à peine sur la terre, elle s'achève ailleurs. L'âme est immortelle. Elle l'est en son être, elle l'est en sa personne même, avec son caractère propre et sa mémoire.

La raison commande la vertu, la sensibilité aspire au bonheur ; le bonheur et la vertu sont donc, l'un et l'autre, la fin de l'homme : donc, l'un par l'autre. La vertu est obligatoire, le bonheur non : donc, en cas de conflit, c'est le bonheur qu'il faut sacrifier. Il doit se retrouver pourtant, puisqu'il est, à sa manière, la fin de l'âme : donc il se retrouvera par la vertu. Qui cherche la vertu, trouve nécessairement, au bout de sa route, le bonheur. Il ne le trouve pas dans cette vie : donc cette vie est une préparation à une autre. Cette vie nous enfante à une autre ; nous nous enfantons nous-mêmes à la véritable vie.

Véritable, en effet. C'est ce corps terrestre qui met en lutte nos inclinations, en même temps qu'il établit entre nos aspirations et notre puissance un immense désaccord ; c'est ce corps qui empêche l'harmonie et la perfection de notre être, en même temps qu'il constitue notre épreuve. Qu'il disparaisse donc, et saluons notre mort comme notre vraie naissance ! Nous avons pour fin l'infini : nous vivrons donc éternellement, dans l'union, sans absorption ni confusion, avec Dieu.

L'âme peut atteindre sa fin, ou la manquer. Elle

peut se sauver, ou se perdre. Nous vivons suspendus entre une magnifique espérance et une terreur. Nous n'avons rien à perdre si nous savons bien agir, c'est-à-dire faire à la vertu les sacrifices qu'elle nous demande.

Qui se perd se retrouve, et qui se sacrifie se sauve. Est-ce donc là un sacrifice? Oui, car le bonheur qui couronnera un jour notre bonne conduite en est une conséquence éloignée, et que nous apercevons d'autant moins qu'elle n'est point de ce monde. Tout acte de vertu est un acte de foi; foi dans le bien, foi dans le suprême principe du bien, en qui nous espérons, que nous aimons : foi, espérance, amour ou charité. Cette foi ne nous trompera point.

La science de la morale, la science du bien et du mal, est en même temps la science de la destinée : il y a le plus étroit rapport entre la destinée d'un être et ses devoirs. Mais, les devoirs de l'homme ! La destinée de l'homme ! Que de contradictions, pratiques et théoriques, sur ce point si grave ! La diversité des lois et des mœurs témoigne de la diversité des doctrines. Autant de doctrines que de religions, que de philosophies, toutes divergentes et discordantes entre elles, et se contredisant et se combattant et s'exterminant les unes les autres..... — Cela n'est point. Toutes ont un fond commun, et elles ne sont, dans leurs oppositions, que des négations de certaines parties de la vérité par l'exagération de celles qui ont été reconnues. Regardez-les de près, vous verrez l'unité, *disjecti membra poetœ*,

sous ces vaines apparences.

A l'unité fondamentale de la morale est liée l'unité fondamentale de la doctrine qu'elle suppose : doctrine philosophique, doctrine religieuse même : j'entends ce fond de religion universelle, religion naturelle du genre humain. Elle se rattache à la morale, comme la destinée de l'homme à ses devoirs : si bien, qu'on peut induire sa destinée de ses devoirs, comme on peut déduire ses devoirs de sa destinée, et que logiquement il n'y a pas plus deux doctrines essentielles sur l'homme qu'il n'y a deux morales essentielles. Toute religion comme toute philosophie qui contredit cette morale essentielle est fausse. Les doctrines qui ne la contredisent pas différent par les développements, par les applications : elles comportent, avec des erreurs possibles, diverses mesures de vérité, divers degrés de progrès religieux, de progrès philosophique, de progrès moral : mais c'est la diversité dans l'unité, et dans cette unité se repose, en même temps qu'elle se confirme, notre foi naturelle au bien.

LA MORALE SPIRITUALISTE

(*Lecture faite à l'Institut*).

I

Nous assistons, depuis un quart de siècle, à un grand mouvement philosophique, qui a ceci de particulier, qu'au lieu de reprendre et de continuer l'ancienne philosophie, il rompt avec elle, et, dédaigneux du vieux spiritualisme, au lieu de le renouveler, le rejette. Mais ne rejette-t-il pas aussi la morale ? Y a-t-il une autre morale que la morale spiritualiste ? On essaie de lui opposer une morale prétendue scientifique, comme au spiritualisme, qui était l'ancienne philosophie, une philosophie prétendue scientifique et positive.

Il y a quelque vingt ou trente ans, la philosophie française était en grand péril. Elle n'avait plus ni lecteurs ni auteurs, ni disciples ni maîtres ; l'Etat en avait proscrit l'enseignement, et jusqu'au nom : la classe de *philosophie* n'était, dans nos lycées, qu'une classe de *logique*. S'il y a une étude utile et nécessaire, faite pour être le couronnement de l'instruction littéraire, le gouvernement de l'instruction scientifique, l'achèvement de l'instruction morale et religieuse, une étude qui seule donne à la littérature un sens, à la science une règle, une direction, un horizon, à la religion et à la morale une base ferme. c'est la philosophie ; et il n'y avait point d'étude qui fût plus négligée, plus misérablement abandonnée, que celle de la philosophie. Les savants la dédaignaient, les croyants la redoutaient, et les lettrés l'éconduisaient : ils la renvoyaient à la théologie, qui la refoulait dans le pays du mensonge, ou à la science, qui la reléguait dans les royaumes du vide, *domos Ditis vacuas et inania regna*. Savants et croyants la repoussaient par préjugé : les lettrés l'écartaient par légèreté, par frivolité d'esprit, par indifférence.

Il y eut un réveil de la pensée ; mais sous l'influence de la science, en dehors de toute métaphysique, et hostile au spiritualisme.

Quelle est aujourd'hui la doctrine dominante ? L'empirisme, c'est-à-dire la doctrine qui, n'admettant pas d'autre connaissance que la connaissance expérimentale, veut réduire la science humaine aux phénomènes et à ses lois. Les sciences naturelles, maîtresses du terrain, font la philosophie à leur image ; et de la philosophie même on cherche à faire une science naturelle. On écarte la métaphysique. L'école positive élimine l'*absolu*, élimine même le *subjectif*, comme elle dit ; elle se réduit à l'observation extérieure des choses visibles, palpables, et cherche l'homme dans son corps. Des savants éminents se rattachent à cette école, jusqu'à nier l'âme, qui n'est pour eux qu'une fonction du cerveau, et professent, au nom de la science, un matérialisme physiologique.

Réaction contre la métaphysique, avec la croissante prépondérance des sciences expérimentales, telle est aujourd'hui la philosophie : synthèse des sciences d'observation externe, c'est l'école positiviste ; ou encore histoire naturelle de l'âme, c'est l'école anglaise.

Les temps sont loin de nous où elle était, comme on disait, la servante de la théologie ! Elle s'est faite la servante de la science. De même qu'au moyen âge elle recevait de la théologie sa matière, mais non point du moins sa forme ni sa méthode, ne cherchant pas à connaître, mais à comprendre, et poursuivant l'intelligence de la foi, elle reçoit aujourd'hui de la science matière, forme, tout, et jusqu'à la méthode même, par où la science, qu'elle devrait gouverner, la gouverne. Elle rougit d'un passé où elle fut servante : elle est plus servante qu'elle ne fut jamais, et d'une moins grande dame.

Ce réveil de la pensée n'est donc pas encore le réveil de la pensée proprement philosophique, mais sans doute le prépare. C'est le nom et la préoccupation de la philosophie ; la philosophie viendra sans doute à son heure. Nous nous remettons à philosopher, sous l'influence tantôt de l'Allemagne, avec les néo-Kantiens ; tantôt de l'Angleterre, avec les positivistes et les psycho-physiologistes, avec les évolutionnistes, avec les naturalistes, qui sont les puissants du jour : notre tour viendra, d'une philosophie française, psychologique et rationaliste, comme elle fut de tout temps, mais largement renouvelée. Notre philosophie se retrouvera sous les influences diverses qu'elle aura traversées, comme s'est retrouvée, toujours fidèle à elle-même sous les influences italienne, espagnole, anglaise, allemande, notre littérature.

L'enseignement public, envahi en partie par la psycho-physiologie, par le naturalisme, par le scepticisme critique, lutte contre l'invasion de ces nouvelles écoles, et s'honore de tenir d'une main toujours ferme le drapeau toujours fier, quoique moins entouré, du vieux spiritualisme. Une grande guerre est engagée entre l'empirisme et le rationalisme philosophique : il y va de la philosophie ; si l'homme, hélas ! est autre chose qu'un corps vivant et pensant, né hier pour mourir demain, il y va de l'humanité même.

Des intérêts y sont en jeu, autrement graves que ceux qui mettent aux prises les nations et leurs armées. Quoi de plus redoutable que les champs de bataille où se débattent les destinées des peuples ? Ces autres champs de bataille où se débattent les destinées des âmes !

Certes, la philosophie, non plus que l'humanité, ne saurait se désintéresser des grandes questions sociales qui agitent notre âge, qui nous tourmentent, nous, Français, plus que les autres peuples : c'est notre malheur, mais c'est notre gloire, d'avoir à les résoudre avant le monde, pour le monde ! Mais d'autres questions, plus hautes encore, nous sollicitent : ces grandes et difficiles questions qu'on ne résout jamais et qu'on n'abandonne jamais, ou, si parfois on les quitte de guerre lasse, auxquelles on revient toujours, que la main fatiguée ne lâche un moment que pour les reprendre aussitôt : les problèmes de

Dieu et de l'univers, de l'homme et de sa vie spirituelle, qui est peut-être une éternelle vie !

La solution directe de ces problèmes est difficile, est-elle impossible ? Ils peuvent être résolus indirectement, ils le sont dans la mesure nécessaire à l'homme, par la morale. Telle est, en effet, l'importance de la morale, que l'un des plus profonds esprits, et des plus subtils, de l'âge moderne, a pu raffermir par sa morale ce que sa métaphysique avait ébranlé.

La morale comporte des principes certains, et dont les conséquences mettent hors des prises de tout empirisme prétendu scientifique les vérités justement nommées de l'ordre moral, constitutives de ce j'appellerais volontiers le spiritualisme spontané de la religion naturelle du genre humain.

La morale est spiritualiste, essentiellement, absolument ; et elle enveloppe tout le spiritualisme. Un de nos plus ingénieux philosophes (trop ingénieux bien souvent) a publié récemment une fine et pénétrante, une dissolvante *Critique des systèmes de morale contemporains* : la morale spiritualiste y figure avec d'autres. Comme s'il pouvait en exister d'autres ! Comme si des systèmes de conduite étrangers à l'idée du devoir étaient des systèmes de morale ! Ou comme si l'idée du devoir pour un être qui ne serait pas le libre et responsable auteur de ses actes, dont la pensée, dont la volonté, ne serait que le jeu nécessaire d'un mécanisme organique, avait un sens ! Un corps agit-il, a-t-il pouvoir d'agir, de lui-même ? Qu'est-ce que devoir agir pour qui n'a pas pouvoir d'agir ? Ou qu'est-ce qu'une morale sans devoir ?

Il n'y a donc point diverses morales, dont une serait la morale spiritualiste. La morale spiritualiste, c'est la morale même. On l'attaque ? On attaque la morale. On prétend la remplacer par une morale *scientifique*, déduite de l'expérience ? Par l'expérience on déterminera, je le veux, le plus avantageux peut-être, le plus utile (et encore utile à qui ? utile à quoi ?) : on ne déterminera pas l'obligatoire, parce qu'on n'établira pas l'obligation.

Examinons toutefois la critique de cette morale spiritualiste, si contestée par ceux qui ne veulent ni du spiritualisme ni de la métaphysique, et pour qui rien n'existe de ce qui n'existe pas pour la science ou pour ce qu'ils appellent de ce nom. Prenons cette critique là où elle est, à notre avis, le plus habilement faite : dans le livre de M. A. Fouillée.

Mais d'abord considérons la morale spiritualiste elle-même ; et prenons-la aussi dans un livre qui est, à la suite des travaux de Victor Cousin, de Jouffroy, de Jules Simon, de tous nos maîtres, d'accord sur ses principes, une des plus remarquables tentatives qu'on ait faites pour les affermir : je veux dire le livre de M. Paul Janet qui porte ce titre : *La Morale*.

II

M. Paul Janet occupe parmi les philosophes contemporains une place à part, et une place éminente. Il est de l'Université, sans jurer sur la parole d'aucun maître, sans trancher du maître lui-même : esprit singulièrement libre, et dont on remarquerait la hardiesse, si elle n'était tempérée par la mesure de l'expression, ou retenue par la sévérité de la méthode : spiritualiste, mais large et ouvert ; critique et polémiste plein de vigueur, moraliste profond, vraiment original en un sujet où on l'est peu.

Suivons-le donc dans l'exposition de sa doctrine.

On s'accorde assez généralement sur quelques maximes de morale pratique. Cet accord a-t-il toujours existé, existe-t-il aujourd'hui, sur la morale pratique tout entière ? Là où il existe, c'est par sentiment ou par habitude, par une éducation conforme à un instinct de la conscience, mais d'ailleurs peu raisonnée, c'est par coutume et par préjugé, plutôt que par principes. Qu'est-ce que le bien ? Est-ce l'agréable ? est-ce l'utile ? est-ce l'obligatoire ? Et celui-ci, pourquoi obligatoire ? Parce qu'il est tel absolument ? ou parce qu'il est commandé par la volonté d'un législateur ? ou parce qu'il est bon ? Dans ce cas, qu'elle est l'essence du bon ? qu'est-ce qui constitue le bien ? Et la première question se représente : Qu'est-ce que le bien ?

M. Janet admet un bien, principe d'obligation, raison de la loi morale ; une loi morale, ou un devoir d'accomplir le bien ; un agent moral, capable de l'accomplir.

Le bien est autre que le plaisir, autre aussi que la loi : il est la perfection de l'être, et il est en même temps le bonheur, non celui de la brute, mais de l'homme : faire le bien, c'est faire ce qu'il faut faire, étant homme, pour être un homme ; et l'on se sent profondément heureux, étant homme, d'être un homme. Telle est la perfection, bien et bonheur tout ensemble, bonheur identique au bien, dont trop souvent les accidents de la vie humaine altèrent en nous la vive et pure jouissance, mais qu'il nous sera donné de goûter dans sa vérité, quand la mort nous aura délivrés de notre attache aux biens extérieurs, aux biens corporels, à la figure de ce monde.

La doctrine morale de M. Janet, ainsi résumée en quelques mots, est, on le voit déjà, et comme lui-même la caractérise, « une sorte d'*eudémonisme rationnel*, opposé d'une part à l'eudémonisme utilitaire, de l'autre au formalisme de Kant ». Opposé ? Jusqu'à un certain point seulement ; et concilié d'ailleurs avec ces mêmes doctrines, dont il se distingue plutôt qu'il ne leur est contraire. Et des doctrines différentes, si elles ont pu conquérir tant d'excellents esprits, n'ont-elles pas quelque élément de vérité qui justifie leur conquête ? Cherchons donc l'unité de ces vérités diverses, qu'on fait se combattre, et qu'il faut unir.

Il y a un bien naturel, fondement du bien moral. Qui possède le bien naturel peut n'en avoir pas le mérite ; et qui ne le posssède pas peut avoir le plus grand mérite à faire effort pour l'atteindre ; telle est la différence entre le bien naturel et le bien moral. Et voici le rapport: c'est que le bien moral, ou l'obligation morale, ou le devoir, est de travailler à réaliser le bien naturel. Le caractère obligatoire de certaines actions n'est pas le principe du bien : c'est le bien qui est le principe de leur caractère obligatoire. En d'autres termes, ce n'est point parce qu'une action est obligatoire qu'elle est bonne ; c'est parce qu'elle est bonne qu'elle est obligatoire.

Il y a donc des biens naturels, antérieurs au bien moral, et qui devront être l'objet d'un choix. Ils ne s'évaluent point par le plaisir qu'ils procurent, mais par un caractère propre, indépendant de la sensibilité : leur excellence. Il y a des degrés d'excellence entre les biens naturels : les biens extérieurs le cèdent aux biens du corps, qui le cèdent eux-mêmes aux biens de l'âme. Ce qu'il y a de plus excellent dans l'homme, c'est son âme, et dans son âme sa volonté raisonnable : excellence d'une personnalité liée à la personnalité des autres hommes, et dévouée à des biens impersonnels, tels que le vrai, le beau, le saint. Cette excellence idéale de la personne humaine est la perfection. Elle est aussi le bonheur. Car, s'il faut reconnaître avec Aristote que le plaisir est inséparable de l'acte, on en conclura que l'acte le plus élevé donne le plaisir le plus élevé, le vrai bonheur, dès lors identique au bien. Et tel est le devoir : la loi qui nous impose de rechercher notre perfection, c'est-à-dire notre vrai bonheur. Les utilitaires ont donc raison de proposer à l'homme la recherche du bonheur : leur tort est de confondre le bonheur avec le plaisir.

L'homme veut naturellement le bien. Mais il peut vouloir un faux bien. L'obéissance due par la volonté à la loi morale est donc l'obéissance de la volonté qui veut un bien faux à celle qui veut le vrai bien : admettons donc avec Kant *l'autonomie de la volonté* comme principe législateur de la morale.

La loi morale, obligatoire par elle-même, ne l'est pour nous que dans la mesure où nous la connaissons. Le bien moral, qui est d'agir en vue du bien, sera donc de faire, ou de s'efforcer de faire, ce qu'on croit être le bien : « Obéis à ta conscience ». A la double condition qu'on mettra tout son effort à le faire et à le connaître, à « rapprocher sa conscience actuelle de l'état d'une conscience absolue, qui serait identique à la loi elle-même. »

On doit tout le bien que l'on connait, dans toute la mesure où on peut le faire. Ne distinguons donc pas des devoirs *stricts* et des devoirs *larges* : tout devoir est strict, mais tout devoir n'est pas strictement déterminé.

« L'homme vertueux est celui, dit Aristote, qui trouve du plaisir à accomplir des actes de vertu. » Par la vertu, l'homme acquiert un certain prix : il a du mérite. Le mérite est la valeur que l'homme s'ajoute à lui-même par l'effort de sa volonté. Le démérite est le contraire. Comme le mérite est une acquisition, une élévation d'être, le démérite est une perte, un abaissement.

Si le bien est le vrai bonheur, si la vertu est la pratique joyeuse du bien, les stoïciens ont raison de dire qu'elle est à elle-même sa propre récompense ; et Spinoza, que le bonheur n'est pas la récompense de la vertu, mais la vertu elle-même. La vie future n'est donc pas le salaire de l'accomplissement du devoir, dont elle est d'ailleurs la juste suite : elle est la paisible jouissance du bien réalisé, du vrai bonheur, de ce qui seul vaut et le procure, la perfection. « Elle n'est pas, à proprement parler, une récompense, mais une délivrance » : l'affranchissement d'une vie qui, par mille douleurs, ôte à l'homme vertueux la joie de sa vertu, la félicité légitime de la perfection.

Aussi l'immortalité n'est pas individuelle. Elle est personnelle : car qu'est-ce qui sera immortel, si la personne, si l'être conscient, ne l'est pas ? Mais la conscience, qui ne périt pas, se dégage des accidents particuliers par où un homme se distingue d'un autre ; ces accidents, qui font l'individu, « périssent avec nous : c'est la chair. La personne est la conscience de l'impersonnel : c'est l'esprit. »

La morale conduit à la religion. « Pour vivre et bien vivre, il faut croire à la vie, croire à sa signification saine et sainte, croire qu'elle n'est pas un jeu, une mystification, qu'elle nous a été donnée par le principe du bien et pour le succès du bien, » par Dieu et pour le règne de la justice. « Il faut que je puisse dire : *Adveniat regnum tuum !* »

III

Telle est la morale en ses traits essentiels : le devoir, avec le bien qui en est l'objet, la liberté qui en est la condition, et les conséquences qu'elle comporte. Morale spiritualiste : y en a-t-il d'autres ? Ancienne, parce qu'elle est vraie : le vrai ne change pas ; mais renouvelée sur plus d'un point.

M. Janet établit d'abord que le bien n'est pas le plaisir : s'il n'y a pas seulement quantité, mais qualité de plaisir, s'il y a des plaisirs meilleurs les uns que les autres, ils ne peuvent l'être que par un caractère à part, distinct du plaisir même ; sans quoi, il n'y aurait que des plaisirs qui l'emporteraient en quantité, non en qualité : il y en aurait de plus agréables, soit plus durables, ou plus étendus, ou plus vifs : il n'y en aurait pas de meilleurs. — Argument sans réplique : à une condition toutefois : c'est qu'on accorde qu'il y en a de meilleurs. Les partisans de la morale du plaisir, forcés par la droiture naturelle d'une conscience en contradiction avec leur principe, l'accordent. Mais s'ils ne l'accordaient pas ? S'il se trouvait un systématique pour soutenir qu'il n'y a d'autre meilleur que le plus agréable, pour mettre en un même rang d'estime le libertin et le sage également habiles à contenter leurs inclinations ? Il s'en trouve, et j'en ai connu : ils se contentent de pratiquer leur doctrine. Leur doctrine, dis-je, car ils la raisonnent ; plusieurs savent la défendre en de libres conversations, tout en se gardant d'écrire des livres qui ameuteraient contre eux le public.

Peut-être faudrait-il pousser l'idée même du plaisir à une autre qu'elle suppose, mais distincte et supérieure : le plaisir n'est pas un but, il est le résultat sensible d'un but atteint, d'une fin réalisée. Nos penchants, avant tout sentiment de plaisir, nous portent à leurs objets ; et c'est la convenance de ces objets à notre être qui fait le plaisir que nous procure la satisfaction de nos penchants. Ces objets sont des fins pour nous : il y a donc lieu de nous les proposer, et non le plaisir. Toutes fins particulières, qui se rapportent à une fin générale de l'homme ; elles forment un système, où elles ont plus d'importance les unes que les autres, plus de valeur au regard de cette fin générale : de la satisfaction donnée aux plus importantes ne résulte pas toujours le plus grand plaisir, et cependant elles devront avoir la préférence : car, s'il n'y a pas lieu de chercher le plaisir, mais la fin, il y a lieu de chercher, entre plusieurs fins, la plus importante. Ainsi le bien sera la fin, raison du plaisir ; il sera distinct du plaisir, mais lié au plaisir par un étroit rapport : la distinction expliquera l'opposition que si souvent la vie présente entre les deux, et commandera, dans ce cas, le choix de ce qui est précisément le bien ; le rapport expliquera cet accord profond dont témoigne une confusion trop naturelle pour être une erreur absolue, et que, sous le nom de sanction de la loi, la morale même affirme ou réclame.

On a combattu la morale du plaisir par un principe étranger, en quelque sorte du dehors ; on pourrait, ce semble, la combattre du dedans, en la poussant ou l'élevant du plaisir à la raison du plaisir. De même on a combattu la morale toute formelle du kantisme, qui détermine le bien par l'obligation au lieu de déterminer l'obligation par le bien, en montrant justement qu'un obligatoire qui n'a d'autre objet que lui-même est un pur arbitraire : mais que répondre à qui l'accepterait, cet arbitraire, comme un fait premier, comme une donnée primitive, irréductible, de la conscience ? Ne pourrait-on, partant de l'obligatoire, le pousser, par la liberté qu'il implique, à un but à poursuivre, raison de la liberté comme du plaisir ? Car la liberté n'est pas plus pour elle-même que le plaisir n'est par lui-même. Un pouvoir de vouloir n'a de sens et de raison d'être qu'avec un motif de vouloir, qui est, dès qu'il existe, un devoir de vouloir : mais de vouloir quoi ? L'obligatoire ? le devoir ? Quoi donc ? le devoir est-il de vouloir le devoir ? Tautologie pure. Sans doute on doit ce qu'on doit, mais sans doute aussi est-ce quelque chose que l'on doit, quelque chose objet du devoir, autre, en conséquence, que le devoir : le bien. On pouvait donc, ce semble, pousser le formalisme kantien jusqu'à un bien distinct de l'obligatoire, comme on avait pu pousser l'eudémonisme jusqu'à un bien distinct du plaisir.

Ce bien est, pour M. Janet, la perfection de l'être, dont il ramène fort à propos l'idée à celle d'activité harmonique, inséparable du bonheur, identique au bonheur. Il y a là des pages fines et fortes, justes, sensées. Mais il ajoute à l'activité l'harmonie, à l'une et à l'autre le bonheur, plutôt qu'il ne tire ces caractères l'un de l'autre, ou tous d'un seul principe. Voilà, d'un mot, le reproche que je me permettrais d'adresser à l'éclectisme, ou, pour mieux dire, le regret que j'oserais exprimer : quand il réfute, il oppose idée à idée, il ne déduit pas sa réfutation du fond de l'idée même qu'il veut combattre ; quand il expose, il ajoute les uns aux autres les éléments d'une compréhensive doctrine, il ne les déduit pas d'une idée fondamentale unique. Je ne reproche pas à l'éclectisme des erreurs : loin de là, il abonde en vérités, mais auxquelles cette unité systématique, la philosophie même en un sens, manque un peu.

Si nous considérons la morale spiritualiste dans l'excellent livre de M. P. Janet, que de pages fines, ingénieuses, pénétrantes, souvent profondes, souvent originales ! Tels de ses chapitres sont des théories entières, et des plus neuves.

Contestables parfois, comme il arrive à ce qui est neuf. Ainsi, il nie la distinction entre les devoirs stricts et les devoirs larges ; il estime tout le bien qu'on peut faire obligatoire, et tout obligatoire absolu. Cette généreuse, cette haute doctrine, est-elle aussi juste qu'elle est belle ?

> Votre belle âme est haute autant que malheureuse,
> Mais elle est inhumaine autant que généreuse,
> Pauline !

Est-ce la mollesse de mon âme qui juge excessive et

comme inhumaine l'austère doctrine de M. Janet; ou y a-t-il là quelque erreur, peu visible, mais réelle ?

Je soupçonne la confusion (c'est la théorie expresse d'un grand nombre de philosophes) entre mal et absence de bien. M. Janet a défini le bien, non le mal : c'est que, ayant défini le bien, il croit par là même avoir défini le mal ; c'est que, pour lui, le mal est ce qui n'est pas le bien, la négation ou l'absence du bien ; c'est que, pour lui, bien et mal, contradictoires l'un à l'autre, s'opposent entre eux comme être et non-être : dès lors tout défaut de bien imputable à la volonté est mal ; tout ce qu'on peut faire de bien on doit le faire, de devoir étroit, de stricte obligation ; il y a, selon l'ingénieuse distinction de M. Janet, des devoirs plus ou moins déterminés, il n'y en a pas de plus ou moins larges. Mais dès lors est péché tout ce qui n'est point sainteté parfaite : quiconque, étant imparfait, ne manifeste pas toute sa puissance d'être, ne réalise pas tout son idéal, fait le mal : l'imperfection même est le mal en soi, et la création de l'imparfait mauvaise, l'œuvre de Dieu mauvaise. — Le mal ne serait-il pas plutôt, non le moindre bien ou le moindre être, mais l'amoindrissement et la destruction de l'être ? Ne vaudrait-il pas mieux distinguer entre faire le mal et ne pas faire le bien ? entre commettre l'injustice, et demeurer dans l'imperfection ? Qui commet l'injustice viole un devoir strict, et mérite la peine ; qui demeure dans l'imperfection manque à un devoir large, et ne se rend pas digne de la félicité attachée à une perfection dont il n'a pas le courage.

Qui fait le mal fait le mal, et sera puni. Qui ne fait point le mal, sans faire le bien, ne sera point puni, ou le sera négativement, en ce qu'il aura manqué, avec son bien, son bonheur ; et il ne sera pas récompensé : de quoi le serait-il ? sauf que s'abstenir de mal faire lui ait coûté un sacrifice, auquel cas une compensation lui est due. Qui fait le bien fait plus ou moins de bien, mérite plus ou moins, en sera plus ou moins heureux. « Il y a plusieurs demeures dans la maison de mon Père. » Il ne pèche pas à faire moins de bien ; et, au contraire, si peu qu'il en fasse, dans la mesure de tout ce qu'il en fait, il mérite : sa récompense est dans l'excellence qu'il gagne, et dont l'effet est d'élever sa sensibilité même à la hauteur de sa raison. Le terme de ce progrès est la joie d'une âme rendue peu à peu, par la transformation intime que son effort pour le bien opère en elle, insensible aux maux inférieurs, heureuse de l'accomplissement de son être idéal.

Cette haute conception de la félicité attachée à la vertu conduit M. Janet à la conception d'une délivrance par la mort, et d'une immortalité personnelle sans être individuelle. Je ne sais si je la comprends, cette immortalité ; j'ai peur qu'il ne reste plus, l'individualité ôtée, mais non la conscience, qu'une sorte d'absorption consciente en Dieu, où se perdraient, avec tous les traits de notre caractère propre et de notre propre être, toutes ces affections particulières qui font et le charme et le prix de la vie : car ce n'est pas moins notre devoir de vivre les uns pour les autres que notre bonheur de vivre les uns dans les autres, et cela même entre pour beaucoup dans notre perfection ; où se perdraient enfin tous ces liens de communication mutuelle et d'amour, dont la rupture fait l'horreur de la mort. « O mort ! où est ton aiguillon ? » Il y est toujours, il ne peut être enlevé, mais émoussé : non par l'espérance d'une conscience future de la perfection, d'une béatitude contemplative, à la fois sublime et égoïste ; non, c'est une autre pensée qui l'émousse, la pensée qu'elle ne nous arrache que pour un temps les êtres nécessaires à notre cœur, que ces êtres vivent, qu'ils nous attendent, que nous nous retrouverons tous ensemble dans ce royaume de Dieu, dans cette joie de la perfection, où le cœur, sans doute, a sa place non moins que l'esprit ! Et comment nous retrouverons-nous, si nous ne sommes plus des êtres, êtres particuliers, êtres individuels comme nous sommes, sous une autre forme d'existence, je le veux, et il le faut bien ! sous une forme qui échappe à nos organes terrestres, mais non si étrangère à notre forme présente, qu'elle n'en sorte, et n'en soit, pour notre bonheur ou notre malheur, selon que nous aurons bien ou mal vécu, la suite légitime ? Pour notre perfection même, dirai-je : la perfection d'un être fini n'est point l'infini. Elle est, pour nous, l'union avec l'infini, elle est la conscience de l'union avec l'infini, elle n'est pas l'infini. Nous ôter l'individualité en nous laissant la personnalité, c'est-à-dire la conscience, n'est-ce pas nous identifier à l'infini ? Que si la mort est une délivrance, n'est-ce pas nous délivrer de notre caractère d'êtres finis, sans lequel nous ne sommes plus nous-mêmes ?

IV

Mais toutes ces observations, ces réserves, ces critiques, si l'on veut, sont critiques d'ami. Voyons celles des adversaires : M. A. Fouillée nous les présentera. Le livre de M. A. Fouillée est aussi, dans son genre, une œuvre très remarquable, d'un philosophe qui, lui aussi, parmi les philosophes contemporains, occupe une place éminente : il a, au service des idées les plus abstraites, des discussions les plus subtiles, un style clair, vivant, riche en images : il appuie ou, pour mieux dire, illustre son argumentation de comparaisons ingénieuses, qui semblent mettre l'évidence de son côté.

Il combat la morale spiritualiste.

Cette morale, dit-il, pose une liberté humaine, pouvoir absolu de choisir ; un bien absolu ; puis, comme lien entre ces extrêmes, un devoir absolu : trois hypothèses métaphysiques non démontrées, empruntées d'ailleurs, par un éclectisme peu cohérent, à des doctrines différentes et même contraires.

Elle démontre la liberté par cette raison qu'il serait inutile de dire « Fais cela » à celui qui ne peut s'empêcher de le faire, et absurde à celui qui ne peut le faire. Mauvaise raison, dit M. A. Fouillée : « On oublie que la loi promulguée, avec ses motifs influant sur l'intelligence et ses mobiles influant sur la sensibilité, peut devenir un des facteurs de sa propre réalisation ; « un ordre », tout comme une menace, n'est donc ni inutile ni absurde dans l'hypothèse du déterminisme, puisque c'est un des ressorts possibles de « l'automate intelligent et sensible ». — L'ordre ne sera pas inutile, soit ; mais absurde, il le sera : car il n'a de sens qu'autant qu'il s'adresse à des êtres capables de se conduire eux-mêmes, non à des automates. M. A. Fouillée se fait répondre que les lois n'auraient pas un caractère moral, et il raille cette réponse : « Si on commence par définir la morale de manière à y impliquer la conception du libre-arbitre, il ne sera pas étonnant qu'on l'y retrouve ! » On la définit la science du devoir : s'il y a devoir, il y a gouvernement de soi, libre-arbitre ; s'il n'y a pas devoir, il n'y a point morale, ou ce que nous appelons morale, et s'il y a quelque chose encore, c'est autre chose. Il y aura loi physique, loi naturelle de la conduite humaine ; loi morale, non. C'est donc l'idée du devoir, l'idée même de la morale ainsi définie, qu'il faut combattre, pour détruire cette démonstration de la liberté.

Démonstration qui ne vaut, j'en conviens, que dans l'hypothèse du devoir : mais elle vaut par cela, pour la plupart des hommes. L'humanité croit au devoir : c'est à celui qui n'y croit pas à faire la preuve qu'elle se trompe.

L'école spiritualiste ne se borne pas à démontrer la liberté : elle prétend l'établir en elle-même, par le témoignage direct de la conscience. M. A. Fouillée récuse, lui, ce témoignage. Nous n'avons pas, nous ne pouvons pas avoir conscience d'être libres : « L'affirmation de la liberté, dit-il, nous entraîne à la fois hors de nous-mêmes et dans le plus profond de nous-mêmes, car elle porte : 1° sur la relation fondamentale qui existe entre moi et les autres êtres, entre moi et l'univers ; 2° sur le fond même de mon existence, non plus sur une apparence ou une manière d'être de ma conscience. Je sors ici de ma pensée pour atteindre les êtres hors de moi et l'être en moi. La liberté a donc deux conditions, qui entrent dans sa définition même : sous son aspect négatif, elle est l'indépendance par rapport à toute autre cause et même par rapport à l'univers tout entier, car il faut que l'acte libre, en tant que libre, ne soit l'effet d'aucune des causes extérieures dont l'ensemble forme l'univers ; sous son aspect positif, elle est *spontanéité absolue*, activité se donnant à elle-même sa direction et sa loi ». — Tout cela est-il bien exact ? M. A. Fouillée ne force-t-il pas la note qu'il va juger fausse ? et ne l'aura-t-il point faussée lui-même ? La liberté est l'activité se déterminant, se donnant sa direction, mais non sa loi ; et il se peut que, se déterminant à agir dans une certaine direction, elle n'y parvienne pas, et n'agisse pas, ou agisse en sens contraire : car il faut distinguer, dans l'acte libre, l'action et le vouloir de l'action : c'est le vouloir qui est libre, le vouloir de l'action, non l'action entière. Nous agissons, dans la mesure d'une force limitée et déterminée, sous l'influence d'idées, de sentiments, de mille causes qui ne dépendent pas de nous : il dépend de nous de consentir ou de résister, de les favoriser ou de les combattre.

Et alors, que venez-vous nous dire que je ne puis avoir conscience de mon indépendance à l'égard de toute cause étrangère? Je n'y prétends pas : mais si j'acquiesce ou non à ce qui me fait agir, je le sais bien ; et c'est en quoi je suis libre. Et si de plus je suis moi-même une force, j'aiderai par mon consentement, ou je contrarierai par ma résistance, la force qui me fait agir : je serai, pour ma petite part, une des composantes de la résultante qui est mon action. Ma résistance peut être impuissante, ma liberté n'est pas dans la puissance, mais dans la résistance même : la force que je suis est finie et relative ; ma liberté, qui est mon pouvoir d'en disposer, est absolue. Peut-être l'école spiritualiste n'a-t-elle pas suffisamment distingué, dans la volonté, qui est l'activité libre, la liberté de l'activité même, de la force dont elle est le caractère. Nous sommes libres de vouloir ce que nous ne sommes pas en puissance de faire. Le faire n'est pas le vouloir, mais l'objet du vouloir ; et ce n'est pas le faire qui est libre, c'est le vouloir.

La liberté est la puissance, non d'agir, mais de se résoudre à une action, à l'exclusion de toute autre à laquelle on pourrait également se résoudre ; non d'agir, mais de choisir, entre plusieurs actions à faire, celle qu'on fera : or le choix suppose une raison de choix : loin que le motif et la liberté soient incompatibles, loin qu'il y ait lieu d'anéantir la liberté au nom du motif, qui, déterminant le vouloir, le rendrait nécessaire, le motif s'adresse à la liberté, qui le suppose. Otez la liberté, le motif ne sera pas une raison, une lumière, mais une force, ne sera pas un motif, mais un moteur ; et ôtez le motif, la liberté, puissance de choisir, n'ayant plus de raison de choisir, n'aura plus de raison d'être.

Nos penchants, notre tempérament, mille influences, dites-vous, déterminent à notre insu notre vouloir? Ces influences le sollicitent, elles ne le déterminent pas. Encore une fois, la volonté ne se détermine pas sans motifs : elle se détermine d'après des motifs, mais elle-même.

Peut-être aussi l'École va-t-elle trop loin quand elle invoque en faveur du libre arbitre un témoignage direct de la conscience. La conscience directe du libre arbitre serait, dit M. A. Fouillée, la connaissance absolue de ce qu'il y a d'absolu en nous. « Par exemple, pour savoir que c'est bien moi qui suis l'auteur libre de ma résolution, il faut que je sois pour moi-même transparent jusque dans mes plus intimes profondeurs, et que je voie ma résolution sortir de mon fond propre comme un flot sortirait d'une source vive qui se sentirait créatrice de ses propres eaux. S'il restait quelque obscurité dans les arrière-fonds de mon être, je pourrais toujours me demander si l'action que je crois libre n'est pas l'effet nécessaire d'une certaine nature cachée et inconsciente que je ne me serais pas donnée moi-même, le résultat visible d'actions et de réactions invisibles, sorte de chimie dont les opérations profondes échapperaient à la lumière superficielle de la pensée. De plus, cette connaissance absolue de moi-même devrait être *a priori*, — point qu'on oublie encore, — car il faudrait que je visse d'avance les effets dans leur cause. Enfin, il faudrait que moi-même je fusse ma propre cause, mon propre créateur, non pas seulement l'auteur de mes actes, mais encore l'auteur de mon existence... S'il y a en moi une nature toute faite que j'ai reçue, une existence dont je ne suis pas la cause, il y a par cela même en moi un fond déterminé, nécessité, impénétrable à ma conscience parce qu'il n'est pas le résultat de mon action consciente. Dès lors, je pourrai toujours me demander si l'action qui paraît venir de ma conscience ne vient pas de ce fond inconscient, si je ne suis pas en réalité, comme dit Platon, « esclave de mon essence », c'est-à-dire de la nature propre et de l'existence que j'ai reçue de mon créateur. Par conséquent, pour être *certain* d'être libre, il faudrait que je fusse entièrement l'auteur de moi-même, de mon être comme de mes manières d'être, et que j'en eusse l'entière conscience. En d'autres termes, il faudrait que j'eusse l'existence absolue comme la conscience absolue, il faudrait que je fusse Dieu ».

Quand je serais esclave de mon essence, il ne s'ensuivrait pas que je ne pusse accorder ou refuser mon libre acquiescement à cette essence dont je serais l'esclave : je ne pourrais pas ne pas agir comme j'agis, mais je pourrais le vouloir ou ne le vouloir pas. Et si j'ai quelque degré de force qui soit mienne, qui soit moi-même, si moi-même je suis une force dans la nature, je pourrai modifier, dans les conditions déterminées de la force que je suis, l'action qui résulte de mon essence : elle n'en résultera pas tout entière. Je ne puis vouloir ce que veulent, par exemple, les habitants d'une autre planète : mais c'est faute de le connaître, et faute de motifs ou de mobiles qui s'y rapportent : la limite ici est dans la connaisssance, dans ma nature d'homme avec les mobiles que j'y trouve et les motifs qu'elle me présente, non dans ma volonté, libre d'une liberté absolue, libre de se déterminer pour l'impossible même et l'absurde. Elle ne se déterminera pas pour une fin ignorée ou jugée absurde, mais faute d'en avoir l'idée ou d'en avoir la raison suffisante, non faute d'en avoir la puissance, je dis puissance de vouloir, je ne dis pas puissance de faire. L'action dépendra et de ma nature, et, dans la mesure de la force que je suis, de moi-même : la volonté de l'action, l'effort pour la faire, ne dépendra que de moi. Je ne serai que fort peu, et relativement, l'auteur de mon action ; ma nature, l'univers, tout ce qui me détermine en mon être, en sera l'auteur plus que moi ; mais du vouloir de mon action je serai l'auteur absolu.

Maintenant ai-je la conscience directe de ma volonté, de mon activité libre ? Non de mon activité en soi, mais de mon agir ; non de ma volonté, mais de mon vouloir. Ai-je la conscience de mon intelligence, de ma sensibilité ? Non, mais de mon penser, de mon sentir. J'ai conscience de pensées miennes, par où je me sais intelligent ; de sentiments miens, par où je me sais sensible. De même, j'ai conscience d'actions, ou, pour mieux dire, de résolutions, de volitions, de directions d'action, miennes, par où je me sais capable d'agir de moi-même, principe d'une activité propre et non seulement siège d'une activité d'emprunt, maître de mon vouloir, libre. Si je n'ai pas la conscience directe de ma liberté, l'ai-je directe de ma sensibilité, de mon intelligence ? Et puis-je douter de mon intelligence, quand je pense ; de ma sensibilité, quand je sens ? De même, puis-je douter de ma liberté, quand je m'impute certaines actions, dont je m'affirme la cause, par opposition à d'autres actions que j'impute à l'instinct, au jeu de l'organisme, à la nature ?

Quand nous agissons par instinct, nous n'agissons point par nous-mêmes, nous n'agissons point véritablement nous-mêmes : c'est la nature qui agit par nous. Nous sommes le siège d'une activité dont nous ne sommes pas le principe. Mais nous agissons aussi de nous-mêmes. Nous sommes le principe d'une activité qui se manifeste par des actes vraiment nôtres : actes que nous nous imputons, dont nous nous sentons responsables, actes libres.

L'acte libre est un fait : il n'y a point raisonnement qui tienne contre un fait. On raisonne contre le libre arbitre : mais quel raisonnement peut en ébranler la certitude ? Car ce n'est pas le raisonnement, c'est le sentiment, qui nous le donne. Nous nous sentons libres : il suffit. Nous nous imputons les actes de notre volonté : donc ils sont nôtres, et d'une volonté libre. En faut-il davantage ? Quand vous déclarez que voilà une table, quelle preuve en avez-vous, sinon que vous la touchez ? C'est une manière de sentir, et vous en croyez vos sens. Pourquoi le sentiment du libre serait-il une illusion, plus que celui du solide, ou tout autre ? On compare l'âme humaine à une girouette qui, se sentant tourner, croirait se tourner elle-même. Toujours des comparaisons ! Celle-ci peut-être serait bonne, s'il s'agissait d'expliquer l'illusion d'une âme qui se croirait libre et ne le serait pas : c'est que, sentant son mouvement, elle ne sentirait pas l'impulsion qui la meut, comme la girouette, se sentant tourner, ne sentirait pas le vent qui la tourne. Mais que vaut la comparaison, si le sentiment du libre n'est pas illusoire ? Et pourquoi le serait-il ? L'image même n'est pas exacte : une girouette qui se sentirait tourner ne se sentirait pas se tourner : l'âme se sent se déterminer elle-même, agir d'elle-même. Il y a des actes qu'elle s'impute, et des actes qu'elle ne s'impute pas ; elle distingue les uns des autres, reconnaît quand elle agit d'elle-même ou quand elle agit sous une impulsion, ne confond pas l'action de l'organisme, ou de la nature, ou de l'instinct, avec la sienne propre ; le sentiment qu'elle a de celle-ci est précis, net, positif : ce n'est pas, comme on le prétend, l'ignorance de la cause de son vouloir, c'est l'affirmation d'une cause de son vouloir, qui est elle-même ; c'est l'intuition d'une action dont elle se déclare l'auteur. La conscience par laquelle on s'attribue certains actes est la même, et vaut au même titre, que celle par laquelle on se rapporte certains faits, les pensées, les sentiments, les phénomènes du moi.

En présence d'un fait, comme tout raisonnement tombe, tombe aussi toute hypothèse qui lui serait contraire. Comment se prouve un fait ? Il se voit, il se touche, il se sent. C'est un fait que nous sommes libres. Qu'en savons-nous, et quelle preuve en avons-nous ? Nous nous imputons, dans la conscience que nous en avons, certains actes ; nous nous sentons responsables de notre conduite : nous nous sentons libres. Qu'en savons-nous, encore une fois ? Nous le voyons.

M. A. Fouillée, après s'être attaqué à la liberté, s'attaque à l'idée du bien absolu, et à l'idée du devoir absolu. Ici le vague des termes lui donne beau jeu. C'est le mot *absolu* qui est traître. Et en outre, on a eu le tort de ne pas distinguer assez entre le bien et l'obligation du bien ou le devoir.

Le bien est absolu, en ce sens qu'il est tel, soit que cela nous plaise ou non, soit que nous le voulions ou non : s'il nous déplaît, il n'importe, nous devons le vouloir ; et si nous ne le voulons pas, nous ne voulons pas ce que nous devons vouloir. Il ne se soumet pas à nous, et nous avons à nous soumettre à lui. C'est en ce sens qu'il est absolu, non en cet autre sens qu'il serait par soi-même, bon par essence, indépendamment de toute relation avec les êtres. Il nous est relatif au contraire, et il dépend de notre nature, mais non de notre liberté.

M. A. Fouillée le ramène au désirable, à ce qui est pour nous principe ou source d'accroissement d'être, et, par suite, de joie. Nous pourrions nous entendre. Il est le désirable, objet de la sensibilité, mais aussi l'intelligible, objet de l'intelligence ; il est le développement harmonieux de tout notre être, et, par là, notre bonheur, mais, par là encore, notre perfection : désirable à ce titre, et il doit être voulu. C'est comme devant être voulu, comme règle de la volonté, qu'il est le bien. Le même être, comme objet normal de l'intelligence, est l'intelligible, ou le vrai ; comme objet normal de la sensibilité et de l'amour, est le désirable, ou le beau, ou le bon ; comme objet normal de la volonté libre, est le bien. A cette hauteur, les termes s'échangent : l'intelligible est désirable, car il est le bien de l'intelligence, et il faut l'aimer à ce titre, mais à ce titre aussi le vouloir ; le désirable est intelligible, car l'intelligence le conçoit comme le bien de l'homme sensible, et à ce titre il faut le vouloir : l'un et l'autre sont bons, l'un et l'autre doivent être proposés à la volonté libre, ils sont le bien. Et même la santé, la force, la grâce, tout ce qui est utile, tout ce qui répond à nos besoins ou sert à l'épanouissement de notre être, tout cela doit être voulu, et, en tant que cela doit être voulu, c'est le bien. Mais c'est aussi l'intelligible, car la raison l'entend ; et le désirable, car il en résulte, avec la perfection de notre être, notre félicité.

Voilà pour l'absolu du bien : absolu au regard de notre liberté, non au regard de notre nature ; non au regard de l'être qui nous a été donné, et qui ne dépend pas de nous, mais au regard de celui que nous sommes appelés à nous donner à nous-mêmes : nous devons nous le donner tel, et non autre : parce qu'il est tel et non autre, et que, si nous le voulons autre, nous le manquons, nous périssons. Faire le bien, c'est réaliser l'être, c'est produire en soi l'être et la vie. Et vouloir le bien, s'efforcer de faire le bien, c'est travailler à réaliser l'être, c'est mériter de le réaliser, c'est acquérir le droit de vivre et se rendre immortel.

Quant à l'absolu du devoir, il n'est point le devoir en soi, le devoir pur, le devoir pour le devoir : il est le devoir du bien. Il est d'agir pour le bien. De quelque manière que l'on conçoive le bien, et l'on peut errer en cela ; le bien même peut varier selon les circonstances, il est relatif, on a vu dans quel sens il est absolu : mais quel qu'il soit, ou qu'on le comprenne, le devoir de le faire est absolu.

M. A. Fouillée ne l'entend pas ainsi. Remplaçant cette formule vide, le devoir pour le devoir, par cette autre : le devoir pour le bien, c'est le moyen pour la fin, dit-il. « Étant posé un but, tel moyen est nécessaire pour l'atteindre ; donc ce moyen doit être choisi : ainsi apparaît l'idée du devoir. » Non, il y a autre chose, et le devoir n'est pas un moyen : le bien est, en effet, un but à poursuivre ; le devoir n'est pas le moyen de l'atteindre, mais l'obligation de le poursuivre. Ne dites pas : Le devoir pour le bien ; mais : Le devoir du bien. « Si le but, continue M. A. Fouillée, est quelque chose d'absolu, le devoir prend lui-même une *apparence* d'absolu ; si le but est quelque chose de relatif, le devoir n'aura même plus cette apparence, mais au fond tout dépendra du but, qui sera seul bon ou mauvais, soit absolument, soit relativement, et il sera logique de préférer un bien plus grand à un bien moindre ». Non pas seulement logique, mais obligatoire. Celui qui préfère un bien moindre, s'il le réalise, réalise un certain bien : naturellement, il ne fait pas le mal, il fait un moindre bien ; moralement, il ne fait pas moins bien, il fait mal. Un voleur s'appropriant la chose d'autrui préfère un moindre bien, mais encore un bien, qui est sa fortune, augmentation de puissance et d'être, à un plus grand bien, qui est son droit au respect lié à son propre respect d'autrui : il réalise un bien en ce qui le concerne ; il fait un bien, mais il fait aussi un mal, et plus grand, détruisant l'être humain pour produire son propre être. Cette obligation de bien faire, de vouloir le bien, et le plus grand bien, celui qu'il faut faire pour ne pas faire le mal, c'est cette obligation qui est absolue, et dont l'idée est *sui generis*, irréductible à toute autre : ce que méconnaît M. A. Fouillée, qui en fait une idée du même genre que les notions purement logiques. Mais il n'est pas purement logique de préférer un bien à un bien ; le bien fût-il relatif (et il l'est en un sens qui a été expliqué), l'obligation de le poursuivre est absolue. Quelle contradiction à cela ? Voilà ce que M. A. Fouillée ne réfute pas, parce qu'il ne le voit pas.

Ce qu'il dit de *l'homme fin en soi* et de *l'autonomie de la volonté* est plus juste. L'homme fin en soi ? Non tel qu'il est, mais tel qu'il doit être. Il se réalise lui-même quand il fait le bien, mais en acquérant un être qu'il n'avait pas ; il n'est donc pas sa propre fin, n'étant pas le bien, ayant à l'accomplir, à s'accomplir et à s'achever lui-même. L'autonomie de la volonté ? Non. La bonne volonté n'est pas la volonté se voulant elle-même ; elle est la volonté voulant le bien. La volonté doit vouloir le bien, que la raison lui impose.

On est obligé au bien. Est-il bien parce qu'on y est obligé ? Mais quelle serait alors la raison de l'obligation ? On y est obligé, parce qu'il est le bien. Qu'est-ce donc que le bien ?

Le bien est ce que la raison propose à la volonté, l'être même tel que le comprend la raison, la perfection de l'être, l'ordre, la loi : il est ce qui doit être, et il doit être voulu parce qu'il est ce qui doit être. *Et vidit quia erant valde bona*, il vit que tout cela était très bon : Dieu, créant les choses, les veut parce qu'elles sont ce qu'elles doivent être, parce qu'elles sont ce que, en Dieu même, la raison propose à la volonté. Le bien est la loi, au sens philosophique non moins qu'au sens moral : ordre, et commandement. Commandement, parce qu'il est ordre. Les êtres sans volonté réalisent leur loi fatalement ; les êtres doués de volonté sont appelés à réaliser leur loi. Le bien, pour un être, est donc la loi de cet être, en rapport, dans l'harmonie des choses, avec les lois de tous les êtres ; c'est la fin ou la perfection de son être : une fin à atteindre, un être supérieur à réaliser, la loi même de l'être ou l'ordre des choses à accomplir dans la mesure de sa puissance. Toutes les fins se rapportent à une fin suprême, Dieu : comme tout vient de Dieu, tout y va.

Tel est le bien en soi. Le bien, pour l'homme, sera

donc la perfection ou l'idéal de l'homme ; et son devoir, de réaliser l'idée de l'homme, d'être homme autant qu'il peut l'être, d'accomplir en lui-même l'être humain.

Autre chose est le bien pris absolument, le bien naturel ou essentiel, autre le bien moral. Le bien moral est la conformité de nos actes libres au bien tel que nous le concevons. C'est la bonne intention, le bon vouloir, l'effort pour faire le bien.

Etre bon, intelligent et fort, est un bien. Ce n'est pas un bien moral pour celui qui est tout cela par nature ; mais le travail pour conserver et pour augmenter, pour s'approprier par sa propre coopération à l'œuvre divine, ces formes du bien, quand on les tient comme un prêt de la nature, ou pour les acquérir, quand on ne les a point, par un développement volontaire du peu qu'on a reçu, est un bien moral.

Le bien moral est dans la volonté du bien. Le bien, dès qu'il est voulu en qualité de bien, existe ; dès qu'on a fait effort pour l'accomplir, il est accompli comme acte moral. Le mal, également.

Qui a moralement bien agi, a bien agi. Qui a bien agi a mérité ; qui a mal agi a démérité.

L'expiation est le retour à l'ordre par la peine librement acceptée. La peine est donc réellement un bien, quoiqu'elle soit un mal sensible : elle est justice.

Le *souverain bien* ne consiste ni dans le bonheur seul, ni dans la vertu seule, mais dans l'accord de la vertu et du bonheur. La vertu conserve le premier rang, le bonheur n'a que le second ; et il ne convient pas qu'il suive immédiatement ni visiblement la vertu ; car où serait le mérite ?

La raison de cette subordination du bonheur à la vertu dans l'accord de l'une avec l'autre, est que l'une et l'autre sont également, quoique diversement, l'ordre : l'une est la fin de l'être, l'autre la conscience de cette fin accomplie. Le bonheur n'est pas lui-même un but, mais une manière d'être, un état de l'âme, conséquence du but une fois atteint ; il est le retentissement du bien dans la sensibilité. Si donc le bien est, et que le bonheur ne soit autre chose que le bien senti en nous, que chercherons-nous pour trouver le bonheur ? Le bien.

Avons-nous bien agi ? Nous en sommes heureux : d'autant plus que nous comptons sur un bonheur qui en sera tôt ou tard la suite, et la récompense : c'est l'espérance, qui, s'ajoutant à la satisfaction intérieure, la redouble. Le remords, au contraire, se complique de la crainte. N'est-il pas vrai qu'il y a dans le remords, avec un sentiment d'humiliation et de dégradation, une appréhension instinctive, une sorte de terreur étrange, invincible ? Telle est l'harmonie de la sensibilité et de la raison : si la raison affirme le mérite et le démérite, dont la notion est contenue dans celle du devoir, la sensibilité anticipe sur la récompense ou la peine qu'elle attend, qu'elle ne sent pas encore, mais qu'elle sent venir, qui viendra comme elle doit venir.

C'est la *sanction* de la loi morale : non point la loi, mais la garantie de la loi, dont elle assure le respect, et qu'elle fait toujours, quoi qu'il arrive, prévaloir. La loi est-elle violée, le violateur est puni. Mal en prend à qui la viole ! Bien à qui l'exécute ! Elle a toujours raison, et toujours le dernier mot.

Le Dieu qui nous a fait naître, la Sagesse toute puissante qui gouverne le monde, qui assure le règne de la justice, le triomphe du bien, nous a donné la liberté, un pouvoir de faire le bien, qui est un pouvoir de faire le mal, pour que nous soyons nous-mêmes les auteurs de notre bien ; pour que, destinés à la félicité, nous en soyons dignes : et c'est alors que nous la posséderons. Nous ne sommes point ici-bas pour être heureux, mais pour mériter de l'être. Notre loi n'est pas de recevoir le bonheur, mais de le conquérir. Quand nous l'aurons conquis, il sera nôtre. Nous serons heureux d'un bonheur qui sera notre œuvre. Nous jouirons d'un être dont nous avons reçu le fond, dont nous créons la forme, dont nous aurons fait nôtre tout le bien, par le constant effort d'une volonté, libre coopératrice de Dieu.

On va disant que la sanction de la loi morale fait de la conduite humaine une conduite intéressée, et détruit ainsi le caractère absolu de l'obligation, le principe qui est à la base de la morale même : en sorte que la conséquence détruirait le principe. Il n'en est rien. Le juste ne cherche pas son avantage, il fait son devoir. Il consent à souffrir et à mourir pour la justice ; mais il n'est pas juste que le juste souffre et meure. Il consent à être dupe de sa vertu, et la vertu ne fût-elle qu'un nom, il serait vertueux : mais il n'est pas juste que le juste soit dupe de sa vertu, il n'est pas juste que la vertu ne soit qu'un nom. La justice, à laquelle il se sacrifie, est violée en même temps que respectée, s'il est victime de son respect pour elle. S'il n'agit qu'en vue de la récompense, il n'en est pas digne ; mais s'il agit pour le bien, il est digne de la récompense, digne de la félicité qu'il ne demande pas. Il ne la demande pas, mais la justice et la raison la demandent pour lui.

Homme, on doit travailler à réaliser le parfait homme. Le devoir est d'accomplir son être. Non point la perfection d'un être solitaire, mais d'un être en rapport avec d'autres, sans lesquels il ne serait pas : l'homme n'est pas sans les hommes, sans l'humanité ; l'humanité n'est pas sans la nature : ni la nature sans Dieu.

Tout cela bien compris, peut-on dire avec M. A. Fouillée que « les trois principes de la morale présentés comme certains dans la doctrine spiritualiste, — libre arbitre, bien en soi, devoir absolu, — s'y réduisent théoriquement à trois hypothèses ? » Et il ajoute : « De plus, ces trois hypothèses sont impossibles à maintenir simultanément, et toute doctrine éclectique ne paraît les concilier qu'en les prenant dans un sens vague. Une liberté vraiment absolue ne saurait, sans perdre son autonomie, avoir sa loi dans un objet extérieur à elle et appelé le bien en soi, le bien naturel ; d'autre part, le bien en soi ne saurait engendrer un devoir absolu et catégorique, s'imposant par lui-même comme une fin et non comme un moyen ; enfin l'idée du bien naturel elle-même ne saurait être absolue, car elle est au contraire éminemment problématique et se résout pour l'expérience en éléments de bonheur. »

Nous avons établi en quel sens le bien naturel est absolu : il n'est pas soumis à notre volonté ; en quel sens le devoir est absolu : il n'est pas une fin, et il n'est pas un moyen, il est une obligation ; en quel sens la liberté est absolue : comme puissance de choisir, qui suppose une raison de choisir, et engendre un devoir de choisir : elle n'a pas dans le bien, objet extérieur, une loi physique ou naturelle, qui détermine, mais une loi morale, qui commande. Ce sont deux acceptions du mot loi, qu'il ne faut pas confondre : l'une qui détruirait, en effet, avec le caractère absolu de la liberté, la liberté même ; l'autre qui, s'adressant à elle, au contraire, la suppose et l'affirme.

Ces distinctions n'ont pas été faites, ou ne l'ont pas été assez : elles tirent la morale spiritualiste des mains de M. A. Fouillée, et l'arrachent à son impitoyable critique. Du moins la force-t-il à s'expliquer mieux qu'elle n'a fait peut-être, et c'est un service qu'il rend à la philosophie.

V

Le dogmatisme scientifique, joint à un scepticisme irréfléchi, aveugle, portant sur tout ce qui n'est pas matière de science expérimentale, telle est la situation intellectuelle de l'heure présente. A la raison comme à la foi on oppose la science positive ; sur les ruines de toute métaphysique non moins que de toute religion la science demeure seule debout, prenant toute la place, empiétant sur leur terrain, niant, au nom d'affirmations téméraires, tout ce qui échappe à ses méthodes.

On cherche à constituer une morale scientifique, c'est-à-dire empirique. L'expérience établira, par exemple, que l'homme ne peut vivre qu'en société, que la société ne peut vivre que dans certaines conditions ; elle étudiera, elle reconnaitra ces conditions de la vie sociale, de la vie humaine, et par là fixera les règles de la conduite humaine, déterminera le bien.

Déterminera-t-elle qu'il y a un bien et qu'il faut le faire, qu'il y a un mal et qu'il faut l'éviter ? qu'il y a un devoir, en un mot, quel qu'il puisse être ? Tout est là. Déterminer le bien est une chose ; reconnaitre un devoir, une obligation morale, en est une autre. L'obligation morale est de faire le bien, tel qu'on le connait et qu'on peut le faire ; de travailler à réaliser ce qu'on sait être le bien : faire le bien, dis-je, parce que c'est le bien. Le faire parce qu'il est avantageux, utile, profitable, indispensable à la vie, ou pour toute autre raison que celle-là seule qu'il est le bien, c'est agir par intérêt, non par devoir. Le devoir n'est pas de faire tel bien déterminé : on peut se tromper, et l'on a varié, dans cette détermination du bien. Il est de faire le bien que l'on conçoit, et à ce titre. Pourquoi ? Parce que. Il n'y a pas d'autre raison. Le devoir est sa raison à lui-même. Voilà l'*impératif catégorique*, absolu, universel ; et il n'y a d'universel, comme il n'y a d'absolu, que cela. Qu'importe la variation des idées morales ? Il n'y a qu'une idée morale, et elle ne varie pas : c'est la distinction du bien et du mal, l'obligation de faire l'un, de ne pas faire l'autre. Qu'on le mette ici ou là, qu'on le fasse consister dans telle ou telle conduite, qu'on tâtonne, qu'on erre dans la détermination du bien, il y a un bien, on doit le reconnaître et le faire ; il y a un mal, on doit le reconnaître et ne pas le faire. Que le bien soit l'utile, si l'on veut, et que l'expérience l'enseigne, l'utile deviendra l'obligatoire : mais qu'il y ait un obligatoire, quelle expérience pourra l'enseigner ? Cela est d'un autre ordre. Le bien est tel, pour telle raison ; le devoir est de le faire parce que c'est le bien. Le devoir est de faire le bien : pourquoi ? Parce que c'est le bien. On sent cela, on le reconnaît, on le sait : par quelle expérience ? Par une intuition de la conscience, une perception de la raison, comme on voudra : cette idée du devoir est première, irréductible, instinctive, absolue. On l'a ou on ne l'a pas. Pour qui ne l'a pas, il y aura sagesse, prudence, habileté, savoir-faire, savoir-vivre, entente de la vie : devoir, non ; morale, non. Vous me parlez de peuples qui ne l'auraient pas eue : et qu'est-ce que cela nous fait, à nous qui l'avons ? Il y a aussi des aveugles : en sommes-nous empêchés de voir ? Les animaux ne l'ont pas. S'il se rencontre des peuples inférieurs, des hommes inférieurs, à qui elle manque, ils sont en cela des animaux : qu'importe aux hommes ?

Dégageons-la nettement de celle du bien, nous échapperons aux difficultés du kantisme, comme à celles du positivisme, ou de l'empirisme prétendu scientifique. L'idée du devoir n'est pas l'idée du bien, mais de l'obligation du bien. Kant fonde le bien sur l'obligation même : une action est bonne à ses yeux parce qu'elle est obligatoire ; elle est obligatoire en vertu d'un commandement de la loi morale. Obligatoire parce qu'elle est obligatoire : car dire que la loi morale commande, c'est dire qu'elle oblige. Et pourquoi commande-t-elle ? Parce que tel est son bon plaisir. Commandement absolu, *impératif catégorique*. Qui ne protesterait, avec M. Janet, contre ce « commandement militaire », cet arbitraire d'une loi morale sans raison ? Et ce n'est point le seul vice du formalisme kantien : mais outre que c'est là une sorte de mysticisme moral qui déconcerte la raison, il est accablé et comme écrasé par l'histoire des variations de la morale.

L'action est obligatoire parce qu'elle est bonne ; et nous déterminons le bien. Le commandement moral n'est plus un *impératif catégorique*, c'est-à-dire sans condition, c'est-à-dire en vérité sans raison ; il ne dit plus : Fais cela ; mais : Fais cela, si tu veux être un homme. Fais cela, si tu veux bien faire. — Oui, mais il faut ajouter : Tu dois le vouloir. Et ici, l'*impératif catégorique*, l'absolu, se retrouve. Fais cela. Pourquoi ? Pour faire le bien. Pourquoi est-ce le bien ? Pour telle raison. Mais si je ne veux pas le faire ? Tu dois vouloir le faire. Pourquoi ? Parce que c'est le bien. Et pourquoi dois-je vouloir faire le bien ? Pourquoi dois-je vouloir ne pas faire le mal ? Parce que le mal me serait nuisible ? Mais pourquoi ne dois-je pas vouloir me nuire ? Parce qu'il serait nuisible à autrui ? Mais pourquoi ne dois-je pas vouloir nuire à autrui ? Parce que les conditions d'existence de la société me le défendent ? Mais pourquoi dois-je tenir compte des conditions d'existence de la société ? Et que me fait l'existence de la société, si je rends la mienne plus heureuse ? Après moi le déluge ! J'aurai mal fait ; mais pourquoi ne dois-je pas mal faire ? Pourquoi dois-je ? En vérité, il n'y a pas de pourquoi. Je dois, voilà tout. Cela est absolu. Nulle expérience ne me l'apprend, ni ne peut me l'apprendre : je le sens, je le sais. J'ai l'idée qu'il y a un bien et un mal ; que je dois faire l'un, ne pas faire l'autre. C'est l'idée morale.

Réduite à cette précision, elle est universelle. Divers hommes, divers peuples, peuvent avoir diverses idées du bien et du mal : partout est la même idée qu'il y a un bien et un mal, qu'on doit faire l'un, ne pas faire l'autre. Ne disons donc pas « Les idées morales » : elles changent, mais « L'idée morale » : elle ne change pas. Elle est irréductible. Il se peut qu'elle n'apparaisse à l'homme, qu'elle ne se manifeste à la conscience de l'homme, qu'à certaines conditions ; que tous ne l'aient pas toujours eue ; mais elle ne vient pas du dehors, on ne la reçoit pas, on ne l'acquiert pas ; on la trouve en soi et on la reconnaît, on en prend conscience, quand l'âge en est venu, quand l'homme est né à la vie morale. La genèse de l'idée morale ne saurait donc être l'évolution ou la transformation d'idées antérieures auxquelles elle est irréductible, mais son passage de l'état inconscient à l'état conscient.

Cette idée innée, primitive, simple, mais féconde et qui enveloppe toute une philosophie, suffit à établir, en dehors de la science expérimentale, une science d'un autre ordre, autant ou plus certaine, barrière infranchissable à la hardiesse de ses empiètements.

La loi morale suppose le bien, et s'adresse à des êtres capables de le concevoir, capables d'agir librement ou par eux-mêmes pour le faire. Si le juste et l'injuste sont quelque chose, s'il nous est défendu d'être injustes, ordonné d'être justes, s'il y a une morale, s'il y a un devoir, il y a un bien, et nous avons, nous, la raison pour le reconnaître, une volonté libre pour l'accomplir.

Avons-nous ces facultés ? Sommes-nous des êtres libres, des êtres raisonnables ? Sommes-nous capables du bien ? Le bien même existe-t-il ? ou n'est-il qu'une idée sans objet ? La distinction du bien et du mal est-elle fondée en vérité, est-elle dans la nature des choses, est-elle en soi, ou n'est-elle que pour nous ? Il se trouve des gens qui disent qu'elle n'est que pour nous, que l'idée du bien est purement humaine, l'idée du devoir toute *subjective*, ce qui équivaut à dire qu'elle n'a pas d'objet, que le bien n'existe pas, qu'il n'y a ni bien ni mal. Il se trouve des gens qui disent que nous n'avons pas d'autre intelligence qu'une faculté de connaitre ce qui est, que l'observation de ce qui est nous donne seule ou seule produit en nous toutes nos idées, ce qui équivaut à dire que nous ne connaissons pas ce qui doit être, ce qu'il faut faire, que nous n'avons pas l'idée du devoir, l'idée du bien. Il se trouve des gens qui disent que nos volontés ne sont pas libres, que nous ne voulons pas librement et par nous-mêmes ce que nous voulons, mais nécessairement et par nature, ce qui équivaut à dire que ce n'est pas nous qui le voulons, que nous n'en sommes pas responsables, que nos volontés ne nous sont pas imputables, qu'elles ne sont donc pas bonnes ou mauvaises, mais ce qu'elles peuvent être ; que nous ne méritons donc ni éloge ni blâme, ni récompense ni peine; qu'il est insensé qu'un acte nous soit ordonné ou défendu, puisque nos actes ne dépendent point de nous, puisque nous ne pouvons agir, puisque ce n'est pas nous qui agissons quand nous faisons quelque chose ; en un mot que les commandements de la loi morale sont pure chimère, ou pure folie. Les gens qui parlent ainsi ne se doutent pas qu'ils détruisent, qu'ils anéantissent toute morale ; eux-mêmes bien souvent sont les plus honnêtes des hommes. Et ils ne parlent pas ainsi par irréflexion : ce sont, au contraire, des savants, des philosophes ; l'étude qu'ils ont faite de la nature et de l'homme leur met dans la bouche ce langage qui étonne !

Tels sont nos savants ; tels sont nos philosophes à leur école. Et qu'est-ce que l'homme pour eux ? Que peut-il être, sinon un être de rencontre, incomplet et caduc ; une apparence d'être, mais sensible, hélas ! résultat fortuit, ou résultat logique, peu m'importe, du jeu des forces cruelles d'une détestable nature qui, par contrainte, vend la vie à qui n'en veut pas au prix qu'elle impose ; fantôme qui paraît et disparaît comme s'allume et s'éteint une vaine lueur, mais fantôme pensant et souffrant ; vague qui flotte un jour ou deux à la surface d'une mer sans rivage et sans fond, pour s'y engloutir à jamais, avec la claire et mensongère conscience d'être quand il n'est pas !

Mais est-ce là l'homme pour la science ? Non. Ni celui-là, ni un autre. La science expérimentale n'a rien à dire là-dessus. Elle peut dire comment se produit l'homme, comment il se manifeste, à quelles conditions naturelles, physiques, biologiques, *sociologiques*, si l'on tient à ce mot barbare ; elle ne peut dire ce qu'il est, d'où il vient, où il va. Elle connaît des hommes vivant dans ce monde : elle ignore l'homme.

Et est-ce là l'homme pour la philosophie ? Non. La philosophie n'a pas à se mettre à l'école de la science. La philosophie scientifique, telle qu'on prétend la faire, n'est pas de la science, il est vrai, mais n'est pas de la philosophie ; c'est un monstre.

Certes, la philosophie n'a pas à contredire la science, ni à la négliger. La philosophie a besoin de la science, mais sans relever d'elle ; et à son tour la science a besoin de la philosophie. On n'accusera pas, sans doute, de méconnaître la nécessité de la science pour la philosophie celui qui, dans une étude sur *La philosophie de M. Cousin* (1), parue en 1864, écrivait ces paroles : « Ah ! si cette longue étude à laquelle

---

(1) *Bibliothèque de Philosophie contemporaine* (Alcan).

nous nous sommes livré pouvait aboutir à quelque profitable conseil, s'il était possible d'en tirer un salutaire enseignement, si surtout la voix qui ose le donner était assez forte pour se faire entendre au loin, elle crierait aux savants et aux philosophes, à ceux qui consacrent leur vie à la recherche positive des phénomènes et de leurs lois comme à ceux qui la dévouent à la tâche plus ingrate de la haute spéculation : L'union fait la force, unissez-vous ! donnez-vous la main ! Que la veille des uns cesse d'être inutile à la veille des autres ! Tout se tient, tout s'enchaîne, tout est solidaire, dans la science comme dans le monde : les corps servent aux esprits, et les esprits meuvent les corps. La nature est une sous l'enveloppe trompeuse de son apparente diversité. Comme il n'y a qu'un univers, il n'y a aussi qu'une science : les sciences différentes n'en sont que les différentes branches, la philosophie en est le tronc. Les branches détachées du tronc peuvent-elles vivre ? Mais qu'est-ce qu'un tronc dont la sève appauvrie ne va plus se répandre dans les branches, qui s'en détachent pour mourir ? Savants, élevez-vous à la philosophie ; philosophes, ne dédaignez pas la culture des sciences, plus féconde que vous ne le paraissez croire, et hors de laquelle il n'y a plus de salut pour vous en ce siècle. Prenez garde que votre orgueil ne fasse autour de vous le désert ; craignez l'isolement, c'est-à-dire l'impuissance. Avez-vous oublié l'inscription que Platon, le grand ancêtre des spiritualistes, avait mise sur la porte de son école : « Que nul n'entre ici s'il n'est géomètre ? » Quelle chimère de prétendre comprendre l'âme quand on ignore le corps, auquel elle est liée comme à son instrument vivant, hors duquel nous la concevons, mais nous ne la connaissons pas, hors duquel, pour notre expérience, sinon pour notre raison, elle n'est pas ! Et quelle chimère de prétendre comprendre le corps quand on ignore l'âme, qui est la fin et la raison sinon le principe et la cause de sa vie ! Quel rêve, quel délire de prétendre comprendre la matière quand on ignore l'esprit, ou l'esprit quand on ignore la matière ! Dieu sans le monde, ou le monde sans Dieu !

« N'ayons garde toutefois, ajoutait-il, de confondre, sous couleur de les unir, des choses distinctes. La science du corps, avec la science de l'âme : que la physiologie et la psychologie se rendent l'une à l'autre des services de bon voisinage, mais qu'elles n'empiètent pas sur le domaine l'une de l'autre ! La constatation expérimentale de ce qui est, avec la détermination rationnelle de ce qui doit être : que la physique et la métaphysique se prêtent un mutuel appui, sans chercher à se renverser l'une l'autre ! Que Geoffroy Saint-Hilaire, que Darwin, par exemple, sachent, quand ils inventent ou découvrent l'unité de type, qu'ils sortent de la physique pour entrer dans la métaphysique, et qu'ils passent du terrain plus humble, mais plus sûr, de l'histoire naturelle dans l'orageux empire de la philosophie ! C'est leur droit, et ce sera leur gloire, d'être philosophes en même temps que naturalistes : mais il convient à leur gloire même, comme à leur succès, qu'ils ne le soient pas du moins sans connaissance de cause ; et il nous convient à nous, philosophes, de ne pas permettre, par notre faiblesse scientifique, qu'au nom de la science positive des étrangers viennent dans notre propre royaume s'établir en rois. »

Une hypothèse contraire à la science est fausse, la science l'interdit à la philosophie ; mais une hypothèse contraire à la philosophie est fausse, et la philosophie l'interdit à la science. Y a-t-il donc une certitude en philosophie, égale à celle de la science, et à laquelle il appartienne d'arrêter la science comme il appartient à la science d'arrêter la philosophie? Oui : en philosophie morale. L'idée morale est l'*inconcussum quid*, absolu, qui soutient tout, et contre quoi tout se brise : l'idée morale, avec ce qu'elle enveloppe. Qu'il y ait pour l'homme un devoir, quel que soit le devoir, s'il y en a un, c'est assez. S'il y a un devoir, il y a un bien : un «maître intérieur (FÉNELON) » auquel est due l'obéissance ; il y a une raison capable de le reconnaître, une âme libre capable de le faire : les conséquences en sont grandes, et cela porte loin. Le devoir, la responsabilité, l'âme raisonnable et libre, la vie éternelle, Dieu, forment un faisceau qu'on ne saurait rompre : religion universelle de l'homme civilisé, obscurcie et comme couverte du nuage des fausses religions, mais reconnaissable sous toutes les superstitions, et toujours visible sous le nuage.

QU'EST-CE QU'UNE LITTÉRATURE ?

(*Lu à l'Institut*).

Nous traversons, en ce temps de crise religieuse, philosophique, sociale, de crise universelle, une singulière crise de la littérature : d'une part, on ne veut plus tenir pour littéraires que les œuvres d'imagination, poésies, drames ou romans ; non seulement savants et philosophes sont comme exclus de la littérature par les poètes et les romanciers, mais parmi les savants, parmi les philosophes, il en est qui se piquent de n'être pas littéraires, et le talent littéraire de philosophes tels que V. Cousin, E. Caro, ou d'autres que je ne peux nommer parce qu'ils vivent encore, a plutôt nui que servi à leur gloire : la beauté de leur langage a été pour beaucoup d'esprits, chose étrange ! un argument contre la vérité de leurs idées ! et d'autre part, les purs littérateurs, réduits à une forme sans fond, à un art d'expression sans rien à exprimer, se rabattent, les uns sur le fait brut sans idée, nous donnant pour littérature une exacte et vaine copie de ce qu'ils voient ou qu'ils prétendent voir, les autres sur un *au-delà* de rêve, en sorte que leur art est, d'après eux-mêmes et de leur aveu, un art d'expression de l'inexprimable : ils écrivent, en vers qui ne sont plus des vers, une langue qui n'est plus du français ni aucune langue, inintelligible systématiquement, parce qu'ils la destinent, par un emploi de sons articulés assimilés à des couleurs, et dont la signification est toute dans leur son et dans leur couleur convenue, à exprimer ce qui ne peut être exprimé, ce qui ne peut qu'à peine être senti, — je parle des *symbolistes*, des *décadents*, des *jeunes*. D'un coté, science ou philosophie toute sèche ; de l'autre littérature vide.

Et cependant les grands poètes, dans toutes les grandes littératures, ont été de grands moralistes, savants et philosophes à leur manière : M. E. Caro a consacré un de ses beaux livres à la *Philosophie de Gœthe*; et les grands écrivains ont été des historiens, des théologiens, des philosophes, des hommes de science, les Platon, les Cicéron, les Sénèque, les Tacite, dans l'antiquité ; chez nous, des hommes tels que Pascal, Bossuet, Fénelon, Buffon, Montesquieu, J.-J. Rousseau, et combien d'autres ! tous ces prosateurs qui sont l'honneur d'une littérature sans rivale.

Un art d'expression peut-il donc être séparé de l'objet à exprimer ? Cet objet est-il tout objet, philosophique, scientifique, historique, un objet quelconque ? ou un certain objet, soit distinct de tout autre, soit aspect particulier des autres, qui serait le propre objet de l'expression littéraire ? S'il en est ainsi, qu'est-ce, à vrai dire, qu'une littérature ? Quelle en est la valeur morale, la valeur sociale ? Est-ce un mal, est-ce un bien, qu'elle perde du terrain, comme il semble que mille influences, que les sciences notamment, lui en font perdre ? Une société peut-elle se passer de littérature ? L'homme peut-il s'en passer sans être diminué dans ce qui fait sa dignité, amoindri dans ce qui fait sa grandeur?

Qu'est-ce donc qu'une littérature?

I

« Il y a une littérature le jour où il y a un art; avec l'art cesse la littérature, » dit au début de son livre un historien autorisé de la littérature française (1). Cet art, qui est la littérature même, consiste à exprimer la vérité morale, et moins l'esprit que le cœur de l'homme, dans une langue précise, claire, correcte, sans doute, mais surtout vivante : l'œuvre littéraire est l'expression personnelle, en même temps que parfaite en soi, de la vérité humaine.

L'art exprime certaines vérités générales, et ce sont bien, comme on l'a dit, des vérités morales qu'il exprime : toutefois il n'a point pour objet direct la vérité, mais la beauté; et c'est parce qu'il n'y a point de beauté sans vérité ni sans moralité, que la beauté étant comme la forme d'une œuvre d'art, la vérité morale en est comme la matière. L'artiste, qu'il soit écrivain, musicien ou peintre, manifeste son âme, c'est-à-dire ce qu'il sent, ce qu'il aime, ce qu'il veut être; il se communique au dehors, non tel qu'il est, mais tel qu'il serait s'il avait développé son être; il réalise dans une image de soi l'idée intime de son être,

---

(1) D. Nisard.

l'essence de sa propre vie ; il produit hors de lui un monde qui parle son verbe intérieur ; il incarne dans une parole son rêve ou son idéal. Cette incarnation de son idéal dans une parole est son style : langue parfaite et personnelle tout ensemble, correcte et vivante, pleine de sentiment non moins que de vérité. Il y a souvent, dans une œuvre littéraire, autre chose que l'art ; tel écrivain est plutôt un savant ou un philosophe qu'un artiste ; mais s'il est artiste, c'est par un caractère qui fait de son livre une façon de poème, c'est par le style. Quelque sujet qu'il traite, à l'occasion des idées qu'il exprime, il exprime encore, il exprime surtout, son âme : de là une grandeur, une force, une vie, une originalité ; de là même une vérité propre, et qui est toujours d'ordre moral, indépendamment de la vérité de ses idées, laquelle peut être d'un autre ordre. La vérité peut manquer à ses idées sans qu'elle manque à son style : tel se trompe en religion, en philosophie, en politique, en histoire, qui trouve pour son erreur un style puissant et vrai. Il change en or pur tout ce qu'il touche, même un plomb vil, qu'il teint, qu'il empreint, pour ainsi dire, et pénètre de son propre éclat.

II

Toute œuvre écrite dans une langue même précise, correcte, pure, n'est donc point pour cela œuvre littéraire : qui s'est jamais avisé de mettre au rang des œuvres littéraires de belles expositions scientifiques faites dans une excellente langue ? C'est l'erreur de ceux qui ne demandent à la littérature qu'une excellente langue mise au service d'un certain ordre de vérités. Il faut cela, mais il faut plus : il faut ajouter à ces qualités une qualité de luxe (mais ce luxe est le nécessaire en littérature) : l'éloquence.

L'éloquence est la manifestation du sentiment par la parole. Voici deux hommes : l'un pense beaucoup et sent peu ; l'autre pense moins, mais il sent fortement ce qu'il pense : je saisis la pensée du premier, je la goûte, elle me plaît, elle me paraît convaincante, je voudrais me conformer à la vérité morale dont elle me démontre l'importance et la grandeur, mais elle me touche à peine ; la pensée du second, moindre en elle-même, produit cependant plus d'effet, secondée qu'elle est par ce que l'orateur ancien estimait être la grande force de la parole : l'action ; elle entre tout entière dans le fond de mon être, elle me pénètre, m'envahit, et s'empare de moi. L'un m'impose le respect ou même l'admiration de son esprit, l'autre me subjugue par son âme. Il n'y a chez l'un que l'esprit : je le lis, et je l'admire ; ou plutôt je ne songe pas à l'admirer : il me fait penser, et je pense ; c'est un esprit générateur d'esprits, qui suscite le mien, y évoquant ses idées ou y provoquant des idées contraires ; dans les deux cas, grand résultat d'une grande puissance ! Mais il y a chez l'autre, avec un esprit peut-être moins puissant, un caractère : je le lis, et je suis ému ; ou plutôt je ne le lis pas, je le vois, je l'entends, il me parle ; je vois son regard, son sourire ou ses pleurs, la tristesse ou la sérénité de son front, son visage, ses mouvements ; j'entends l'accent de sa parole, dans l'allure et le tour de ses phrases, dans la place qu'il donne aux mots, dans les mots mêmes dont il se sert, dans son style ; c'est une âme génératrice d'âmes, qui suscite la mienne, y évoquant, y produisant, y faisant éclore sa propre ressemblance, et l'élevant jusqu'à sa hauteur. Si l'action est le propre du génie de l'orateur, qu'est-elle autre chose que le style de la voix, de la figure, du geste ? Et qu'est-ce que le style, sinon l'action écrite ?

Le style est donc la marque distinctive des œuvres littéraires. Nulle œuvre, si admirable qu'elle puisse être d'ailleurs, n'est littéraire, à laquelle manque le style ; toute œuvre qui a un style appartient à la littérature. L'excellence de la langue est indispensable, sans doute, et l'on ne se lassera pas de redire, après Boileau, que sans la langue

l'auteur le plus divin
Est toujours, quoi qu'il fasse, un méchant écrivain.

Mais il y a, chez le véritable écrivain, n'en déplaise à Boileau et à son ironie, une divinité distincte de la langue dont elle a besoin pour se produire. Elle n'est autre que l'accent de son âme : chose qui est telle, que les *Mémoires de Saint-Simon*, (pour prendre un exemple), écrits dans une langue forte et franche et singulièrement vive, mais peu correcte, occupent une tout autre place littéraire que les *Oraisons funè-*

bres de Fléchier, écrites dans une langue si élégante et si bien cadencée ; chose divine, car qu'y a-t-il de plus céleste sur la terre qu'une âme d'homme, et qu'y a-t-il de plus précieux que la manifestation d'une âme d'homme en ce qu'elle a de meilleur ? et chose aussi très particulière, car les âmes ne se répètent pas.

III

C'est par là que l'écrivain est original : non par la recherche d'une pensée extraordinaire, ou d'une expression extraordinaire de sa pensée, mais par la sincérité d'une expression qui est bien celle de son propre sentiment, de sa vie intérieure, et du meilleur de lui-même. C'est par là qu'il est beau, par là qu'il est artiste, et par là aussi qu'il est écrivain, dans la mesure où il est artiste, où il est beau.

On se fait les plus étranges idées de l'art et de la poésie.

L'art n'est point, comme l'entendent les partisans de ce qu'ils ont appelé le *roman expérimental*, une sorte de science, telle que serait celle de la vie humaine ; et tous les *documents humains*, fussent-ils aussi authentiques, aussi fondés en expérience générale, qu'ils sont exceptionnels ou imaginaires, ne pourraient, en se réunissant, en s'entassant les uns sur les autres, suffire à une œuvre d'art.

C'est la grande erreur du *naturalisme*. Le *réalisme*, d'où il est issu, n'est pas plus vrai : il n'est pas vrai que l'art soit l'imitation de la nature. Le roman expérimental ou naturaliste, qui s'est produit avec éclat, le drame naturaliste, qui cherche à se produire, prétendent transporter la vie humaine sur la scène, dans le livre ; y parviennent-ils ? y peuvent-ils parvenir ? La peinture, la sculpture même, qui se bornent à représenter des corps, nous donnent-elles la réalité tangible, ou seulement visible, des hommes, des animaux, des paysages qu'elles représentent ? Elles n'en donnent que l'apparence, et pour les yeux. La musique donne-t-elle même aucune apparence de choses qui soient ? Par une combinaison de sons et de rythmes qui ne représentent rien, elle éveille des sentiments, qui éveillent des images et des idées. La poésie écrite, par une combinaisons d'articulations et de rythmes qui ne représentent rien, éveille des images, qui éveillent des sentiments et des idées. Où est l'imitation en tout cela ? Et si l'on peut étendre la signification de ce mot aux apparences de la peinture et de la sculpture, qui du moins représentent pour les yeux des formes d'objets réels, le peut-on jusqu'aux rythmes de la musique ou de la poésie, qui ne représentent rien pour aucun de nos sens, mais qui expriment, pour l'âme, l'une des sentiments, l'autre des images ? Ne faudrait-il pas dès lors distinguer, parmi les arts, des arts d'imitation et des arts d'expression ? Ne s'ensuit-il pas que l'art est mal défini : l'imitation de la nature, ce qui ne conviendrait qu'à quelques-unes de ses branches, non pas à toutes ; que l'imitation de la nature ne serait qu'un de ses moyens, comme l'expression des sentiments ou des images en est un autre, et qu'il a une autre fin ?

Cette fin n'est donc pas d'imiter ou de reproduire, mais de produire : quoi ? si ce n'est le beau ? Car la qualité suprême que cherchent les artistes et les poètes, c'est que leurs œuvres soient belles.

L'artiste est un producteur de beauté. La beauté est la perfection sensible. Le beau est l'idéal réalisé par la forme, l'idée par l'image. L'artiste, le poète, dans l'acception la plus étendue de ce mot, est l'homme qui réalise, par une forme sensible, un idéal supérieur de l'âme humaine.

Chacun sent aussitôt la grandeur d'une telle œuvre : en est-il de plus grande ici-bas ? Il y a des hommes qui réalisent leur idéal par les actes de leur vie ; leur vie, prise dans son ensemble, est la forme sensible par laquelle ils expriment, moins pour les autres que pour eux-mêmes, cet idéal qu'ils ont conçu, ou qu'ils ont reçu d'une conception plus haute que la leur : tels sont les héros, ou plutôt encore les saints. Il y a des hommes qui réalisent leur idéal par des ouvrages expressément composés à cet effet ; ils savent faire un habile emploi des formes sensibles qui sont comme le langage de la nature, par lequel ils expriment aussi, moins pour eux-mêmes que pour les autres, cet idéal qu'ils ont conçu ou qu'ils portent en eux: tels sont les artistes. L'artiste fait des œuvres, qui sont des poèmes ; le saint vit, pour ainsi dire, un poème. L'œuvre du saint, celle du héros, ne sort pas de lui,

et n'agit sur les autres hommes qu'à titre d'exemple :
sur bien peu d'hommes, car bien peu la connaissent ;
à moins que ce ne soit précisément l'art qui s'en empare pour en faire la matière de son œuvre. Il n'en
est point ainsi de l'artiste : ses œuvres lui sont extérieures, sans être, tant s'en faut ! étrangères à son
âme : elles peuvent agir partout, dans tous les lieux,
dans tous les temps, sur tous les hommes ; elles sont,
si j'ose prendre à la langue des économistes un mot
peu approprié à un sujet, des produits d'utilité
spirituelle, dirai-je mille fois plus précieux que
ceux d'utilité matérielle ? ce ne serait pas assez dire,
mille ou dix mille : il n'y a point, entre les deux, de
commune mesure : ni pour l'estime qu'on en doit
avoir, puisqu'ils ne sont pas du même ordre, et que les
uns servent au corps, les autres à l'âme, les uns à
ce qui passe, les autres à ce qui demeure ; ni
pour l'étendue des services qu'ils peuvent rendre,
puisque les uns, qu'on ne consomme qu'en les détruisant, ne servent qu'à leurs consommateurs, et les
autres à tout le genre humain : car, loin de les détruire, quiconque les consomme utilement en répand
autour de lui l'usage avec l'admiration. L'artiste met
l'idéal dans ses œuvres, comme le saint ou le héros
dans sa vie : celui-ci n'ayant pas besoin de talent,
mais de force d'âme, avec un amour profond de l'idéal
ou de Dieu, l'autre ayant besoin de talent plus que de
force d'âme, avec le même amour de l'idéal ; l'un plus
sage peut-être pour lui-même, l'autre plus précieux

pour l'humanité ; l'un peut-être meilleur, l'autre plus grand.

IV

Tel est le beau : l'idée réalisée par l'image.

Toute chose naturelle est belle en tant qu'elle est image, c'est-à-dire signe ou symbole d'idée.

C'est en quoi consiste le sens du beau, le sens poétique : à lire, pour ainsi parler, l'idée divine dans l'âme humaine, et l'âme humaine dans le corps humain, dans les corps du monde qui nous environne, dans les formes sensibles, dans la nature.

Et c'est en quoi consiste la puissance poétique, ou la faculté de produire le beau : à exprimer, à réaliser, pour ainsi parler, une idée divine par un sentiment de l'âme humaine et ce sentiment par des chants ou des attitudes, par des actes physiques, par des figures sonores ou visibles, en un mot, par des formes sensibles et corporelles, par des images.

Il y a des gens, dont plusieurs très intelligents, quelques-uns même très savants, qui ne voient dans un saule qu'un saule, dans un chêne qu'un chêne, dans un lion qu'un lion. Le sens populaire de la poésie lit, pour ainsi dire, dans le saule qui s'enveloppe de ses longues branches tombantes comme des longs plis d'un vêtement flottant ou comme d'une longue chevelure dénouée, la tristesse éplorée ; dans le chêne la force orgueilleuse et raide ; dans le lion, le courage magnanime et la majesté d'un roi.

Il y a des gens qui ne reconnaissent dans un visage humain qu'une certaine construction des traits; peut-être une race, un type : ils ne sauront pas le traduire. D'autres, beaucoup moins instruits, le traduiront : tel visage, pour eux, ne sera pas seulement une chose visible, mais une parole, un mot, signe d'un sentiment ou d'une pensée. Pour d'autres encore, il sera plus : il sera le signe d'une âme, l'expression d'un idéal, fin et principe de cette âme, et dont cette âme est la vie.

Il y a des gens pour qui un acte n'est qu'un acte, un fait de volonté, ou d'instinct, ou d'habitude, un pur phénomène moral ; beaucoup sentiront s'il mérite éloge, blâme, indifférence : quelques-uns y sauront voir l'indice d'un sentiment, le symbole d'un caractère, l'image d'une idée réalisée par ce fait sensible.

Il y en a aussi pour qui toute la nature sensible est un langage qui exprime l'homme, ou même un idéal supérieur de l'homme ; et il y en a qui disposent de ce langage, et le parlent, soit pour le plaisir de le parler, soit pour exprimer leur propre cœur, soit pour exprimer l'idéal supérieur dont ils portent en eux la conception ou le désir. Voilà les artistes ; et voilà trois degrés d'artistes, selon qu'ils ne possèdent que l'art, ou qu'ils possèdent en outre le sentiment, ou enfin le génie.

L'artiste parle ce langage de la nature, dont il emprunte aux choses qui tombent sous les sens tous les éléments, couleurs, sons, actes de la vie humaine susceptibles d'arriver à l'âme par les oreilles ou par les yeux. Il imite, par les divers moyens dont on peut user, ces formes diverses, et les transporte dans son œuvre, mais en leur prenant seulement ce qu'elles ont d'expressif.

Je dis le véritable artiste : celui-là ne fait pas la reproduction pure d'une simple forme, mais la reproduction expressive d'une forme qui soit elle-même signe, symbole ou image d'un sentiment, d'une idée. Je donnerais donc raison aux idéalistes, en tant qu'ils ne demandent que les traits caractéristiques de la chose à reproduire, mais je leur donnerais tort, en tant qu'ils se bornent à ces traits nécessairement généraux, et sont portés à faire bon marché des traits significatifs ; et je donnerais tort aux réalistes, en tant qu'ils demandent tous les traits de l'objet, mais je leur donnerais raison en tant qu'ils tiennent à la ressemblance. Les objets ne doivent pas être imités comme tels, et pour eux-mêmes, ils doivent être employés comme des mots d'une langue : que les mots donc soient expressifs, mais reconnaissables : que les objets signifient, c'est le but et la fin de l'art, mais d'abord qu'ils existent, c'en est le commencement. Je veux donc la ressemblance ; je me contente, avec les idéalistes, qu'elle soit générale, pourvu qu'elle suffise à faire reconnaître l'objet ; mais aux traits généraux j'exige qu'on ajoute certains traits significatifs : à ceux qui constituent, en quelque sorte, le mot, ceux qui sont l'expression et le sens du mot.

C'est en lui-même, et non pas en Dieu, ou c'est dans la réalisation qu'il est lui-même d'une idée de Dieu, que l'artiste puise l'idéal divin qu l'inspire. Il exprime donc son propre sentiment, mais inéalisé ; il réalise, par un langage qui emprunte à la nature sa vertu significative, l'idéal de son propre être. Si le monde visible est le symbole de l'invisible divinité, il est d'abord le symbole de l'humanité pour l'homme ; l'homme ne peut lire, dans les caractères que lui présente le monde, d'autre divinité que celle qu'il trouve en lui-même, et voilà d'où vient que tant de choses manquent de beauté pour lui, parce qu'elles manquent de sens pour lui ; il ne les goûte pas, faute de les comprendre. L'homme n'est pas le seul être qu'exprime la nature : elle exprime tous les êtres, et le principe de tous les êtres, *gloriam Dei*. L'homme exprime sa propre âme, par un langage dont la nature lui prête les mots vivants ; et quand c'est l'idéal de son âme qu'il exprime de la sorte, il raconte, lui aussi, la gloire de de Dieu. De là l'originalité, et de là l'élévation, deux caractères essentiels, sans lesquels il n'est point de grand artiste. Qu'il se dise lui-même, il sera original ; qu'il dise le meilleur de lui-même, réalisant ainsi, par une une image sensible et naturelle, une divine idée, il sera élevé, il sera grand. Il sera debout sur une hauteur où pourront se porter les regards des siècles. Dans l'œuvre du poète le genre humain se reconnaîtra, mais en se haussant et se rendant meilleur pour se reconnaître mieux.

V

La poésie proprement dite, la poésie écrite, l'art d'écrire en vers, consiste à employer la langue de la pensée comme une langue de sentiment capable de rendre le beau, comme une musique et une peinture. On y accorde ces deux grands arts, on y joint l'élément musical avec l'élément pittoresque, l'harmonie avec la couleur, le rythme avec l'image.

La langue de la pensée, qui s'adresse à l'oreille, comporte une musique, je dis ce que la musique a peut-être de plus expressif, le mouvement, le rythme. Or, le mot, quand le cerveau est remué d'une certaine façon, y renouvelle l'image visible de la chose qu'il désigne ; et c'est précisément le rythme qui remue le cerveau de cette façon : il produit une vibration, qui excite l'imagination représentative, parce qu'elle avive, dans le réservoir des images cérébrales, les formes colorées qu'y avait imprimées la vue. La peinture du poète diffère de celle du peintre en ce qu'elle ne montre pas les objets, et cependant elle fait qu'on les voit : elle ne les représente pas, elle excite le lecteur à se les représenter lui-même. Ainsi la magie du nombre, de la cadence, du rythme des vers, sait peindre en quelque sorte sur la toile de l'imagination, par une évocation qui tient de l'enchantement, de merveilleux tableaux qui s'y succèdent avec une rapidité féérique. Quelle musique sera une peinture, sinon celle qui se fait par des mots dont le sens, en même temps que leur vibration frappe l'oreille d'une saisissante harmonie, évoque dans l'esprit l'image des choses ? Quelle peinture montrera des images de tant de choses, sinon celle qui se fait par des mots dont la signification embrasse le vaste domaine de la nature et de la vie ?

Je connais des personnes que la lecture des vers ennuie. Je les plains ; elles ne voient pas. Elles ressemblent à des aveugles qui entendraient parler du spectacle inconnu de ce monde si beau, et pour qui les récits qu'on leur en ferait ne seraient que des sons vides. Elle ont les yeux du corps, elles n'ont pas les yeux de l'imagination : elles voient les figures peintes sur une toile, elles ne voient pas les figures peintes dans l'esprit ; ou du moins il ne suffit pas du charme de la parole colorée et rythmée pour les faire apparaître au regard de leur âme. La musique des vers n'a point sur elles ce pouvoir fascinateur qui produit la vision, l'hallucination si l'on veut, mais réglée par la raison du poète : qu'on tente de concevoir la joie des rêves où plonge le haschich, moins l'extravagance et la folie, et qu'on me dise si les personnes que la poésie ennuie ne méritent pas, au point de vue même du plaisir, qu'on les plaigne. Il existe une jouissance humaine qui leur est à jamais interdite. Elles manquent d'un sens.

Je conviens que la parole ne donne pas la forme entière et détaillée de l'objet qu'elle rappelle ; mais elle en donne, en le rappelant, la forme générale, elle en représente ce qu'il a de caractéristique : à quoi elle ajoute ce qu'il a de significatif. J'ose voir en cela même un avantage de la parole sur la peinture, qui est obligée d'accumuler un grand nombre de traits pour obtenir cette ressemblance d'ensemble, et d'y épuiser trop souvent la force nécessaire à rendre le trait significatif unique, mais essentiel, pour lequel seul existe le tableau, sans lequel il n'est pas de vrai tableau. Lire un poëme, quand on sait le lire et l'ouïr, c'est ouïr une musique dont la magique puissance est de faire voir à qui l'écoute une suite de tableaux, mais de tableaux pénétrants, qui entrent dans l'âme par la porte des émotions, et qui l'ébranlent jusqu'en ses profondeurs. La poésie est la musique dépouillée de sa sonorité matérielle, abstraite de ce qu'elle a de corporel, réduite au plus spirituel et au plus significatif de ses éléments sensibles, le rythme ; et elle est en même temps la peinture dépouillée de sa visibilité matérielle, abstraite de ce qu'elle a de corporel, réduite au plus spirituel et au plus significatif de ses éléments sensibles, l'image. Mais il faut avoir, pour la comprendre et en jouir, une ouïe spirituelle, une vue spirituelle. Chaque art s'adresse à un sens pour parler à l'âme ; la peinture s'adresse à l'œil, la musique à l'oreille : la poésie traverse l'oreille pour s'adresser au sens intérieur, à l'imagination représentative.

Nul plus que le poëte n'a besoin de cette faculté. Le peintre peut s'en passer, avec de bons modèles et de bons yeux. Le poëte ne le peut pas, ni son lecteur. Il a besoin, en outre, ainsi que tout artiste, de cette autre espèce d'imagination, qui est proprement l'imagination poétique, et qui consiste à saisir le rapport de l'image à l'idée, à savoir lire dans les images les idées, et exprimer les idées par les images. Il a besoin enfin, ainsi que tout créateur, de cette troisième espèce d'imagination, dite *créatrice*, qui consiste à construire, avec des matériaux donnés et qu'on trouve en soi, un édifice, une œuvre, un être, lequel ne saurait sortir naturellement ni spontanément des matériaux, et n'existe que surnaturellement, en quelque sorte, par une véritable création, en vertu de l'intelligence et de la volonté libre d'où il tient l'être. Que le poète joigne à ces facultés, avec le goût, l'heureux emploi des ressources du langage, il n'aura encore que l'aptitude à parler une langue expressive, ou le talent. Le génie est autre chose. La puissance de l'intelligence de la sensibilité et de la volonté combinées, l'invention ou l'inspiration de ce que les langues expressives sont faites pour exprimer en effet, la conception ardente d'un idéal de l'homme, voilà le génie.

Savoir reproduire sur la toile, par le dessin et par la couleur, le caractère visible des objets, c'est savoir peindre, ce n'est pas être peintre ; c'est, si l'on veut, avoir le talent de la peinture, ce n'est pas en avoir le génie. Il ne suffit pas non plus, pour être musicien, de savoir disposer ou composer harmonieusement un ensemble de sons. La musique est un langage, ainsi que la peinture, ainsi que la poésie ; il faut avoir quelque chose à dire en ce langage, mais quelque chose de divin, parce qu'il est divin : un sentiment supérieur, un idéal, une âme. Qui n'a pas l'âme haute peut avoir un immense talent : il n'a point le génie.

> Le vers se sent toujours des bassesses du cœur (Boileau),

même sans avoir le cœur bas : c'est assez qu'on ne l'ait pas très haut situé pour qu'on manque de cette inspiration qui est le génie, pour qu'on ne puisse produire de soi-même une vive image où l'homme se reconnaisse Dieu.

Non que le poète ne doive peindre que des sentiments élevés ; mais un sentiment élevé doit l'inspirer et le guider toujours dans la peinture même des autres : que ce soit là comme l'esprit secret qui anime tout l'ouvrage, et qui, sans éclater nulle part, se trahisse du moins et se manifeste par l'inspiration générale. La bassesse même son élévation, quand la peinture de sentiments, en accuse la laideur et les fait paraître avec force ou ridicules ou odieux.

Horace a bien défini le poète : l'homme, dit-il, qui a plus de divinité dans l'âme, et dans la bouche le son de la grandeur,

> cui mens divinior atque os
> Magna sonaturum.

Telle est la beauté, telle est la vérité, telle est (car tout s'enchaîne) la moralité de la poésie. Le poète parle une langue toute de rythmes et d'images, toute musique et peinture. Ne la parle-t-il que pour le vain plaisir de la parler? Non, mais pour émouvoir. Et ne se propose-t-il que d'émouvoir? Non, mais d'émouvoir pour élever, et parce qu'il faut émouvoir pour élever. Élever n'est pas montrer l'idéal, mais le faire goûter, le faire aimer; il faut toucher la sensibilité pour faire aimer l'idéal. Le poète fait vibrer sous son archet toutes les cordes du cœur et de l'imagination, mais pour atteindre l'âme, la ravir à elle-même, et la perdre dans le rêve de l'infini ; la perdre ? si elle ne se perd dans un tel rêve, c'est là aussi qu'elle se retrouve, et qu'elle se reconnaît ce qu'elle est.

VI

Dans tout grand écrivain, il y a un poète ; il n'y a que des poètes pour la littérature. J'entends qu'il n'y a point littérature, ni aucune sorte d'art, en dehors de ce merveilleux don qu'ont reçu quelques êtres privilégiés de créer, par la parole parlée ou par la parole écrite, par des combinaisons de sons et de rythmes, par des lignes et des couleurs, par des formes plastiques, un monde à leur image. Nul n'est écrivain, non plus que musicien, peintre, architecte, ou statuaire, s'il n'est poète.

Les œuvres littéraires sont de deux sortes : elles sont poésie, ou elles sont éloquence. Si un écrivain n'est tel qu'autant qu'il exprime son âme, ou c'est en effet son âme qu'il veut exprimer, et il en présente la plus haute, la plus significative, la plus magnifique image par les personnages qu'il fait vivre, les figures qu'il s'attache à peindre, les traits, les mouvements, les élans d'une langue pittoresque et musicale : il est poète ; ou il ne veut exprimer qu'une pensée, il cherche à persuader une vérité, il développe une thèse, il défend une cause, ne s'épanchant pas, se contenant plutôt, s'effaçant derrière sa parole, dérobant son âme bien loin de vouloir en produire au dehors l'image agrandie, et la produisant néanmoins sans y prétendre, mais la trahissant par l'accent de son style, comme un homme fort qui, faisant taire son cœur pour ne laisser parler que sa raison, le trahit malgré lui par le timbre de sa voix émue : il est orateur.

Dans le premier cas, l'écrivain est un artiste pratiquant l'art pour l'art, je veux dire pour le beau, faisant de la parole vivante le langage de son art, se servant du rythme des vers, du nombre de la prose cadencée, pour chanter un idéal, ou pour le représenter, ou pour le peindre ; dans le second cas, c'est un homme pressé de quelque vérité à dire, défenseur d'une cause, narrateur d'une histoire, savant, philosophe, moraliste, publiciste, mais artiste aussi, et il n'est écrivain que dans la mesure où il est artiste, où il est poète. Encore une fois, il n'y a que des poètes en littérature : poètes volontaires, par le but de leurs œuvres, par la poursuite expresse de la beauté; poètes involontaires, par la beauté spontanée d'un style qui, ne s'attachant qu'à l'expression du vrai, le réalise comme la poésie réalise l'idéal, sans le vouloir, mais à toute force d'en avoir l'âme toute pleine.

Non que le style suffise à la valeur d'une œuvre

littéraire : ce n'est pas assez d'être un écrivain pour être un historien, un philosophe, ou même un poète : le drame, le roman, l'histoire, la philosophie, la science, ont leurs conditions propres, qui donnent lieu à des mérites propres, indépendants du mérite littéraire, et dont le mérite littéraire ne saurait tenir la place. Un grand philosophe reste grand sans style, un grand style ne fait pas un grand philosophe d'un penseur médiocre : le mérite philosophique d'un livre comme la *Critique de la raison pure* demeure entier, malgré ce qui lui manque littérairement ; le mérite même littéraire d'un livre comme le *Génie du Christianisme* est fort amoindri par ce qui lui manque philosophiquement. Mais le style, s'il ne suffit pas à la valeur d'une œuvre littéraire, constitue le caractère littéraire d'une telle œuvre, et le *Génie du Christianisme* a son rang dans l'histoire de la littérature : c'est dans l'histoire de la philosophie que la *Critique de la raison pure* a le sien.

Non seulement donc les œuvres didactiques, les livres qui se proposent l'instruction ou l'utilité, et que, pour ce motif, on appelle *sérieux* (comme s'il n'y avait de sérieux que l'utile, et comme si le beau n'était pas sérieux, le beau, qui est divin !), ne comptent en littérature qu'autant qu'ils sont littéraires, c'est-à-dire autant qu'ils sont écrits ; mais les livres qu'on appelle *littéraires*, ne comptent eux-mêmes qu'autant qu'ils le sont, c'est-à-dire autant qu'ils sont écrits. Car il y a des drames, il y a des romans, qui ne sont pas écrits : ceux-ci ne sont pas plus littéraires, à dire vrai, que ne sont les livres les plus étrangers à la littérature ; et l'on ne saurait trop s'élever contre le préjugé insensé qui fait de la poésie et du roman la littérature même. Est-ce parce que les œuvres dites sérieuses peuvent avoir encore une valeur propre, à défaut de valeur littéraire ? Parce que les livres philosophiques, par exemple, existent encore dans l'histoire de la philosophie quand ils n'existent pas dans celle de la littérature, au lieu que les poèmes, les drames, les romans, n'ont d'existence que dans l'histoire de la littérature ? Soit : à moins qu'ils n'en aient dans aucune histoire. De telles œuvres, quand la valeur littéraire leur manque, ne sont rien.

L'histoire d'une littérature ne devrait donc pas être étudiée dans tous ses livres, ni dans toutes ses œuvres dites littéraires, mais dans celles que la littérature avoue. Tel philosophe, telle publiciste, tel critique, tel historien, y tiendrait sa place, et même une grande place ; tel romancier n'y paraîtrait pas, ou n'y paraîtrait que pour être éconduit.

VII

On voit ce qu'est la littérature. Ses œuvres suscitent des jugements, qui sont aussi des œuvres ; et l'on voit l'importance de ces deux sortes d'œuvres : l'œuvre du critique, et celle de l'auteur ; l'œuvre de l'historien qui la juge, après celle de l'écrivain qui la fait.

L'œuvre de l'historien, du juge de la littérature ? Ecrire l'histoire d'une littérature, c'est écrire l'histoire d'un peuple. Parlons de la nôtre, de la littérature française du xix⁰ siècle, que nous voyons, après l'avoir vue si florissante, se flétrir et dépérir entre nos débiles mains. Ecrire l'histoire de la littérature française au xix⁰ siècle, c'est raconter dans l'expression qu'elle a donnée d'elle-même, c'est montrer dans son image, la France à une des époques des plus tragiques de sa prodigieuse vie. Cette littérature, qui a été discutée, contestée, niée, et qui a eu sa grandeur, est bien celle d'un siècle où la société se travaille et se transforme, où, troublées, d'un passé qui les dispute à leurs aspirations, éprises d'un avenir qu'elles ignorent, les âmes inquiètes se cherchent avec angoisse, et se perdent en mille voies contraire, tandis qu'elles impriment à leurs paroles diverses, à leurs œuvres multiples, leur agitation comme une vibration éclatante, comme une résonnance de leur ébranlement.

Il y a une littérature française au xix⁰ siècle, très distincte de celle qui l'a précédée, et qui constitue toute une période littéraire à part ; car elle a eu son commencement, son apogée, presque son terme ; et, tandis que la précédente a duré trois siècles, voici que la moderne touche à sa fin. Elle n'a guère été, dirai-je, que celle de la Restauration, préparée par quelques œuvres antérieures, se continuant sous le gouvernement de Louis-Philippe, s'achevant sous la seconde République et sous le second Empire, ou même s'y survivant dans quelques œuvres tenaces, chez quelques fidèles obstinés : elle s'est vite épuisée en un siècle où tout s'épuise vite, et où l'on aime à dire que les jours valent des ans ; et déjà se sont produites d'autres tentatives, qui n'ont pas abouti à une autre littérature.

Nous assistons à une fin, où s'essaie un commencement nouveau ; nous avons le spectacle, toujours instructif, d'une crise. Nous pouvons donc la juger sur son déclin et comme à son couchant, cette littérature qui jeta un éclat si vif, qui souleva aussi tant d'orages, et pour laquelle est sitôt venu le soir : nous sommes déjà la postérité pour les contemporains de notre jeunesse.

L'histoire de la littérature française au XIXe siècle, quand on l'écrira, ne sera pas une relation de tout ce qui a été écrit dans ce siècle, mais une étude raisonnée et ordonnée des livres où s'est exprimée sous des formes diverses l'âme de la France depuis le lendemain de la tempête révolutionnaire jusqu'à nos jours moins terribles, orageux encore. Elle touche ainsi à tous les problèmes qui ont agité notre âge, et qui troublent encore les fils comme ils ont troublé les pères ; par le lien qui rattache le style au sentiment et à l'intelligence, à la vertu et à la vérité, elle devrait rencontrer et résoudre chemin faisant les hautes questions qui intéressent l'homme.

Telle est la grandeur de l'œuvre du juge, du critique, de l'historien. Quant à celle de l'écrivain, s'en peut-il concevoir de plus grande, de plus puissante, mais aussi de plus redoutable ? Rien de redoutable comme la puissance. « Le poète à charge d'âmes, » ainsi que n'a cessé de le répéter Victor Hugo ; et il disait vrai. Comme la science agit sur l'esprit, l'art agit sur le cœur. Il développe les sentiments qu'il excite dans les âmes ; et il lui appartient de développer les bons, les nobles et les généreux. Telle est sa puissance, telle est donc sa tâche, tel est son devoir. Le talent ici n'est pas seul en cause ; et il n'est point d'action humaine qui échappe aux lois absolues de la morale. Peu importe que le guerrier déploie un art merveilleux dans le maniement de son arme : s'il en use pour le rapt et le meurtre, il n'est plus un habile guerrier, mais un malfaiteur. Un livre est une arme : il sauve, ou il tue. Il y a des livres qui nous rehaussent : l'admiration, la gloire, à ceux qui les écrivent ! Il y a des livres qui nous ravalent : ceux qui les écrivent ne méritent point l'admiration, mais l'indignation, ni la gloire, mais le mépris.

« L'éloquence, dit Fénelon, est l'art de persuader la vérité et la vertu. » Hélas ! elle persuade aussi le mensonge et le vice. La poésie produit dans les âmes la noblesse ; elle y produit aussi la mollesse : Platon a des fleurs, mais il a l'exil, pour les poètes ; il leur ferme les portes de sa République de la même main dont il tresse des guirlandes pour eux, et il ne peut s'empêcher ni de les couronner, ni de les bannir.

Gardons-nous, certes, de bannir ces grands civilisateurs, si puissants pour le bien dans la mesure même où ils le sont pour le mal : mais rappelons ces puissants au respect de leur puissance, à la dignité de leur génie.

Surtout ces poèmes où vivent des âmes, les drames, les romans, sont d'un effet dont il conviendrait, en vérité, de prendre quelque souci. Ils s'adressent à l'un des plus forts comme des plus délicats sentiments, la sympathie de l'homme pour l'homme. N'est-il pas vrai que nous ne pouvons voir souffrir un homme sans être ému de sa douleur ? Et notre pitié s'étend jusqu'à la douleur des animaux. N'est-il pas vrai que nous nous mettons en quelque sorte à la place d'autrui, pour jouir de plaisirs ou souffrir de peines qui ne sont pas les nôtres ? Mais la sympathie les rend nôtres. Quand nous lisons un roman, quand nous assistons à un drame, nous revivons la vie du héros, nous ressentons ce qu'il sent, heureux de son bonheur, malheureux de son malheur, épris de ses amours, de ses haines, de ses colères, de ses vengeances, de ses héroïsmes ; de là l'intérêt que nous y prenons ; de là l'influence prodigieuse de telles œuvres, salutaires ou funestes, qui relèvent ou rabaissent nos âmes, selon que la vie qu'elles nous donnent à revivre est une haute et noble vie, ou vile, grossière et basse.

Eloquence ou poésie, toutes les œuvres littéraires ont ce précieux et dangereux pouvoir d'agir sur les cœurs, soit pour leur élévation ou pour leur abaissement. Quand elles n'abaissent ni n'élèvent, elles troublent ; elles ne sont pas bonnes. Quand elles abaissent, elles sont funestes, et leurs auteurs coupables ; quand elles élèvent, elles font la civilisation, ou la maintiennent ; elles sont l'honneur des auteurs qui les ont écrites, des lecteurs qui les goûtent, du héros, nous ressentons ce qu'il sent, heureux de son bonheur, malheureux de son malheur, épris de ses amours, de ses haines, de ses colères, de ses vengeances, de ses héroïsmes ; de là, l'intérêt que nous y prenons ; de là, l'influence prodigieuse de telles œuvres, salutaires ou funestes, qui relèvent ou rabaissent nos âmes, selon que la vie qu'elles nous donnent à revivre est une haute et noble vie, ou vile, grossière et basse.

Eloquence ou poésie, toutes les œuvres littéraires ont ce précieux et dangereux pouvoir d'agir sur les cœurs, soit pour leur élévation ou pour leur abaissement. Quand elles n'abaissent ni n'élèvent, elles troublent ; elles ne sont pas bonnes. Quand elles abaissent, elles sont funestes, et leurs auteurs coupables. Quand elles élèvent, elles font la civilisation, ou la maintiennent ; elles sont l'honneur des auteurs qui les ont écrites, des lecteurs qui les goûtent, du public sans lequel ou elles ne se seraient pas produites ou elles n'auraient pu réussir, du siècle et du pays dont le cœur les inspire, dont la pensée les anime. Une grande littérature témoigne de la grandeur du peuple dont elle est la gloire ; une littérature brutale et basse déshonore le peuple qui la produit, ou qui en fait le succès.

Résumons-nous :

Il existe dans l'âme humaine un sentiment particulier, qui est une émotion mêlée d'admiration et d'une exaltation de toutes ses puissances, en présence de certains objets qu'elle déclare beaux ; le propre caractère de ces objets est d'être un langage symbolique, signe naturel, forme sensible expressive d'un idéal. Ces objets peuvent être produits par l'homme, empruntant à la nature les éléments et comme les mots de ce divin langage, et tels éléments à l'exclusion des autres, pour diversifier ce langage selon la diversité des sens auxquels il s'adresse : ils sont alors des œuvres de l'art, et de tel ou tel art. Quand ce langage n'est plus seulement le mouvement, la figure, la couleur, le son, mais la parole même, l'expression de la pensée, l'œuvre est poésie ; et quand la poésie amoindrie se surbordonne à cette expression de la pensée, qu'elle accompagne, qu'elle colore, anime, transforme par l'union du sensible à l'intellectuel, l'œuvre est éloquence. Dans l'une et dans l'autre, s'unissent le sensible et l'intellectuel : mais dans l'éloquence l'intellectuel domine, et dans la poésie le sensible. Eloquence et poésie, c'est la littérature. Et l'on voit ce que vaut, ce que peut la littérature. Ce qu'elle vaut ? Elle est la plus riche manifestation des plus hautes facultés de l'homme. Ce qu'elle peut ? Elle est le plus efficace modificateur de la sensibilité : elle est ce qu'il y a de plus puissant au monde, soit pour le bien, soit pour le mal ; merveilleux instrument d'éducation, que nulle instruction, nulle acquisition de connaissances, nulle science, ne remplacera jamais, et d'une éducation qui ne se borne pas à la jeunesse, mais qui dure toute la vie.

LES LETTRES ET LA FRANCE

Discours prononcé pour la rentrée solennelle des quatre Ecoles d'enseignement supérieur d'Alger, le 3 novembre 1888.

Monsieur le Gouverneur général,
Mesdames,
Messieurs,

Appelé à vous parler aujourd'hui au nom de nos Écoles d'enseignement supérieur, organe, à ce titre, de l'École des Lettres, de quoi pourrai-je vous entretenir avec plus d'à propos que des Lettres elles-mêmes ? sujet mille fois traité, et qui serait épuisé, s'il pouvait l'être : mais il est inépuisable : vaste sujet, indéfini, sans limites, et qu'il faudra circonscrire : ce que sont les Lettres, ce qu'elles peuvent, et, en vertu de ce qu'elles peuvent, ce qu'elles doivent ; ce qu'elles ont fait pour la France, ce que la France attend d'elles et de leurs fidèles, de ceux qui, comme auteurs sans doute, mais plus encore peut-être comme lecteurs, en pratiquent le culte. Qu'est-ce que la littérature ? Qu'est-elle plus particulièrement comme expression du génie de la France ? Le sujet de ce discours, à ce point de vue qui nous intéresse tous (la terre d'Algérie n'est-elle pas terre française ?), devient pour nous comme un chapitre de notre histoire,

Telles sont les relations qui relient toutes choses

ensemble, qu'on peut dire qu'un pays agit dans la mesure où il écrit ; la pensée et l'action sont en raison l'une de l'autre, non chez un homme, mais chez un peuple : car la puissance de vie qui fait agir les uns fait penser les autres ; et la pensée elle-même n'est-elle point une puissance qui changea plus d'une fois la face du monde ? On accusait naguère Voltaire et Rousseau d'avoir fait la Révolution française ; et certes, qui viendrait me soutenir qu'ils n'ont point mérité cette glorieuse injure, et que l'honneur du crime dont on les accuse ne leur est pas dû ? Ils en ont fécondé les idées : mais d'autres avant eux, mais tous, poètes et prosateurs, orateurs, moralistes, philosophes, tous avaient préparé la même œuvre, tous avaient semé ce qu'elle moissonna, tous avaient contribué à produire la récolte dont se nourrit le siècle présent.

La Révolution française, dont la France fêtera demain le centenaire, est le grand évènement de notre histoire ; évènement que tout prépare, d'où tout relève, auquel tout se rapporte : car il a transformé ou il est en voie de transformer la société tout entière de la France, de l'Europe même, et du monde.

Notre siècle est un siècle de crise pour l'humanité : il se nomme Révolution. Toute révolution se résume en deux grands actes : détruire ce qui fut, édifier ce qui doit être. Les choses ne changent qu'à ce prix. Entre ces deux actes s'écoulent de longs jours, où l'homme, n'ayant d'autre abri qu'un toit provisoire et ne voyant pas s'élever encore le nouvel édifice, souffre d'un étrange malaise : c'est le passage de l'un à l'autre état, passage inquiet, troublé, plein d'incertitudes, d'angoisses et de périls. Tel est notre siècle. La Révolution de 1789 a renversé, ou plutôt achevé de renverser, l'ancien ordre, et n'a rien édifié de stable : elle n'est que le premier acte d'une grande révolution, où il reste encore, après beaucoup de tentatives et beaucoup de secousses, à édifier l'ordre nouveau. La longueur de cette ère douteuse, qui semble se prolonger devant nos yeux et devant nos pas à mesure que nous avançons, montre aux plus aveugles combien vaut dans les annales du monde l'immense changement qui s'opère autour de nous. Non pas seulement un changement dans la constitution de l'État, ou même dans celle de la société, mais dans les principes qui furent jusqu'à nos jours la base de la société. L'humanité, dans la marche de l'invisible navire qui la porte infatigablement vers une rive ignorée, tantôt parcourt une zone, tantôt passe d'une zone à une autre. Elle est aujourd'hui dans un de ces passages ; elle va vers un horizon dont l'étrange perspective l'inquiète. De là tout à la fois la chute des âmes vulgaires, qui, n'étant plus soutenues par l'ancienne discipline et n'ayant pas reçu la nouvelle, suspendues entre ce qui fut et ce qui doit être, comme abandonnées dans le vide, tombent ; et l'angoisse des hautes âmes, qui s'interrogent avec trouble, adressant leur fervente mais incertaine prière au Dieu inconnu.

La Révolution de 1789, si elle n'a pas édifié, a posé du moins le fondement de l'édifice : un principe immuable parce qu'il est absolu, le principe de la justice même, le droit. Il ne faut pas qu'on s'imagine qu'elle date de l'année dont elle porte l'inscription au front. Elle est dite de 1789, non parce qu'elle commence, mais parce qu'elle finit alors sa première phase : elle donne à ce qui meurt le coup de grâce ; et déjà elle dépose, dans cette mort d'un passé qu'elle achève le germe de l'avenir.

Dans ce passé regretté de quelques-uns (car on regrette ce qui n'est plus : la distance embellit tout, et le temps, grand maître en l'art des perspectives, du même infidèle pinceau dont il flétrit la vie vieillissante, colore la mort d'une impérissable jeunesse, peinture mensongère, illusion du lointain !), dans le passé donc, l'homme n'avait jamais été qu'un mineur sous tutelle : pour son bien peut-être, et je le veux, mais non pour sa dignité ; il n'avait pas été reconnu dans l'excellence de sa vraie nature ; Il n'avait pas été l'être libre, agissant à son gré dans le respect de l'égale liberté d'autrui, remplissant ou non son devoir et vertueux ou non sans être contraint par aucune autorité ni relever d'aucun autre juge que de sa conscience, responsable sans doute de sa conduite comme de sa foi (la responsabilité naît de la liberté), mais à ses risques et devant Dieu seul : l'homme avait été subordonné à la société, et à la cité le citoyen. Quand l'Assemblée qui était la pensée de la France, qui était aussi celle de l'Europe, celle de la civilisation, celle de la religion même, à la bien entendre, déclara que l'homme a droit, et que sur ce droit de l'homme repose l'ordre civil, elle **déclara** le principe de la justice éternelle, fondement de la nouvelle cité.

La Révolution française marque la fin d'une société et le commencement d'une autre, une naissance dans une mort : elle marque aussi la fin d'une littérature et le commencement d'une autre. Toute la littérature qui la précède l'a faite. Si elle est l'œuvre de Voltaire et de Rousseau, l'est-elle moins de Descartes, de Pascal, de Bossuet lui-même et de Fénelon, de Corneille, de Molière, de tous ceux en qui sentit, en qui pensa la France ? L'un, par l'émancipation de la raison ; l'autre, par la fierté d'un cœur qu'indigne la bassesse partout où il croit la voir ; un autre, par l'héroïsme des caractères, dont il sait faire, à l'image de l'idéal qu'il trouve en soi, des êtres vivants non moins que des types de la grandeur humaine ; un autre, par la satire dont il fouette le vice ou la méchanceté ; un autre par l'amour de l'humanité, qui fut, au milieu des torts et des petitesses d'une âme vaniteuse et passionnée, la noble inspiration de ce qu'il y a d'avouable et d'immortel dans son ironie ; tous par cette droiture, par ce bon sens qui fut la propre marque de l'intelligence française, travaillent ensemble, d'un commun effort, pour une même idée. Ils ne se sont pas donné le mot, ils ne s'entendent pas, ils se divisent et se combattent sur une foule de points, et cependant ils travaillent tous ensemble, à leur insu, mais parce qu'ils ont en leur âme le même génie de la France, pour une même doctrine, pour cette doctrine du droit de l'homme dont notre Révolution fut l'explosion, et dont notre siècle poursuit, tant dans l'ordre social que dans l'ordre politique, le triomphe laborieux.

L'esprit français n'est point purement spéculatif ni purement pratique, mais les deux ensemble : c'est la raison appliquée. Logique, et prompt à tirer les conséquences; droit, clair, juste, sensé, plutôt qu'original; moins inventeur que vulgarisateur puissant. Il ajoute à ce qu'il a pensé ce qui a été pensé par d'autres, le fait sien, et si bien, que nul n'en reconnaît plus l'origine étrangère, tant il a su se le rendre propre, en effet, par le génie de l'expression ! Il reçoit volontiers des idées qu'il transforme en vérités universelles. Reçues d'autrui ou découvertes par lui-même, toujours il en dégage ou en exprime le caractère universel, et toujours il en porte aux yeux du monde la juste responsabilité. Il en est le héraut : et comme il les proclame il les défend : la France les sert au besoin de son épée comme de sa parole.

Si tel est l'esprit de la France, que vaudra-t-il dans l'ordre politique ? Mais surtout que vaudra-t-il dans l'ordre littéraire ? quel sera le trait distinctif de la littérature française ?

Dans l'ordre politique, osons le dire encore quand on ne le dit plus, une grande part lui sera faite. Il gouvernera les choses humaines, par le double ascendant des armes et de la pensée : il parlera et il fera la guerre « pour une idée », peu soucieux d'ailleurs de ses intérêts, pourvu qu'il puisse ou parler ou faire la guerre. Où l'un lui manque, l'autre l'en console ; mais l'un ou l'autre, il le lui faut. *Bellum gerere et argute loqui,* disait déjà Caton de nos vieux pères les Gaulois. Parler et guerroyer, guerroyer et parler : parler dans les salons, dans les livres, à la tribune, partout ; guerroyer en Europe, en Asie, en Afrique, partout : que gagne-t-il à cela ? Il y gagne le monde. Il règne encore là il ne commande point. La France garde la conquête morale des peuples dont elle ne sait pas garder la conquête matérielle, qu'elle abandonne, ou qu'elle perd. Qu'importe que souvent elle conquière pour d'autres intérêts que les siens ? Pauvres intérêts en égard à ceux de sa pensée, auxquelles elle sacrifie tout, et qu'elle ne sacrifie pas ; et toujours, qu'elle combatte ou qu'elle cause, qu'elle s'élance à la tribune ou à la bataille, qu'elle se contente de discourir ou qu'elle s'en aille conquérir, elle conquiert pour son esprit. *Tu regere imperio populos* (Virg.). A la place d'*imperio* mettons *ingenio* : ce ne sera plus Rome, ce sera la France. Mieux vaut avoir sur les nations l'empire de l'esprit que celui de la loi ; mieux vaut leur inspirer que leur dicter et leur imposer nos lois ; mieux vaut les amener à nous emprunter notre code que de les assujettir à nos magistrats ; mieux vaut les soumettre à notre ascendant qu'à notre jury.

On aimait à nous reconnaître ce grand caractère, avant la défaite : la défaite nous l'a-t-elle ôté ? Beaucoup aujourd'hui nous disputent ce qu'ils nous accordaient, avec trop de largesse peut-être, avant les jours du malheur ; beaucoup nous le refusent aujourd'hui, sur la foi des évènements. Mais les évènements ne sont que les accidents de l'histoire, ils ne sont pas les jugements de Dieu. « Non, j'en jure par les guerriers morts à Marathon, nous n'avons pas été vaincus à Chéronée ! » Non, la victoire de la Macédoine sur Athènes, la victoire de Rome sur la Grèce, la victoire des Barbares sur le monde latin, n'a pas été la victoire des vainqueurs, mais des vaincus ! *Græcia victa ferum victorem cepit* (Hor.). Car si, dans les hasards de la lutte brutale pour l'usurpation des royaumes de la terre, « la force prime le droit », la force déçue ne conquiert qu'un faux empire, impuissante à saisir le vrai, qui appartient à l'esprit, et qui lui reste !

La pure théorie est éloignée de la pratique ; la pure pratique est indifférente à la théorie. Un esprit mixte, poussant à l'action, mais sous l'inspiration de la pensée, d'ailleurs impatient de la pensée et ardent à l'action, et prompt à réaliser en actes le type idéal dont il s'est une fois épris, un tel esprit fait notre grandeur politique. Fait-il notre grandeur littéraire ? Il a des lacunes, mais il est grand ; il est surtout puissant, et d'une puissance féconde. Généreux et vif autant que juste, il donne à l'expression de la raison je ne sais quelle passion noble, pleine de verve et d'éclat ; il est la raison animée : mais une raison modeste, qui se tient à mi-côte, qui craint le vertige, que la solitude des hautes cimes effraie, qui délaisse dans leur silence et dans leur désert, sur leurs fiers sommets, les grandes vérités de l'ordre supérieur, pour ne fréquenter que les vérités plus humbles, plus voisines, plus humaines, morales, sociales, applicables, comme des fleuves dont elle ne recherche pas la source peu accessible, satisfaite de les prendre loin dès glaciers d'où ils descendent, aux pentes adoucies et presque aplanies de la montagne. Plusieurs la louent de ce qu'elle n'accorde qu'une petite place à la spéculation. Nous ne sommes point de ceux-là : la louer d'être peu spéculative, c'est avouer qu'elle n'est pas la grande raison, mais la raison moyenne, et s'en réjouir. C'est la féliciter de ses lacunes. La littérature du moins y gagne-t-elle ? En influence, oui, et en étendue ; non en élévation, ni en profondeur : elle s'adresse à un plus grand nombre de lecteurs, elle enfonce moins avant dans les âmes. La rhétorique, sans doute, y gagne, disons l'éloquence ; la métaphysique y perd, ainsi que la poésie. Ici l'humain l'emporte sur le divin.

Le Français, qui aime par-dessus toutes choses l'échange des idées, agira moins pour les inventer que pour les répandre : il sera moins métaphysicien qu'orateur. Sociable et sympathique, il sera imitateur ; il subira l'ascendant, légitime à beaucoup d'égards, du génie latin, et, sur ce fond constant, l'ascendant changeant, mobile, successif, des littératures italienne, espagnole, anglaise, allemande, qui se transmettront l'une à l'autre leur influence comme un pouvoir, comme un empire littéraire. Alerte et aventureux, impétueux, plein de feu, il saura narrer, mener vaillamment une pièce de théâtre, lancer un discours, enlever un livre comme une vive plaidoirie ou comme une batterie qu'on emporte au pas de charge. Spirituel et plein de saillies, habitant des salons plus que du cabinet d'étude, causeur aimable, il frondera, critiquera, moralisera. Que sera-t-il donc en littérature ? Critique, orateur, et conteur, plutôt que poète ; critique, orateur et moraliste, plutôt que philosophe. Imitateur, nous l'avons dit : mais grâce à la puissance d'assimilation avec laquelle il transforme en son propre sang, en sa propre chair, tout ce qu'il touche, imitateur original.

N'ai-je pas marqué par ces traits le caractère propre de notre littérature des trois derniers siècles, de notre littérature classique, tout oratoire ? Nos poètes y sont plus grands, ou du moins plus incontestés et mieux accueillis, à mesure qu'ils remplacent le génie poétique par le génie oratoire. Mais c'est surtout chez nos prosateurs qu'apparaît dans tout son éclat, dans toute sa force, cet esprit de persuasion et d'action d'une littérature militante, telle qu'elle convient à une race guerrière. Rabelais, Montaigne, Pascal, Labruyère, sont des moralistes ; Bossuet et Fénélon, des apologistes, des avocats d'une cause ; Voltaire et Rousseau, des avocats d'une autre cause ; Buffon prêche, pour ainsi dire, l'histoire naturelle ; et Montesquieu enfonce en traits acérés dans l'âme de ses lecteurs des études politiques dont il fait pour eux des satires non moins que de pénétrantes leçons. Cette littérature accuse de jour en jour son véritable caractère : dès le XVIIIe siècle, elle n'a plus de poètes, et elle n'est plus qu'un ardent combat, une bataille éloquente, une prédication, qui a converti le monde. Qu'on la voie à l'œuvre et qu'on la juge : la voici qui change la face des sociétés humaines.

On connaît un arbre à ses fruits ; on connaît une

littérature à ses résultats. Le résultat de la nôtre fut la Révolution, une transformation de la société. C'est qu'elle avait été plaidoyer, leçon, prédication, apostolat. Comme il y a des gens qui rapetissent tout, plusieurs donnent pour cause à la Révolution française non l'esprit français tel qu'il se manifeste dans l'histoire générale de sa littérature, mais l'esprit du XVIIIe siècle tel qu'il se manifeste dans l'histoire particulière de la littérature du XVIIIe siècle, sous l'influence de l'Angleterre. Notre Révolution n'est, à les croire, qu'une imitation ou une contrefaçon de la Révolution d'Angleterre.

Les influences étrangères ont joué, en effet, un grand rôle dans notre littérature. D'abord l'Italie, puis l'Espagne, l'Angleterre enfin. Le tour des Germains est venu. Mais notre littérature, tour à tour italienne, espagnole, anglaise, reste française dans cette succession d'influences, comme un corps persiste et demeure lui-même, parce qu'il change en sa propre substance les aliments étrangers dont il se nourrit. Elle n'imite pas, elle s'assimile. La preuve en est qu'elle conserve le même caractère, et qu'elle est, dès le XVIe siècle, avec Rabelais et Montaigne, ce qu'elle est au XVIIIe avec Voltaire et Rousseau, une revendication du bonheur, de la vérité, de la justice, du droit de l'homme.

La liberté de conscience, la légitime compétence de la raison humaine, voilà le principe qu'invoque notre XVIe siècle contre l'autorité religieuse, notre XVIIe contre l'autorité philosophique, notre XVIIIe contre tout l'ancien ordre social. On est allé trop loin : on va toujours trop loin quand on fait la guerre. Tout apôtre exagère ; tout prédicateur, tout orateur, abonde en son propre sens. En matière d'éloquence, la passion ajoute à la force des arguments, loin de lui rien ôter. Ce principe marche à la ruine plutôt qu'à la conquête de l'Église ? il demande aussi la mort de la métaphysique, et la raille pour la tuer ? Excès d'un esprit tout épris de morale et d'action, que pousse dans l'exagération l'amour, mal entendu parce qu'il est exclusif, du droit humain. Le XVIIe siècle tout entier, Bossuet en tête, est cartésien, si le XVIIIe est anglais : n'est-ce pas, au fond, même chose ? Car, que représente ici l'Angleterre, si ce n'est la liberté de penser descendue jusque dans la religion et le gouvernement d'un grand peuple ? Ce n'était donc plus à la littérature italienne ou à l'espagnole, mais bien à l'anglaise, qu'il appartenait désormais de venir en aide à la nôtre. Le hasard, qui sait ce qu'il fait, mena comme par la main Voltaire en Angleterre, d'où il revint en France, armé de vérités et d'erreurs.

Oui, l'influence de l'Angleterre sur notre littérature au XVIIIe siècle est considérable ; est-elle toujours favorable ? Il est bon de nous aider des étrangers ; il n'est pas bon d'asservir notre esprit au leur. L'Angleterre avait eu aussi sa Révolution : la leur avons-nous donc prise, avec leur philosophie, avec leur littérature ? Ne sommes-nous que leurs plagiaires ? Ah ! nous leur avons dérobé de sanglantes horreurs : nous ne leur avons pas dérobé la pensée ! Nous ne leur avons pas pris la doctrine qui fait de la Révolution française la date même du commencement de l'ère nouvelle dans l'histoire du monde !

Donnons-nous, en un coup d'œil rapide, le spectacle de ce terrible drame qui fut la Révolution d'Angleterre, et celui du drame non moins terrible, mais plus grand, qui fut la Révolution française. L'une est une œuvre politique, toute locale ; l'autre est une œuvre littéraire, qui intéresse l'humanité. Comme elle est une œuvre littéraire, elle éclaire l'histoire de notre littérature. Mais on ne la peut comprendre sans la rapprocher de l'autre, si semblable dans sa forme, si différente dans son esprit.

Les Stuarts, en montant sur le trône d'Angleterre, y portent avec eux l'ambition de la monarchie absolue, dont le principe avait prévalu en Europe, et dont Louis XIV devait offrir à la France la superbe et funeste image. Mais l'Angleterre leur oppose une constitution, sinon de droit écrit, du moins de fait national, une nature antipathique au despotisme, pour ainsi parler : la liberté avait chez elle ses traditions, qu'elle n'avait jamais laissé prescrire. Ses nouveaux rois travaillent à la soumettre à un joug nouveau : ils y travaillent en vain. Leur despotisme politique, leur despotisme religieux, loin de l'abattre, la relèvent : elle courbe un jour la tête, mais pour la redresser le lendemain, et si rudement, qu'elle renverse du même coup, avec le despotisme, le pouvoir même du roi. Charles Ier y périt. Le peuple, poussé en avant par l'aveugle résistance du prince, va au delà du but, et bientôt échange un despotisme contre un autre : car il s'est rencontré, pour son malheur, ce qui se rencontre toujours en pareil cas, qu'il a eu besoin d'un homme, qui, après l'avoir servi, le domine. Triste et instructif spectacle, de voir cet homme, rempli tout ensemble de foi et de ruse, mystique fervent autant qu'*hypocrite raffiné*, digne de la sombre peinture qu'en a faite Bossuet, sauf que Bossuet n'a pas su reconnaître en lui le soldat d'une cause embrassée avec ses dangers comme avec ses chances de triomphe par une âme religieuse et ardente en sa conviction comme en son ambition, de le voir combattre d'abord pour cette cause, puis, à mesure qu'il devient nécessaire, devenir égoïste, croître en orgueil et en convoitise à mesure qu'il croît en force, se laisser tenter peu à peu par le démon de sa propre puissance, jusqu'à ce qu'il s'empare enfin du royaume dont il s'est institué le libérateur ! Le Protecteur est un tyran, imitant le crime de celui dont il a été le bourreau : si bien, que le retour des Stuarts est accueilli comme une délivrance. Mais ils ne tardent point à porter au comble la vieille haine de la nation, et leur chute inaugure en Angleterre l'avènement durable de ce régime constitutionnel qui lui permet de se gouverner elle-même sous la peu puissante main d'un roi.

Que de ressemblances apparentes entre cette révolution et la nôtre ! La tête d'un roi jetée à un peuple à qui le génie sanguinaire des révolutions montre son affranchissement sur un échafaud : les pouvoirs concentrés dans une assemblée qui fait la loi et qui l'exécute, qui gouverne et qui juge, qui est au besoin le tribunal comme elle est le trône et la toute-puissance du pays ; puis l'immixtion de la force militaire dans les affaires publiques, 'la prépondérance croissante de l'armée, composée d'hommes dont l'incontestable dévouement prouve combien cette prépondérance est toujours funeste, même quand ils veulent ce que veut le peuple, même quand ils ne sont que le peuple en armes ; le long règne d'un soldat siégeant sur un trône qui semble n'avoir été renversé que pour qu'il pût un jour le relever et s'y asseoir ; le retour sanglant des anciens rois et leur second exil : on aimait à dire, sous Louis-Philippe, que la Révolution française, inspirée par celle d'Angleterre, avait traversé les mêmes phases pour s'arrêter dans le même établissement final, dans le gouvernement du pays par la Chambre des lords et par la Chambre des communes, — je me trompe, par la Chambre des pairs et par la Chambre des députés, — sous le regard d'un roi.

Il y a, en effet, entre les deux Révolutions des ressemblances générales, et certaines ressemblances particulières, mais toutes de surface, et qui couvrent des différences profondes. L'une et l'autre ont ceci de commun, qu'elles sont des révolutions : soulèvement de la nation, résistance du pouvoir, excès des deux côtés, anarchie suivie d'un despotisme inévitable, retour momentané du passé, oscillation du pendule qui va d'un extrême à l'autre avant de s'arrêter, loi de l'action et de la réaction égales, qui ne se vérifie pas moins dans l'ordre moral que dans l'ordre physique et qui éclate à grands traits de lumière, en traits de feu, dans l'histoire des révolutions. Elles sont d'ailleurs très différentes par la pensée qui les inspire : la pensée qui inspire l'une est de tradition, celle qui inspire l'autre est de raison. L'une est politique, l'autre est sociale ; l'une a pour principe de sa force et de sa légitimité le sentiment traditionnel du droit anglais, l'autre l'évidence rationnelle du droit de l'homme. L'Angleterre a travaillé pour elle-même, sa tâche est faite ; la France a travaillé pour le monde, et sa tâche n'est pas encore faite : moins facile, mais plus grande ! l'Angleterre, pour le besoin du jour, et elle s'est reposée ; la France, pour l'avenir, et elle ne sait quand elle se reposera.

Tout l'effort de l'Angleterre se réduisit à défendre contre l'usurpation de ses rois ses droits anciens, et elle aboutit à une Constitution qui ne fut que la tradition de son passé, consacrée et régularisée. Rien de pareil pour la France. Elle n'a point cherché à fixer son ancien droit, mais à réaliser une conception nouvelle de l'éternel droit. Sans doute elle eut des précédents : rien de nouveau sous le soleil. Nul arbre ne peut vivre sans racine : l'avenir a ses racines dans le passé, et c'est vraiment se mettre hors de la raison que se mettre hors de la tradition. La France révolutionnaire avait sa tradition dans les États généraux ; mais elle cherchait à produire pour elle et pour le monde, un état de choses qui n'avait jamais existé chez elle ni ailleurs : l'organisation de la société des hommes conformément au droit naturel. La Révolution française eut des violences terribles : c'est le sort commun des révolutions ; et les plus importantes sont les plus terribles, parce qu'elles remuent les plus grands enthousiasmes comme les plus grandes haines, les fanatismes les plus fougueux. Mais au-dessous des funestes erreurs, des désordres sanglants, des accidents furieux ou insensés qui s'agitent à la surface de ce chaos, est un dogme. Elle est fille d'une philosophie morale, fille de la raison humaine, fille d'une littérature qui n'a été, en France, que l'éloquente expression de cette raison et de cette philosophie.

Par ce que la littérature a fait, jugez, Messieurs, de ce qu'elle peut faire encore ; et, par ce qu'elle peut faire, de ce qu'elle doit faire. Quelle œuvre, Messieurs, que celle des écrivains ! S'en peut-il concevoir de plus puissante, mais aussi de plus redoutable ? Rien de redoutable comme la puissance. De même que la science agit sur l'esprit, l'art agit sur le cœur. Il développe les sentiments qu'il excite dans les âmes ; et il lui appartient de développer les bons, les nobles et les et les généreux. Telle est sa puissance, telle est donc sa tâche, tel est son devoir. Le talent ici n'est pas seul en cause, et il n'est point d'action humaine qui échappe aux lois absolues de la morale. Peu importe que le guerrier déploie un art merveilleux dans le maniement de son arme : s'il en use pour le rapt et le meurtre, il n'est plus un habile guerrier, mais un malfaiteur. Un livre est une arme : il sauve ou il tue. Il y a des livres qui nous rehaussent : l'admiration, la gloire à ceux qui les écrivent ! Il y a des livres qui nous ravalent : ceux qui les écrivent ne méritent point l'admiration, mais l'indignation, ni la gloire, mais le mépris.

Soyez donc exigeants envers la lttérature, et ne craignez pas de l'être : mesurez son devoir à sa puissance. Mais ne l'oublions pas, Messieurs, son devoir est le nôtre comme il est celui des écrivains : car sa puissance n'est pas moins dans le travail de ceux qui lisent que de ceux qui écrivent ; public et auteurs font également son œuvre. Sachons lire, aimons à lire !

Je dis lire, entendez bien la force de ce mot. Lire les beaux ouvrages pour leur beauté même : utiles ou non, instructifs ou non, les lire pour le plaisir de les lire, parce qu'ils sont beaux ; en goûter la beauté, en comprendre la grandeur, y reconnaître la noblesse de l'homme, y reconnaître sa propre noblesse, un idéal de soi ; entrer en commerce avec les grands cœurs et avec les grands esprits, et gagner dans un tel commerce, gagner en esprit, gagner en cœur, toujours meilleur, toujours plus intelligent, grandissant en être moral, qui est le veritable être, croissant en âme ! Lire les écrivains, les poètes, les philosophes ; on les lisait dans ces siècles littéraires qui firent notre France !

La philosophie a des problémes terribles ; c'est l'honneur de l'homme de les poser, son bonheur serait de les résoudre. L'homme, dont « toute la diginité est dans la pensée », selon la grande parole de Pascal, l'homme les pose et les discute et les agite sans repos, dans une inquiétude séculaire qui n'est que le souci de son être supérieur, et qui fait sa grandeur comme elle fait son tourment. Attachons-nous, messieurs, à ces grands problèmes de la philosophie, avec un intérêt qui nous dérobe aux intérêts mesquins, aux passions frivoles et basses, aux petitesses de la vie commune.

La littérature, qu'elle soit éloquence ou poésie, donne la main à la philosophie, l'une étant l'expression de l'homme, comme l'autre en est l'étude. Comme la philosophie est l'aspiration de la raison, la poésie est l'aspiration du cœur ; comme il faut voir dans la philosophie un effort de l'humanité pour s'élever à des pensées plus hautes, plus compréhensives, plus dignes de sa divine fin, et qui la rapprochent du terme inaccessible de son intelligence, il faut voir dans la poésie un effort de l'humanité pour s'élever à des sentiments plus nobles, plus sublimes, plus dignes de sa divine fin, et qui la rapprochent du terme inaccessible de son amour.

— J'aime surtout les vers,

s'écrie un poète qui en a fait de fort beaux,

> J'aime surtout les vers, cette langue immortelle !
> C'est peut-être un blasphème, et je le dis tout bas,
> Mais je l'aime à la rage : elle a cela pour elle
> Que les sots d'aucun temps n'en ont su faire cas,
> Qu'elle nous vient des cieux, qu'elle est limpide et belle,
> Que le monde l'entend et ne la parle pas !

Nous ne la parlerons pas, Messieurs, mais nous serons de ce monde qui l'entend. Nous ne serons point de ceux qu'Alfred de Musset a irrévérencieusement qualifiés de sots, mais des autres, de ceux pour qui on la parle, cette langue divine; s'ils ne la parlent pas eux-mêmes. On ne parle que pour ses pairs. Le lecteur d'un poète, s'il n'a pas son génie, a du moins quelque chose de son âme. Mais un vrai poète a l'âme haute. Horace ne l'a-t-il pas magnifiquement et justement défini « l'homme

> *Cui mens divinior, atque os*
> *Magna sonaturum,*

qui a plus de divinité dans l'âme, et dans la bouche le son de la grandeur ? »

Soyons de la société des grands poètes. Joignons-leur les grands écrivains. L'éloquence ne vaut pas la poésie, sans doute, dans l'ordre du pur littéraire, mais elle ajoute à l'élément littéraire un élément philosophique, par où elle se relève. La poésie s'adresse à l'imagination, la philosophie s'adresse à la raison : l'éloquence, à tout l'homme, pour le conduire. L'imagination est plus satisfaite par la poésie, la raison par la philosophie ; mais l'homme n'est pas seulement imagination ou raison, il est l'une et l'autre ensemble. La poésie lui met des ailes qui le portent au plus haut des cieux, d'où il retombe sur la terre, attristé et fatigué quand il n'est pas blessé de la chute ; la philosophie l'instruit du secret des choses, et, lui expliquant le bien et le mal, le laisse inerte et sans force pour atteindre son propre bien ; l'éloquence le pousse en même temps qu'elle l'instruit, et le fait agir. Ce sont donc trois grandes choses, les trois plus grandes qu'il y ait ici-bas ; qui dira que l'une soit supérieure à l'autre ? Le grand poète vaut le grand philosophe ; et le grand écrivain, moindre que chacun d'eux en ce qui constitue le génie propre de chacun, les égale par la puissante alliance qu'il sait faire de leurs forces plus complètes chacune en soi, mais exclusives et isolées.

Il n'y a pas de gloire comparable à celle de ces grands hommes. Mais quel honneur encore d'être de leur société ! C'est le nôtre, Messieurs.

Oui, là est notre honneur ; là aussi notre influence. Car l'homme qui lit exerce autour de lui, sur des inférieurs de tout rang, un ascendant salutaire, une sorte de maîtrise, une direction morale, flatteuse à qui l'exerce, utile à qui la reçoit. Même dans une démocratie, Messieurs, il convient qu'il y ait une direction de la société, non plus imposée, certes, mais naturellement exercée par les uns, spontanément et librement reçue par les autres. Ceux qui l'exercent y forment une classe ouverte, non d'hommes plus riches ou mieux nés, mais mieux élevés, de supérieurs, maîtres de plein droit, qui ne commandent pas, et qu'on écoute.

Tous ceux qui, lisant de beaux vers, sentent courir dans leurs veines le frisson sacré, tous ceux qui, à la suite des poètes, des écrivains, ouvrent leur cœur aux nobles aspirations et leur intelligence aux méditations sublimes, ne forment-ils pas ensemble, au-dessus de la région des agitations et des divisions terrestres, dans une plus haute sphère, une société des intelligences et des cœurs, une patrie des âmes ?

Nous ne serons point (sauf l'exception d'aptitudes rares) des philosophes ni des poètes, nous ne serons point des écrivains, nous ne serons que des lecteurs ; mais, lecteurs, nous susciterons les écrivains. C'est grâce à nous qu'il y aura des poètes, des philosophes. Et il faut qu'il y en ait. Ils sont le vrai sel de la terre. Ils sont les lumières qui éclairent ceux-là mêmes que n'atteignent pas leurs rayons : si l'on voit clair à l'ombre, c'est qu'il fait jour : par eux il fait jour dans le monde. Ils sont les civilisateurs ; ils font la civilisation quand elle n'existe pas, l'élèvent quand elle est faite, et, quand elle est élevée, la soutiennent. Qu'il n'y en ait point dans une race, la race demeurera barbare ; qu'il n'y en ait plus chez un peuple, ce peuple retombera dans la barbarie. Il vivra quelque temps sur un fonds de civilisation acquise ; mais ce sera pour un temps, et la décadence ne se fera pas attendre. Les couches basses de la société monteront peut-être encore ; mais les hautes descendront, un niveau de médiocrité commune s'établira, et ne se soutiendra pas ; tout coulera doucement, tranquillement, régulièrement, dans la paix et le bon ordre, le long d'une pente de croissante platitude.

Mais les grands écrivains peuvent-ils être où ne sont pas les lecteurs ? Qu'est-ce qu'un spectacle sans spectateurs, et se trouve-t-il encore des acteurs qui jouent quand le parterre est désert, quand le théâtre est vide ? Public absent, public indifférent, c'est tout un. S'il ne lit pas, les auteurs ne se produisent pas, ou se produisent en vain : on ne les reconnaît pas, on ne les aperçoit pas, ils sont comme s'ils n'étaient pas, et bientôt en effet ils ne sont plus. Le public a toujours les auteurs qu'il mérite : on lui fait des romans-feuilletons, ou des récits de mauvaises vies et de scandales, quand il veut de cette littérature-là. Quand il voudra d'une autre littérature, on lui en fera.

Nous comprenons donc, nous sentons bien, ce que sont les Lettres, ce qu'elles peuvent, ce qu'elles doivent, ce que la France attend de leurs fidèles, c'est-à-dire, Messieurs, de nous tous !

On parle du relèvement de la France ; et quel est celui d'entre nous qui ne travaille pas de son cœur tout entier à cette œuvre patriotique ? Elle se poursuit toujours, cette grande œuvre, au milieu des difficultés et des tristesses du temps ; mais elle est de ces tâches qui ne doivent jamais finir. Quand un peuple est tombé, il faut qu'il se relève ; quand il s'est relevé, il faut qu'il s'élève encore ; et, à quelque hauteur qu'il puisse être parvenu, il faut qu'il s'y tienne. O France ! ô chère et noble patrie, que nous avons vue si humiliée, sur qui nous avons tant pleuré, sur qui l'étranger même a pleuré : car il s'est senti atteint, comme tes propres enfants, de ta douleur ; et ton cœur prompt à battre pour tous les hommes en connaît-il qui ne lui soient pas des frères ? O France ! ô noble patrie ! si nous avons pleuré sur toi, nous n'avons pas désespéré de toi : tu pouvais être humiliée, tu ne pouvais pas être abaissée ; tu pouvais être abattue, tu ne pouvais pas être avilie ! Et voici que tu es debout, généreuse comme toujours, hospitalière aux peuples, ouverte à ceux-là mêmes à qui une fois il fut donné de te terrasser et de te vaincre, ouverte au monde qui vient de toutes parts en foule abondante et comme à grands flots jouir dans ta capitale d'une splendeur dont il ne s'étonne pas : il te rend du moins cette justice, le monde, ou cet hommage, qu'il ne s'étonne pas de ce qu'il admire, et que, surpris d'abord peut-être d'avoir pu te retrouver sitôt riche et brillante, il te reconnait toi-même et retrouve la France ! Tu es debout, reste debout ; tu marches, que ce ne soit pas vers la décadence et la mort, mais vers la vie et la gloire, indissolublement liée au culte des Lettres ! Monte aux cimes, plus haut, plus haut encore, toujours plus haut ! Mets ta force dans ta science comme dans ton industrie ; dans la philosophie, dans la poésie, dans l'art, comme dans la science ; mets ta force dans la recherche du vrai, dans la poursuite du beau, dans la pratique du bien, dans le respect de la liberté, dans la justice : mets ta force la plus forte, et mets ton honneur, dans le culte de l'idéal !

LES RESPONSABILITÉS SOLIDAIRES

A propos de la guerre avec la Prusse

Écrit à Paris, pendant le siège (Novembre 1870)

La guerre, mais surtout une guerre comme celle qui nous est faite, n'est pas seulement un grand déchaînement de maux; c'est encore un déchaînement épouvantable de crimes. Il n'est point de mal qui ne soit un crime pour celui dont l'injustice l'a causé; et il n'est point de crime qui ne soit un mal pour celui qui en souffre : mais la guerre ajoute à ses maux propres, qui déjà sont des crimes, d'autres crimes étrangers à sa nature, qu'elle suscite de toutes parts sur son passage, qu'elle commet par les mains d'honnêtes gens, et qu'elle innocente ou qu'elle enveloppe de cette même responsabilité hardie dont elle couvre tout.

Responsabilité d'autant plus hardie, qu'elle défie, pour ainsi dire, la justice divine de saisir le vrai coupable. Celui qui fait la guerre? Il prétendra ne répondre que de la guerre, et la déclarera juste. Celui à qui on la fait? Il lèvera vers le ciel ses mains indignées, et criera aux quatre vents de l'horizon sa malédiction contre l'agresseur. Le vainqueur? Dieu assure le triomphe aux bonnes causes; et comment voulez-vous, ébloui qu'il est par l'éclat de sa victoire, qu'il puisse voir encore en son âme assez clair pour y démêler ses forfaits, pauvres détails ? Le vaincu ? c'est bien autre chose : la défaite, avec le funèbre cortège de ses misères, de ses humiliations, de ses amertumes, se place entre le mal qui le frappe et la conscience de fautes qu'il expie peut-être. Les chefs ? Ils agissent en vue d'intérêts qu'ils estiment bien supérieurs aux devoirs les plus sacrés de l'humanité commune. Les soldats ? Ils exécutent des ordres...

Saisir le vrai coupable ? Eh ! tout le monde est coupable ! Tout le monde, c'est-à-dire personne. Il y en a tant, qu'il n'y en a plus. Y a-t-il des coupables en enfer ? Chacun se console de sa folie par la folie de tous, et se flatte d'échapper à sa responsabilité en la noyant dans une sorte de responsabilité générale, vaste, vague, indéfinie, comme dans une mer obscure et sans fond.

Non, la généralité du mal ne supprime pas la responsabilité : elle la distribue. C'est cette distribution que nous voudrions essayer ici. Celui qui nous fait la guerre nous fait-il une guerre juste ? Nous la fît-il juste, est-ce assez pour que la responsabilité de tant d'horreurs échappe à sa tête et retombe sur la nôtre ? Les hommes qui lui servent d'instruments n'ont-ils pas une large part à prendre dans le mal, ou le principe de l'obéissance militaire est-il si absolu qu'il aille jusqu'à détruire chez le soldat toute empreinte de moralité humaine, et transformer l'homme en la plus aveugle des machines brutes ? Les crimes commis en dehors de tout ordre militaire, mais que la guerre a inspirés, n'ont-ils que leurs auteurs pour auteurs véritables ? Et nous qui souffrons, sommes-nous innocents ?

Quidquid delirant reges, plectuntur Achivi,

ce que notre fabuliste exprimait avec sa familiarité accoutumée, en disant que

de tout temps
Les petits ont pâti des sottises des grands !

Eh bien ! nous, les petits, qui pâtissons si terriblement aujourd'hui des sottises des grands, sommes-nous donc si étrangers à ces sottises ? Ou ne nous y trouvons-nous mêlés que pour en pâtir ! Avons-nous à nous en laver les mains ? Nous avons fait les grands, si nous n'avons pas fait les sottises : c'est nous qui les avons élevés sur nos épaules, et les avons laissés agir à notre place, en notre nom, comme ils ont voulu. Quelle fut, en ceci, la gravité de notre faute ? Quelle est la gravité de fautes fécondes en telles conséquences ? Quelle est notre capacité de bien et de mal, pauvres hommes que nous sommes, à la fois si misérables et si grands, auteurs et jouets tout ensemble d'évènements formidables qui nous dépassent comme la montagne le brin d'herbe ou comme la mer la goutte d'eau, et qui, sans nous, ne seraient pas ?

La guerre a ses leçons, et comme ses clartés. Elle soulève des problèmes où la conscience humaine est en jeu, et elle les éclaire. C'est dans la conscience humaine aujourd'hui que nous voudrions lire à cette sinistre mais éclatante lueur.

I

Le roi de Prusse nous fait la guerre. C'est un roi pieux, et Dieu bénit ses armes : il s'en vante assez haut pour que nul au monde ne l'ignore. Dieu, d'ailleurs, le devait bien à un si grand roi, dont les hommages l'honorent si grandement, dont la bouche est toujours ouverte à l'invocation de son saint nom, qu'il adjure contre un peuple impie. Aussi ne nous fait-il point seulement une juste guerre, mais une guerre sainte.

Et certes, comme la guerre qu'il nous fait est sainte en ses motifs, elle est sainte en ses moyens : il nous fait piller par ses soldats, en attendant qu'il nous ait détruits. Il nous veut exterminer de la terre ; il commence, le bon père, par enrichir ses enfants de nos dépouilles.

Guillaume de Prusse nous fait la guerre. Pourquoi ? — Nous la lui avons déclarée. — Il est vrai. Mais la question est de savoir si nous avons eu raison de la lui déclarer : car le véritable auteur d'une guerre n'est pas celui qui la déclare, c'est celui qui la provoque. La Prusse a eu cette habileté des fourbes, — ces habiletés-là ne lui manquèrent jamais, — de se donner, dans l'évidente injustice de ses convoitises criminelles, l'apparence du droit.

L'intrigue qui a donné lieu à notre déclaration de guerre était, j'en conviens, peu de chose. Mais la situation faite à la France en présence de la Prusse ne datait pas de là ; ce n'était pas à la suite d'un si maigre incident que les deux riverains du Rhin se regardaient l'un l'autre de cet œil qui signifie guerre : la question du trône espagnol ne fut qu'un épisode dans une œuvre trop bien liée et trop bien composée, un détail dans un ensemble trop bien suivi depuis Sadowa.

Il s'agissait, en effet, depuis Sadowa, d'une situation générale qui était un danger pour l'Europe en même temps qu'un amoindrissement de la France. Il fallait sortir de cette situation, et, quand la Prusse eût montré autant de complaisance qu'elle montra d'arrogance, une satisfaction d'amour-propre n'eût pu suffire à nos intérêts, ni à la justice, ni même à l'honneur.

Si la goutte d'eau qui déborde d'un vase plein tombe seule à terre sans faire déborder le vase, qu'y a-t-il de changé ? Qu'y eût-il eu de changé, si la Prusse en fût venue à se déclarer désintéressée dans la manœuvre que nous lui reprochions contre nous ? La France et la Prusse étaient ensemble comme furent Rome et Carthage : comme Carthage fut de trop pour Rome, la Prusse, — une certaine Prusse, celle qui s'agrandit chaque jour en violation même du traité de Prague, celle qui ne respecte pas plus les Etats allemands qu'elle ne respecte l'Europe, — était de trop pour la France.

La France a été modérée et patiente. Si modérée, si patiente, qu'elle a paru humble : elle s'est résignée aux succès de la Prusse ; que dis-je ? elle les a salués, au nom du droit des nationalités, au nom d'un principe, sans trop regarder si la prétendue application du principe n'en était pas la violation. La Prusse nous a-t-elle su quelque gré de notre respect d'un principe dont elle nous faisait victimes ? S'est-elle contentée de ce qu'elle avait acquis? S'est-elle arrêtée dans les bornes d'un droit contestable peut-être, mais au nom duquel nous l'avions laissée faire? Depuis cinq ans, nous la trouvons partout devant nous : au Luxembourg, où elle intervient au nom d'un droit qu'elle avait nié ; en Belgique, où elle contrecarre nos intérêts, qui y cherchaient des communications plus faciles avec le Nord et avec l'Est ; en Suisse, où elle s'ouvre, sans souci d'une neutralité qui intéresse l'Europe, un libre passage pour que rien ne la sépare plus de l'Italie, dont elle s'est assuré l'alliance... Quand, au mois de juillet, elle nous eût accordé satisfaction, eût-elle cessé d'être ce qu'elle est, la plus envahissante des puissances, la plus dangereuse pour la paix de l'Europe ?

Car elle s'accroît toujours, et non par des annexions spontanées de peuples qui cherchent à s'unir à elle, mais par leur asservissement ; sa conduite en Allemagne même, et auparavant sa conduite en Danemark, mais toute sa conduite depuis qu'il existe une histoire de la Prusse — une des plus criminelles, une des plus honteuses pour l'humanité qui se puissent écrire : l'histoire d'une dynastie de voleurs ! — la dénonce comme le perturbateur infatigable de l'ordre européen.

On sait que la moindre courtoisie eût suffi à la Prusse pour couper court à tout. Elle tenait peu, sans doute, à ce que nous lui demandions, s'il est vrai que nous l'accusions à tort d'une machination contre nous. Dans tous les cas, elle tenait à la guerre, depuis si longtemps cherchée, si longuement et si savamment préparée ; et, soit qu'elle nous eût tendu l'occasion comme un piège, soit qu'elle se contentât de prendre celle que notre maladresse lui offrait d'elle-même, elle fut à notre égard d'une insolence qui seule eût mérité la guerre. Son roi refusa de recevoir notre ambassadeur, qui venait chercher auprès de lui une réponse nécessaire : c'est par un officier de service que le roi de Prusse, refusant de répondre lui-même à l'ambassadeur de France, lui fit savoir qu'il n'avait rien à lui dire ; et, le rencontrant encore dans une revue militaire, il l'écarta d'un signe !

Ah ! Il ne faut pas que les maux effroyables dont nous frappe chaque jour, orgueilleusement et pieusement, ce fou couronné, nous fassent oublier l'affront qui déchaîna la guerre. Volontiers nous sacrifions, dans l'amertume de nos désastres, les personnages d'un régime qui s'effondra sous le poids des deuils de la patrie. Mais qu'importe ici ? Que notre ambassadeur fût un maladroit, il n'en représentait pas moins, en ce jour néfaste, la France ; et l'affront qu'il recevait du vieux Guillaume, c'était la France qui le recevait de la Prusse. Fallait-il tendre l'autre joue ?

La guerre d'Afrique eut pour cause un coup d'éventail reçu par un consul de France de la main d'un dey d'Alger. Un dey d'Alger ! Un roi barbare, à qui la France eût pu passer une grossièreté, à qui la

France l'eût passée peut-être, si elle n'eût saisi dans un méprisable affront l'occasion d'un affranchissement de son commerce et du commerce de l'Europe, rançonné par des forbans de mer ! Mais le roi de Prusse passait-il alors pour être un roi barbare, et son affront méprisable ? On peut dédaigner l'injure d'un sauvage, on ne dédaigne pas l'injure d'un homme civilisé : on la châtie.

L'honneur est un vieux mot français, le plus français des mots de notre langue ; et quand le sentiment qu'il exprime aura cessé de faire sauter un peuple sur ses armes, c'est qu'il n'y aura plus de France !

Nous sautâmes sur nos armes, et nous partîmes. Nous partîmes pour la bataille, croyant partir pour la victoire, comme si la victoire devait être du côté des âmes loyales, des cœurs braves ; comme si, dans une guerre à la prussienne, la loyauté pouvait n'être pas une duperie, et la bravoure un piège. C'est d'ailleurs une des infatuations du Français, qui se targue sottement d'être le premier soldat du monde, et de n'avoir qu'à paraître pour vaincre : *veni, vidi, vici*. La forfanterie du mot de César lui plaisait, et volontiers il parlait, il pensait en César. Il en a trop rabattu. Mais alors, nous courûmes sans ordre et sans plan de bataille, comme nos antiques aïeux, sur l'ennemi, nos poitrines en avant, avec la hauteur, hélas ! et avec la légèreté de nos courages !

Il ne manque pas d'esprits parmi nous, et des plus sensés, qui ne sont nullement convaincus que la guerre fût inévitable. Peut-être n'ont-ils pas tort.

Et d'abord, l'injure même, qui la rendit nécessaire un certain jour, pouvait être évitée : il est rare que celui qui reçoit un affront n'ait pas été quelque peu au-devant, ne fût-ce que par quelque maladresse. Quant au vieux compte que nous avions à régler avec la Prusse, c'était plus tôt, beaucoup plus tôt que nous aurions dû le régler, ou plus tard, en quelque heure plus favorable, ou autrement, et abaisser doucement, par la diplomatie, par l'entente avec le reste de l'Europe, un royaume dont l'iniquité rusée et violente, dont l'hypocrite rapacité, était un danger pour l'Europe entière... Soit, je n'ai pas à discuter ceci. La France n'a pas été sage, habile, heureuse ; elle a été mal inspirée en faisant cette déclaration de guerre, si fatale ; le petit nombre de ceux qui ne la voulaient pas avaient raison contre des majorités entraînées ? Je le veux. L'homme qui, alors encore, dirigeait les destinées de la France la voulait, lui, dans une arrière-pensée toute personnelle ? C'est un point que l'histoire éclaircira. Toujours est-il que la France, quand elle déclara la guerre à la Prusse, ne lui déclara qu'une guerre provoquée par toute une série de méfaits, et qu'elle eût dû lui déclarer quatre ans plus tôt, six ans plus tôt, dès la spoliation du Danemark. La Pruse, provocatrice de la guerre, en est donc responsable.

Mais enfin, nous l'avons déclarée. Nous nous sommes donné ainsi, bien généreusement, l'apparence du tort. L'empire français a été l'agresseur : le roi de Prusse ne fait que défendre son royaume...

Et que fait-il, depuis qu'il a envahi nos provinces,

depuis que nous avons perdu batailles sur batailles, depuis qu'il n'y a plus d'empire français en France ?

La France, par l'organe de l'un des membres de son nouveau gouvernement, est allée le trouver à son quartier général, et lui a dit : Sire, le gouvernement qui vous avait déclaré la guerre n'est plus. Sa parole n'engage pas la nôtre. Nous reprenons sa déclaration et vous proposons la paix. C'est nous qui avons été battus; nous vous paierons l'amende des battus. Nous consentons à remettre en vos mains l'indemnité de guerre.

Quel résultat eut cette demande si loyale et si noble de la France républicaine ? Un rire de la Prusse. Une indemnité de guerre, c'est bien, la chose est juste ; mais Guillaume de Prusse, mais Bismark veut l'Alsace, veut la Lorraine,...

Et pourquoi, sire ? L'Alsace, la Lorraine sont-elles à vous ? Le voleur, ici, sous le coup de surprise d'une franchise imprévue, a laissé tomber son masque.

Guillaume de Prusse, conseillé par Bismark, et soutenu par de Moltke, — beau trio de bandits ! — revendique deux de nos provinces comme siennes. Où sont ses titres ? En admettant que ces provinces aient appartenu autrefois à l'Allemagne, est-ce à la Prusse qu'elles ont appartenu ? Mais quel est ce langage ? Appartenir à la Prusse, à l'Allemagne, à la France ? Une province, un peuple, est-ce chose qui appartienne à un peuple, à un roi, à un maître, comme le bétail d'un domaine qu'on achète ou dont on hérite ? Le roi de Prusse, maître du domaine allemand, viendrait nous redemander un bétail que nous aurions pris jadis à son domaine !

L'Alsace et la Lorraine s'appartiennent à elles-mêmes ; et si, au lieu de former des Etats à part, elles préfèrent se rattacher à un plus grand Etat, c'est librement qu'elles entrent dans l'association qui leur convient. La Belgique veut être la Belgique, la Suisse la Suisse. Nos provinces de race germanique veulent-elles être prussiennes ? Ou du moins allemandes ? Ou du moins encore autonomes, indépendantes de toute juridiction supérieure ? Elles veulent être françaises. Il n'y a pas à leur en demander la preuve : elles l'ont donnée, elles la donnent tous les jours, en ne cessant de combattre, conquises, l'envahisseur qui les écrase du pied : elles ont voté, et non dans le secret ; elles ont voté en plein soleil, de leur fortune, de leur sang !

La Prusse réclame l'Alsace et la Lorraine, qu'elle nous somme de lui rendre, et qu'elle nous prend, — que dis-je ? qu'elle prend à elles-mêmes, au nom du principe des nationalités ! C'est un grand principe, c'est un des droits naturels pour lesquels nous avons combattu. Mais qu'est-ce qui constitue les nationalités ? La race, la langue, disent en chœur les savants de M. de Bismark. Il est vrai qu'on entend parler allemand en France ; mais on y entend parler bien d'autres langues : que restera-t-il de la France ? N'existe-t-il donc pas une nationalité française ? On entend aussi parler français hors de France. Voilà donc une des nations les plus fortement constituées dans leur unité qu'il y ait au monde, dont la langue se parle hors de son sein, et qui offre dans son sein une bigarrure de langues ! Les savants de M. de Bismark en pourraient compter cinq ou six. La Suisse est petite : on y parle quatre langues. Il y a des gens qui parlent polonais en Prusse. Et l'allemand, ne se parle-t-il, hors de l'Allemagne, qu'en France ? Il se parle en Suisse, en Hollande, jusqu'en Russie ! Mais le roi de Prusse est modéré ; il a déclaré qu'il se contenterait de nos provinces allemandes : les autres peuples garderont tranquillement les leurs.

Il y a un droit des nationalités. La Prusse invoque ce droit pour s'annexer l'Alsace, comme elle l'avait invoqué pour s'annexer successivement tous les Etats de l'Allemagne. Mais pourquoi n'est-ce pas l'Alsace qui l'invoque pour s'annexer la Prusse, et le reste de l'Allemagne à la suite ? Est-ce donc un droit au service du plus fort ? Car enfin, c'est aussi bien le droit de l'Alsace sur la Prusse, que de la Prusse sur l'Alsace. Mais précisément parce qu'il y a un droit des nationalités, l'une n'a pas droit sur l'autre : c'est un droit qu'a chacune d'être ce qu'elle veut être. C'est le droit de la Prusse : qu'elle soit donc ce qu'elle veut être, mais dans la mesure de la justice, c'est-à-dire du droit d'autrui. C'est le droit de l'Alsace : mais un droit de l'Alsace n'est pas un droit sur l'Alsace (1).

Le droit des nationalités ne vous donne donc point nos provinces, Guillaume de Prusse : il ne les donne qu'à elles-mêmes. Ce n'est point la langue ni

---

(1) Voir une très courte, mais excellente brochure de Fustel de Coulanges : *L'Alsace est-elle allemande ou française ?*

la race qui constitue la nationalité, c'est la volonté d'être. Les nations se sont trop souvent formées par la force, et notre histoire n'est pas exempte plus que d'autres de ces injustices, de ces violences, de ces vols décorés du nom glorieux de conquêtes ; mais la force n'est pas le droit, et si la Prusse ne faisait que nous reprendre ce que nous lui aurions pris, nous n'aurions rien à dire. Nous n'avons pas pris à la Prusse l'Alsace et la Lorraine, par la raison que l'Alsace ni la Lorraine n'appartiennent pas à la Prusse, et nous n'avons pas à les rendre, par la raison qu'elles ne nous appartiennent pas : elles sont avec nous, non à nous ; et elles sont avec nous parce qu'elles veulent être avec nous. Le rapport qui rattache à un peuple ses provinces n'est pas un rapport de propriété, mais de société, et de société libre. C'est ainsi que l'Alsace, que la Lorraine, sont nôtres ; mais ce n'est pas à nous qu'il faut les demander, si vous les voulez : c'est à elles-mêmes. Elles ont répondu.

— Vous aurez de l'argent, sire, fut-il dit au roi de Prusse ; mais nous ne vous laisserons pas prendre ce qui n'est pas à nous ! — Comme le grand roi de Prusse ne pouvait se contenter d'argent, et comme il lui fallait prendre ce qui n'était pas à lui, il refusa la paix qui lui était offerte, et il nous fait la guerre.

Mais il nous la fait avec ce trait particulier, qu'il se plaint que nous la lui faisons, nous qui lui offrons la paix, et qu'il déclare vouloir la paix, lui qui nous fait la guerre ! C'est dans Paris qu'il entend signer le traité de la paix qu'il désire : comme si un parchemin avait la puissance de rendre durable une paix injuste, ou comme si une signature extorquée à un voyageur par ceux qui le dépouillent les faisait légitimes propriétaires de leur rapine !

Il déplore, en un langage mystique et paternel, notre résistance féconde en maux renouvelés et multipliés chaque jour pour ses tristes peuples ; il pleure sur ses peuples, si méchamment traités par les Français dont ils ravagent le sol, dont ils détruisent les fortunes, dont ils dévorent les familles ; il pleure sur les Français eux-mêmes, si méchamment armés par la République, par le terrorisme, par le fanatisme rouge, contre leurs assassins ; il veut la paix, et nous ne lui demandons qu'une chose, qu'il se retire, sans rien prendre de ce qui ne lui appartient pas. Point ; il est chez lui chez nous, et tout le mal que nous lui faisons, nous le faisons à notre maître, nous le faisons à Dieu.

Quand la perfidie eut livré à Tartuffe la maison de l'homme confiant dont il avait si longtemps été l'hôte, il y parla haut, et il s'y sentit maître. L'hypocrite qui parlait sans cesse du ciel ne croyait pas à la justice : il la rencontra au moment où il tenait dans ses mains le scandale de son triomphe. Il est évident que Guillaume de Prusse, qui parle sans cesse du ciel, ne croit pas à la justice ; mais elle est debout, muette encore, invisible, mais présente devant lui, et il sera foudroyé dans son couronnement.

Quel est le responsable, quel est le coupable de l'abominable guerre que nous continuons à subir, depuis plus de quatre mois qu'elle pouvait être finie, honorablement pour nos ennemis, modestement pour nous ? Le roi de Prusse, dévot comme Tartuffe, hypocrite et spoliateur.

II

Une maxime suspecte en morale est celle-ci : *La fin justifie les moyens*.

Tout dépend de la fin, pourrait-on dire. Quand elle est nécessaire, obligatoire, quand un devoir supérieur à ceux qu'il faudra lui sacrifier pour l'atteindre l'impose à la conscience, oui, la fin justifie les moyens, et il faut se résoudre à faire, pour un grand bien, un grand mal : mais il faut alors se réduire au mal absolument inévitable. Si le roi de Prusse avait à défendre son peuple contre nous, il nous devrait la guerre, mais la guerre bornée à ses inévitables maux. — Quand la fin est raisonnable, juste, en ce sens qu'en elle-même elle n'est contraire à aucun droit, sans être d'ailleurs obligatoire, disons d'un mot, quand la fin est simplement licite, elle ne justifie aucun moyen : car, s'il est impossible de l'atteindre sans commettre quelque injustice, elle ne rend point, par la nécessité qui lui manque, l'injustice juste, mais elle devient injuste par la nécessité de l'injustice. Si le roi de Prusse a rêvé de mourir empereur d'Allemagne, c'est une ambition peut-être innocente ; mais qu'il ne puisse acheter sa couronne qu'au prix d'une victoire, c'est-à-dire d'une guerre, son ambition, d'innocente qu'elle était peut-être, devient aussitôt criminelle. — Quand la fin est injuste, il est clair qu'elle ne justifie rien : si le roi de Prusse veut deux de nos provinces qui ne lui appartiennent pas, et que, pour atteindre cette fin coupable elle-même, il cherche à nous détruire par la guerre, il commet, mais en des proportions effroyablement agrandies, l'acte du bandit qui, pour voler, assassine.

Il semble, en vérité, qu'à mesure que la fin qu'on se propose est mauvaise, on augmente encore, comme par une infernale malice, le mal des moyens coupables, et l'on s'étudie à les rendre plus abominables que notre imagination n'eût cru possible de le concevoir. Si le roi de Prusse nous faisait une guerre juste, et qu'il nous la fît modérée, toute la responsabilité du mal en serait à nous seuls : mais il nous la fait telle, que la justice même de sa cause n'empêcherait pas son nom d'être devenu celui d'un des grands criminels de l'histoire.

La guerre, dans l'attaque, se fait entre les armées, qui représentent les peuples ; dans la défense, et quand le territoire est envahi, tous ont le droit, tous ont le devoir de se lever en armes contre l'envahisseur. Des paysans, pris les armes à la main, ont été fusillés. Il fallait les faire prisonniers, puisque l'invasion les avait changés en soldats ; mais fusillés ! Ils ont été assassinés.

La plaisante justice ! Voilà de braves gens qu'on vient dévaliser chez eux : ils se défendent, on les prend, et ce sont eux qu'on punit de mort, pour s'être défendus ! Je ne sache qu'un cas où cela se pratique ainsi : c'est quand un chef de brigands prétend assurer la sécurité à tout prix aux opérations ténébreuses de sa bande. Serait-ce ici le cas, et aurions-nous affaire à un chef de brigands ?

Pillages de maisons particulières, vols de meubles et d'argent, déprédations, sequestrations de personnes, confiscations d'hommes et de biens, incendies de villes châtiées d'une résistance qui n'a pas été la leur, meurtres de gens coupables de n'avoir pas empêché ce qu'ils n'avaient ni dû ni pu empêcher, feintes de se rendre pour frapper de coups que la fourbe a faits plus sûrs un loyal ennemi, fuites derrière les ambulances pour s'abriter du respect des blessés et de là tirer en traîtres, protection de leurs travaux par la présence de nos propres hommes contraints de les construire contre nous, bombardement de monuments, d'hospices et d'hôpitaux visés à dessein par le plus rare mépris de toutes les conventions comme de tous les sentiments, bombardements de populations civiles, avec tout ce qu'ils entraînent de pertes et d'irréparables ruines, mais surtout avec ces morts odieuses de vieillards, de femmes, d'enfants dans les bras de leurs mères, d'êtres inoffensifs dont le sang, loin de hâter la capitulation qu'ils ont en vue, ravivera la trop légitime colère des vengeurs, toutes les formes de la terreur, et toutes les formes du mensonge, depuis le réseau de trahisons dont ils nous enveloppent jusqu'à l'impudence des paroles d'un roi qui, ayant précipité son peuple sur notre sol, et tenant encore notre sol qu'il dévaste, nous accuse, nous... c'est nous, ce lui semble, qui devrions partir et lui laisser la place : c'est nous qui, chez nous, ne sommes pas chez nous ! tout ce qu'il est possible, tout ce qu'il n'eût point paru possible d'imaginer : car notre imagination se lassera plutôt de concevoir que leur barbarie de fournir ! tout ce que l'enfer a jamais rêvé d'atrocités révoltantes, abominables, monstrueuses, est comme ramassé dans la guerre que nous fait le roi de Prusse. Non, ce pas un roi : c'est un chef de brigands.

Ces gens-là n'ont aucune des dernières pudeurs qu'on trouve encore chez les derniers des sauvages. Ils ont déshonoré la guerre. Ah ! puissent-ils l'avoir tuée, à force de l'avoir déshonorée ! Puissent-ils avoir si bien fait, qu'il n'y ait plus désormais de guerre possible au monde ! Puisse leur délire si horrible avoir du moins rendu ce service à l'humanité, qui ne leur en sera pas reconnaissante !

De toutes ces horreurs non inhérentes à la guerre, qui est responsable ? qui est coupable ? L'évidence éclate ici, c'est ce roi, qui ordonne tout ; c'est son conseiller intime ; c'est son chef d'état-major ; ce sont tous ces princes et ducs, généraux de ses armées, mais qui pouvaient lui retirer leur concours. Leur cause serait la bonne, qu'ils l'auraient à jamais flétrie. Ne disons rien de ceux qui exécutent des ordres auxquels ils ne peuvent, sous peine de mort, refuser leur obéissance. On voit ici tout ce que produit de perversion la possession du pouvoir absolu, et tout ce qu'elle offre de périlleux, par la responsabilité surhumaine qu'elle crée. Certes, je ne voudrais pas être le sujet d'un roi Guillaume : et qui voudrait l'être ? Mais j'avoue que je voudrais moins encore être le roi. J'aurais peur de faire ma conscience de la conscience des hommes à qui j'aurais commandé le mal, et dont les innombrables crimes, commis par mon ordre, ne seraient tous ensemble qu'un seul crime, le mien égal à tous les leurs, et les absolvant tous ensemble pour me condamner à leur place ! Je tremblerais d'arriver sous l'œil de Dieu, chargé non seulement de mes propres fautes, ce qui est déjà un assez lourd fardeau pour l'homme pécheur, mais encore du fardeau incommensurable des fautes qu'auraient produites par multitudes autour de moi les injustes ordres descendus de mon trône sur un peuple obéissant !

On a beau faire effort, on entre difficilement dans la conscience d'un homme qui, responsable de tant de sang versé, de tant de villes incendiées, de tant d'iniquités déchaînées, — ce n'est rien, c'est la guerre, — mais de tant de pillages, de spoliations, de mépris de toutes les conventions divines et humaines, de meurtres, et de larmes que la guerre conforme à ses règles n'eût pas produites, l'est encore, par contrecoup et comme par un juste retour, de ces exploitations de la misère publique, de ces spéculations viles de vils marchands, de ces industries odieuses d'ignobles maraudeurs, de ces bassesses, de ces crimes sans nombre et sans nom que la situation qu'il a causée a inspirés à des âmes ses pareilles ; et qui, avec cela, parle de Dieu, croit en Dieu peut-être ! se prépare peut-être à comparaître sous peu de jours, son forfait à la main, au tribunal de Celui qui aura pour lui, sans doute, une haute couronne dans le ciel, et plus éclatante que celle de Charlemagne, en récompense de la France mutilée, ensanglantée, frappée de mort... Il se prend, j'imagine, pour un homme d'une autre espèce morale que les autres, comme aussi d'une autre espèce naturelle : c'est un roi ! Et il a dû concevoir, dans les fumées de son cerveau malsain, un Dieu des rois à son usage, une façon de monarque qui sait son monde, et qui se gardera bien de demander ses comptes à si haut et puissant seigneur ! C'est même ce qui l'a pressé de se faire poser sur la tête une couronne qu'il ne devait ceindre qu'à Paris : car Dieu ne peut plus se permettre envers l'empereur la semonce qu'il se fût permise peut-être encore envers le simple roi.

Mais les instruments sont-ils innocents du coupable usage auquel on les emploie ? Non, quand ces instruments sont des hommes. Les hommes n'ont pas le droit d'abdiquer leur conscience ; et, quand ils sont contraints par la force, ils peuvent toujours mourir plutôt que d'obéir à l'ordre du crime. Ils peuvent, plutôt que de bombarder la bibliothèque et la cathédrale de Strasbourg, ou les maisons hospitalières de Paris, se faire tuer par leurs propres officiers sur leurs pièces. Mais ceux-ci, qui ordonnent, pourquoi ordonnent-ils ? Eux-mêmes obéissent : ils peuvent se faire destituer, se faire fusiller, plutôt que d'obéir. Werder, l'incendiaire de Strasbourg, agissait-il par ordre supérieur ? Il n'en sera pas moins justement maudit ; car, que lui fût-il advenu, s'il eût refusé d'exécuter l'ordre ? L'eût-on remplacé ? Tout au plus, et j'en doute. Il eût pris Strasbourg exactement dans le même temps et de la même manière : car le bombardement des édifices, des rues et du peuple ne lui a servi à rien, qu'à la flétrissure immortelle de son nom.

On me parle du principe de l'obéissance militaire. Mais l'obéissance militaire n'est due qu'en matière militaire, sans doute. Elle n'est due que pour la guerre, et ne saurait couvrir l'exécution des crimes dont le dessein a pu naître dans le triste cerveau d'un chef scélérat : les soldats doivent être traités en soldats, non en bandits.

On me parle de l'obéissance militaire. Je demande deux choses : d'abord, que la guerre soit voulue, soit votée par le pays ; j'aurai ainsi quelque chance de n'être pas complice d'une guerre injuste. Je récuse le principe de l'obéissance militaire en faveur d'un souverain à qui il suffirait d'un décret pour me faire homicide. Je ne veux pas être homicide, ni complice d'un meurtrier en grand, qui lui-même n'est tel que par esprit d'ambition ou par esprit de vol. Et ensuite, que la guerre soit la guerre. Jamais l'obéissance militaire ne me fera lever la crosse de mon fusil en l'air, pour faire d'un signe de détresse un guet-apens où se prendra l'ennemi ; jamais l'obéissance militaire ne me fera piller et rançonner les gens ; jamais l'obéissance militaire ne me fera l'exécuteur d'un homme dont le crime est d'avoir, sans uniforme, défendu sa patrie !

Il faut circonscrire l'obéissance militaire, comme il faut circonscrire l'infaillibilité de l'Eglise. Bon nombre de catholiques ont l'immense tort de l'étendre des matières de foi à tout ce qu'il plairait au Pape de déclarer matière de foi, c'est-à-dire à tout. Les Allemands, paraît-il, étendent ainsi l'obéissance militaire à tout ce qu'il plaît au Roi de déclarer matière militaire : une telle servilité, si elle existe, est elle-même un crime, dont ils recevront le juste châtiment.

Mais ne sont-ils coupables que d'obéissance ? Qu'est-ce que ces lettres intimes où nous voyons les tendres amantes de ces pays des *lieds* et des soupirs prier leurs amis de choisir pour elles dans un pillage ? Qu'est ce que ces joies de leurs journaux à l'aspect de la France, non pas défaite, non pas vaincue, on comprendrait le chant de triomphe du vainqueur, mais pillée, ruinée, exterminée ? Qu'est-ce que ce long désir de nos biens, désir longtemps caressé dans l'ombre, et dont l'exécution a été préparée par une longue, patiente et silencieuse ruse, par la perfidie du faux ami, qui ne frappe celui dont il convoite le domaine qu'après avoir été longtemps son hôte ? Qu'est-ce que ce prix attaché à la conquête de Paris par une nation qui consentirait en échange, tant elle s'en trouverait flattée, à se mettre sur le cou le pied d'un Empereur ? Qu'est-ce que toutes ces satisfactions, toutes ces jalousies, tous ces mépris, toutes ces rancunes envieillies et contentes, tous ces sentiments de toute nature, mais de nature mauvaise, que le succès de leurs brigandages fait éclater chez eux ? Et quelle rage au moindre revers ! Il ne leur vient pas à l'idée qu'ils sont chez nous, et que nous ne cherchons, après tout, qu'à les renvoyer chez eux. Ils se sont installés sur notre sol ; ils y ont amené femmes, enfants ; ils y ont établi boutique ; ils y vendent, à leur compte, nos marchandises ; et si nous rentrons dans nos maisons, ils nous mettront fièrement à la porte.

Non ! c'en est trop, et le cœur se lève. Non, ils ne sont pas innocents ; non, le principe de l'obéissance militaire ne les couvre point ; non, ils sont bien les complices du Roi qui les mène au pillage ! Les gens de la bande sont dignes du chef, et le chef n'existerait peut-être pas sans eux. Le Roi de Prusse a déshonoré la guerre, mais voici une guerre qui a déshonoré l'Allemagne !

III

N'aurons-nous à frapper que sur la poitrine d'autrui ? Et n'aurons-nous pas aussi à frapper sur la nôtre ? Ne nous revient-il aucune part dans la responsabilité du mal immense dont nous souffrons ? Ou, tristes moissonneurs, récoltons-nous ce que nous avons semé pour notre perte ?

La guerre, au moment où elle a éclaté, et sauf l'opportunité de l'occasion, était inévitable : soit. Encore ne l'était-elle peut-être pas absolument. Mais la situation qui nous avait mis dans une telle nécessité était le résultat de longues années de mauvaise politique ; et le même homme qui avait assez mal gouverné la France pour la réduire à n'avoir plus qu'à se jeter, tête baissée, dans une hasardeuse guerre, avait si bien fait, qu'il n'avait ni un allié au dehors, ni même, à vrai dire, une armée au dedans : il n'avait, en quelque sorte, que les cadres d'une armée. Sans armée et sans alliés dut être faite une telle guerre, par la faute d'un homme qui n'avait pas mieux su organiser à l'intérieur qu'il n'avait su prévoir ou prévenir à l'extérieur. La responsabilité qui pèse sur Napoléon n'est pas moindre que celle qui pèse sur le roi Guillaume : épouvantable pour l'un comme pour l'autre. Mais l'expiation a commencé pour l'un, et l'heure serait peu généreusement choisie de lui rappeler ses fautes. Songeons aux nôtres.

Car nous ne sommes pas les moins coupables : ce pouvoir personnel, dont l'aveuglement a creusé sous nos pieds l'abîme où nous voici engloutis, eût-il été sans nous ? Qui l'a fait ? Qui l'a créé et mis au monde ? Notre lâcheté morale. Nous avons laissé des soldats, abusant, eux aussi, du principe de l'obéissance militaire, mettre leur brutale main sur l'Assemblée sacrée des représentants de la France ; puis tourner leurs fusils, leurs canons, sur la poitrine du peuple, mitrailler comme des rebelles, — comme des brigands, — ceux qui s'étaient levés, à l'appel de la Constitution violée, contre le violateur, contre ce protecteur de la République devenu le destructeur de la République, usurpateur par trahison ; nous avons absous le traître et nous l'avons fait notre empereur ; nous lui avons permis ensuite de gouverner sans contrôle, avec le mensonge d'une représentation de la France, avec deux Chambres dont l'une émana de lui seul, et l'autre de lui encore par nos mains toujours dociles, toujours empressées à voter pour ses candidats !

La question n'est pas qu'il ait bien ou mal gouverné. Notre faute, notre crime (une nation ne saurait en commettre un plus grand) est d'avoir abdiqué le gouvernement, qui n'était pas seulement notre droit, mais qui était plus encore, qui était surtout notre devoir. Un peuple qui s'abandonne commet le crime d'un homme qui livre la liberté de sa conscience : il renonce à son être moral. Et quel crime se peut-il concevoir plus grand que celui-là ? C'est le crime qui les contient tous. Renoncer à son être moral, c'est s'engager à tout ce que voudra celui à qui l'on se livre, c'est endosser la responsabilité d'un autre ; et Napoléon III eût été Caracalla, Domitien ou Néron, que nous aurions été responsables de ses forfaits comme nous le sommes de ses fautes : nous le sommes du crime par lequel il s'empara du pouvoir que nous avons ensuite consacré dans sa main, et nous le sommes du mal qu'il nous a fait à nous-mêmes.

Qu'est-ce qui nous a inspiré nos votes si constants, pendant vingt ans, d'abdication politique, de suicide moral ? La peur, l'amour de la sécurité, l'amour du bien-être, l'amour de la jouissance terrestre et du plaisir ! Un suicide moral n'a pu être inspiré que par les sentiments les plus bas. Et cette bassesse a été, ou peu s'en faut, universelle. C'est qu'il faut avoir l'âme religieuse, et un autre souci que celui de la vie terrestre, pour savoir exposer de sang-froid ses biens dans le calme des jours tranquilles et avant l'heure suprême du sacrifice, pour savoir toujours, dans tous les temps, à toutes les heures, préférer à la sécurité la dignité. Or, la France n'a pas l'âme religieuse. La religion la plus influente chez nous craint tout plus que la servilité, et ferait volontiers, dans un intérêt que je ne veux pas juger ici, de ce dernier des vices la première des vertus ; d'ailleurs, elle est toute acquise à qui lui assure à elle-même le plus d'empire, et elle n'a inspiré des votes libres qu'au jour de son propre mécontentement. Comme elle a toujours affecté de régner seule, comme elle n'a jamais souffert que nulle rivale pût seulement tenter de s'affirmer devant elle, et que cette prétention inique lui a été accordée ainsi qu'un droit, comme c'est elle qui a eu, en France, le monopole presque entier de l'enseignement du bien et du mal dans le peuple, ceux qui ont cru à son enseignement ont agi selon son esprit, ceux qui n'y ont pas cru ont été dénués de toute moralité supérieure, et l'intérêt de leur champ, de leur boutique ou de leur carrière a été l'unique principe de leurs votes comme de tous leurs actes. La peur du socialisme les a jetés dans les bras de l'Empire ; ils y ont rencontré bien pis que le socialisme, ils y ont rencontré la Prusse !

De responsabilité en responsabilité, où n'arriverions-nous pas ? Arrêtons-nous donc. Tout se tient, tout se lie, dans l'ordre moral comme dans l'ordre physique. Il n'est point d'iniquité qui ne porte fruit. L'humble prêtre, respectable et pieux, mais qui prétend au monopole pour sa foi et qui prêche son droit exclusif, jette une semence d'irréligion, et il en sort des votes vendus au prix des plus mesquins intérêts de la terre ; la bonne mère de famille, aimable et sage, mais trop sage, hélas ! et qui conseille à son fils un vote de prudence au lieu d'un vote de conscience, pose quelque part un des mille germes de la calamité publique qui lèvera un jour inopinément, et qui la frappera elle-même dans le repos de sa vieillesse, dans son fils peut-être !

Combien l'acte moral est grand, puisque le moindre des actes moraux engendre des conséquences qui portent si loin ! Trop souvent nous sommes portés à nous regarder par le côté physique, et la science aujourd'hui nous y invite trop : vus de ce côté, nous sommes petits, parce que nous ne sommes qu'une partie, et quelle faible partie de l'immense nature. Regardons-nous un peu de l'autre côté : par la volonté, par la liberté, nous échappons à la nature, nous sommes nous-mêmes, créateurs d'une destinée propre, d'une destinée qui est notre œuvre, et dont la nature n'a fourni que les éléments.

Nous ressemblons à cet élève de la sorcière dont nous parle une ballade de Gœthe, qui savait la formule pour faire jaillir l'eau, et qui ne savait pas le mot pour l'arrêter : quand il se vit en présence d'une inondation dont il n'était pas le maître, il se sentit malheureux, mais coupable ; la destinée qui le dominait n'était-elle pas son œuvre ? Ne l'avait-il pas faite ? Pourquoi avait-il prononcé le mot magique ? Un acte de notre volonté libre introduit dans la série infinie des choses un principe nouveau de mouvement qui en change tout le cours : de conséquence en conséquence, nous en pâtirons ou nous en bénéficierons, qui sait ? l'éternité durant, peut-être ! car la suite des choses est éternelle. Disons le mot magique quand il faut le dire et de la manière qu'il faut le dire : si nous suivons en ceci une autre règle que celle du devoir, prenons-nous en à nous-mêmes de ce qui nous adviendra.

Le spectacle des terribles évènements dont nous sommes à la fois témoins et victimes réveille dans nos esprits l'idée de la responsabilité, avec celle de la sanction nécessaire qui s'y rattache. Le Président de l'Académie des sciences faisait naguère, dans une protestation indignée, un appel ému à la justice divine : qui doute aujourd'hui de la justice divine ? Mais quelle sera cette justice ? Que faudra-t-il de siècles et de formes d'existences en des mondes inconnus pour que la chaîne des iniquités déroulées par le roi de Prusse s'enroule en quelque sorte anneau par anneau autour de leur auteur, et le soumette à l'exact et juste retour de toutes les souffrances qui, venues de lui, doivent revenir à lui ? Elles reviendront à lui, elles reviendront à son chancelier Bismarck, elles reviendront à son chef d'état-major de Moltke, elles reviendront à tous ses complices, à tous ceux qui les ont faites. Je n'en doute pas, moi. Je sens profondément, en même temps que je sais par les plus évidentes raisons, que je ne suis pas mon corps, et que dans la mort s'opère le passage d'une forme de l'être que je vois à une autre forme du même être continué dans sa personnalité consciente, que je ne vois pas, mais qui existe. La dernière heure sonnera bientôt pour le vieux roi de Prusse, il quittera la vie humaine, il entrera dans l'expiation...

Il m'est arrivé de m'effrayer parfois, en remarquant les conséquences expiatrices que j'ai vues sortir en foule pour un pauvre homme d'une seule faute, et qui m'avait semblé légère. Quel sort, me disais-je, attend un jour ou l'autre les autres hommes ? car la justice est égale pour tous, et ils n'expieront pas moins à leur moment et à leur manière. Mais que sera-ce des fautes graves ? Que sera-ce des crimes ? Je me demande aujourd'hui, en voyant à quel degré de monstruosité morale peut descendre un être humain, s'il y a vraiment des fautes légères. Un acte de bien ou de mal n'est, dans l'ordinaire de la vie, qu'un acte de bien ou de mal, une œuvre bonne, une œuvre mauvaise : changez les circonstances, que l'âme se sente poussée dans sa voie, l'auteur de l'œuvre bonne devient un saint ou un héros, l'auteur de l'œuvre mauvaise un monstre. Le charitable se dépouille, le cupide exploite odieusement la faim publique. L'acte de bien ou de mal, si l'on ne regarde qu'à son objet, sera, dans la plupart des cas, peu de chose : si on le regarde en lui-même, dans la liberté qui le constitue, dans l'esprit qui inspire cette liberté, il est d'une incalculable portée, il est un infini.

Que ce soit notre consolation, au milieu des maux

dont nous sommes abreuvés, de nous sentir grands dans la grandeur même de ces maux que nous avons faits ou que nous avons contribué à faire. Si nous sommes puissants pour le mal, ne pouvons-nous l'être pour le bien ? Et si nous pouvons vouloir assez mal pour mériter tant de malheurs, ne pouvons-nous vouloir assez bien pour mériter d'être heureux ? Nous ne mourons pas, certes, et la Prusse ne tient pas encore la victoire dont elle s'était trop haut et trop tôt flattée : mais si nous mourions, ce ne serait pas sans nous écrier que nous sommes grands dans la mort même, parce que nous savons pourquoi nous mourons, parce que nous avons dans nos mains la puissance de la mort et la puissance de la vie !

LES QUESTIONS DU TEMPS

(Écrit en 1869.)

Dieu a marqué à chaque jour sa peine, et à chaque âge son travail. Peu de siècles ont eu d'aussi grands problèmes à résoudre que le nôtre : aucun n'a eu, comme le nôtre, la conscience des problèmes qu'il avait à résoudre. La plus grande Révolution qui se soit opérée dans le genre humain s'est accomplie, on peut le dire, sans que les hommes y aient pris part : le christianisme a changé la face du monde, et cela s'est fait par une vertu divine où les chrétiens adorent l'œuvre expresse et directe de la Providence, où les incrédules ne peuvent méconnaître l'action des lois de l'histoire, la conduite de Dieu ; car, si l'homme s'est agité, Dieu l'a mené, visiblement ; le Principe occulte, la secrète Force qui gouverne et qui règle toutes choses, s'est servie des hommes comme d'instruments terrestres qui n'ont pas su ce qu'ils faisaient. On ne pourra refuser au XIXe siècle, quelques reproches qu'il mérite d'ailleurs, un caractère unique jusqu'ici : la conscience de son œuvre. Il sait qu'une tâche lui a été confiée. Il sait qu'il a été appelé à clore une autre révolution, fille du christianisme, et qui, une fois accomplie, sera l'accomplissement même du christianisme sur la terre : la Révolution de la justice, la Révolution française. Accomplir la Révolution française, c'est organiser la liberté, c'est fonder la Cité du droit.

Dans le passé, — dans un passé lointain et quelque peu légendaire, non tel qu'il fut, sans doute, mais tel que nous le montre la perspective des siècles, — il n'y avait par le monde qu'une puissance, divine et humaine à la fois : l'Eglise régnait sur les âmes et sur les trônes. Tel fut du moins le type de société que rêva le moyen-âge. Un pouvoir absolu, une entière soumission. Le pape, l'empereur : des croyants, et des sujets. Rome dominait tout. C'est qu'elle était l'esprit, elle était la religion, base de la morale, fondement de toutes choses.

Mais quelle puissance n'abuse d'elle-même ?

L'ordre, qui est harmonie, ou unité dans la variété, fut conçu d'abord comme unité pure. Fatigué d'être un chaos, le moyen-âge, qui ne savait pas que de ce chaos devait sortir un monde, dont les éléments, s'agitant et fermentant dans ses entrailles, lui déchiraient le sein, prit la variété pour la confusion et l'unité pour l'ordre même : il s'ordonna, ou il s'efforça de s'ordonner, en vue de l'unité, et il oublia la variété. La variété eut sa revanche. Il y eut réaction de la variété refoulée contre l'unité, du désordre contre un ordre mal compris : la vie, concentrée à faux, se dispersa ; elle se retira de tous à chacun ; en face de l'Eglise et de l'Etat, en face de la société, apparut l'individu. Et les individus commencèrent à vivre, quand l'Eglise et l'Etat, quand la société commençait à mourir.

Comment cela se fit-il ? — C'est que Rome, la souveraine des âmes, outrepassa une autorité qui devint, en des mains humaines, matérielle et extérieure, d'intérieure et spirituelle qu'elle devait être : Rome, non contente d'agir par l'invincible force de l'esprit, agit par la force débile d'un bras de chair : elle eut l'appareil des bûchers ; elle s'appuya sur des supplices ; elle domina par l'oppression. La cause qui se sépara d'elle, éprouvée par sa lutte courageuse contre une foi qui s'était faite pouvoir, eut la semence, toujours féconde, du sang de ses défenseurs : cette semence produisit. Un temps vint où les plus hauts dépositaires de la religion n'eurent plus eux-mêmes cette foi qu'ils continuaient d'imposer aux autres, qu'ils ne craignaient pas de sanctionner par les tourments d'un enfer terrestre, prélude et garantie de l'enfer éternel. L'autorité destinée à conduire les consciences devint un joug, et le joug fit la révolte. La conscience humaine, réduite à l'esclavage, protesta.

Liberté de conscience ! Telle fut la justice du protestantisme. Car il ne faut pas croire qu'une parole eût suffi pour entraîner les trois quarts de l'Europe, si elle n'eût été une parole de justice. L'intérêt, le plaisir d'innover, l'indocilité de la chair, la joie coupable de suivre une croyance plus facile ou une plus douce morale, tous ces motifs à l'usage de controversistes et d'avocats expliquent souvent la défection d'un homme, mais n'expliquent pas celle d'un peuple.

J'accorde que les protestants ne virent pas tout d'abord ce qui faisait la justice de leur cause. Ils défendirent leur doctrine comme la vérité même, et les catholiques la combattirent comme l'erreur ; les uns en voulurent le triomphe et cherchèrent à l'imposer par la force, les autres la repoussèrent également par la force, parce qu'ils ne comprenaient pas que l'erreur pût être tolérée : il y eut des luttes ensanglantées, des guerres envenimées par une piété homicide. On ne distinguait pas alors les lois civiles des lois religieuses : on ne se figurait pas qu'un Etat, qui est chargé de faire observer les lois, ne dût pas avant tout faire observer les lois divines, et pût contenir dans son sein plusieurs religions diverses, hostiles les unes aux autres, ardentes à se combattre, mais se combattant paciquement, avec les seules armes de la parole. Les catholiques voulaient que l'Etat demeurât catholique, et ne permît pas aux protestants le libre exercice de leur culte ; les protestants voulaient que l'Etat se fît protestant, prêts également, s'ils l'eussent emporté, à ne pas permettre aux catholiques la pratique de leur foi : car il n'est pas vrai de dire que le parti catholique luttât pour la foi, le protestant pour la liberté de conscience ; mais ils luttaient chacun pour une foi, chacun pour la vérité, ou pour ce qu'il croyait être la vérité. Seulement, comme la contrainte est impuissante sur les âmes, comme nul des deux, chacun étant juge dans sa propre cause, n'avait autorité pour décider de la vérité, et comme en outre nul des deux ne fut assez fort ou assez habile pour écraser l'autre, pour avoir raison dans le silence de l'autre, pour faire la paix par la solitude, la lutte ne pouvant aboutir d'aucune autre façon, de guerre lasse, il en sortit d'abord cette tolérance réciproque, nécessaire entre gens qui ne parviennent pas à s'exterminer, laquelle devint plus tard le principe de la liberté de conscience. Ce principe qui fit le protestantisme ne fut donc pas celui qu'invoquèrent ses premiers auteurs : il fut le souffle ignoré qui le porta dans l'orage, qui le soutint au milieu des tempêtes.

Le ciel était couvert : un coup de tonnerre déchira la nue, et la foudre retentit de longues heures encore avant que pût luire aux regards le soleil de la liberté.

La liberté de conscience devint la liberté de penser, de parler, et d'écrire ; après quoi elle fut la liberté civile, puis la liberté politique, toute la liberté.

Ceux qui d'abord lancèrent cette flèche dans le monde voulurent l'arrêter : mais la flèche était partie. Ils furent étourdis de leur œuvre.

Ils nièrent, dans leur stupéfaction, les conséquences de leur principe : mais une logique plus haute que la leur, la logique inexorable de l'histoire, les tira pour eux.

Et à travers les agitations, du milieu des flots de sang et de larmes, du milieu des clameurs confuses de la vengeance et de la haine, un cri s'est fait entendre, plein de douceur et de force : Liberté, égalité, fraternité.

Une bannière s'est dressée sur le monde, la bannière de la France, qui porte trois couleurs, symbole de trois idées divines, triple expression d'un seul et même principe : Liberté, égalité, fraternité.

Ce cri est un cri de rappel au christianisme. Cette bannière est le drapeau chrétien.

Quel sera donc l'ordre nouveau ? Il aura pour

base la liberté. Car la Révolution, qui détruisit le passé, invoqua la liberté pour le détruire. Du jour où le protestantisme naquit, de cette révolte, source de toutes celles qui suivirent, date la destruction, que la Révolution française achève. Après quoi vient une autre phase du grand mouvement que commença Luther : non plus renverser, mais rebâtir. Bâtir un nouvel édifice, fondé sur la liberté.

La Révolution française, amenée par le cours des choses, longuement préparée, longuement attendue, paraît. A peine se montre-t-elle dans la salle des États-généraux, le passé tombe. Il n'était plus qu'une ruine encore debout : un souffle s'élève, et le voilà qui s'écroule. Les temps sont accomplis. L'œuvre de la Révolution, c'est de déblayer le sol couvert de décombres, et de bâtir. On bâtit une royauté constitutionnelle, puis une république. On essaie, par violence et par terreur, de contraindre les hommes à être frères : on veut cimenter la fraternité par le sang. Dès lors la Révolution n'avance plus, elle recule. Pourquoi? C'est qu'on ne rencontre pas du premier coup le bien : elle l'a cherché, et n'y a mêlé que trop de mal. C'est que le passé vit encore dans les passions égoïstes de ceux à qui le passé fut profitable : de là des résistances aveugles, sources d'horribles malheurs. C'est surtout que que l'on a commis cette étrange faute, de confondre avec le passé ce qui brilla dans le passé, mais qui ne lui appartient pas néanmoins, parce qu'il appartient à tous les âges : on ne songe qu'à la raison, à la liberté, au droit, et l'on ne se souvient plus de la foi, de l'autorité, du devoir. Juste et vraie dans le principe qu'elle invoque sans le comprendre, la Révolution se trompe dès qu'elle tente de l'appliquer : son erreur lui ôte sa force, elle s'arrête, et la réaction commence. Celle-ci marche par degrés à son tour. C'est le Directoire, le Consulat, l'Empire, qui prouve une fois de plus que l'extrême de la liberté, comme parle Tacite, enfante l'extrême du pouvoir, et l'anarchie le despotisme : l'Empire, qui satisfait à deux besoins du temps : au-dedans l'inévitable réaction, halte devenue nécessaire aux principes, déjà, mais en vain, proclamés, pour essayer de se réaliser et de s'asseoir dans les choses ; au dehors, l'expansion des nouvelles idées, jetées dans le monde par nos soldats, qui ne se doutaient pas de leur œuvre. Là fut la grandeur de l'Empire, bien plus que dans le nombre de ses merveilleuses victoires. Il tombe toutefois, après qu'il a rempli sa tâche ; et la Révolution recommence. On appelle ceci la Restauration, parce qu'on croit voir l'ancien ordre revivre : mais ce qui est mort ne ressuscite pas : la Restauration n'est autre chose qu'une royauté constitutionnelle avec le roi de légitime race, comme en 1791, sous Louis XVI. Qui voudrait, ou qui oserait, demander plus aujourd'hui ? tant la Révolution a fait de progrès parmi nous ! Elle reprend sa marche, du roi légitime, par le « roi-citoyen », jusque dans la République. Le « roi-citoyen » n'est qu'une descente douce et ménagée de la royauté à la république : on ne se précipite point de l'une à l'autre ; on y descend lentement et pas à pas.

Hélas ! la voilà qui s'élance, à travers les tempêtes, vers un avenir ignoré.... Qu'est-elle devenue ?

Elle a fait une nouvelle halte. Elle se recueille pour l'avenir. A l'orage fécond, le calme, plus fécond encore, a succédé. Elle ne travaille plus à la surface, mais dans les profondeurs. Elle ne s'agite plus : elle s'étudie, elle cherche à se comprendre. Cela vaut mieux. Elle a marché, poussée par un instinct plutôt que par une connaissance nette de ce qu'elle veut, ou de ce qu'elle doit vouloir ; et c'est pourquoi elle n'a pas abouti. Elle aboutira quand elle aura fait de l'instinct qui la pousse une pensée qui la guide, de sa passion une raison, quand elle aura vu clair en elle-même, quand elle aura compris les problèmes qu'elle-même a posés.

Quels sont donc ces problèmes ? Quelles sont les questions du temps ? Il y en a beaucoup. Trois surtout ont pris, dans les esprits qu'elles tourmentent, une importance telle, que chacune d'elles paraît être, l'une aux yeux des uns, l'autre aux yeux des autres, la grande question du siècle : la question religieuse, ou le problème de la raison ; la question économique, ou le problème du bien-être ; la question politique, ou le problème de la liberté.

Combien de problèmes encore, que j'omets, non parce qu'ils sont moins importants, mais parce qu'ils inquiètent moins les âmes ! Le problème de la famille, celui de l'éducation, celui des nations et des races, une foule de questions philosophiques, scientifiques, littéraires, propres à notre âge. Toutes, et les trois que j'ai mises en première ligne, se ramènent à une seule, celle de la liberté.

On parle souvent des principes de 1789. C'est le principe qu'il faudrait dire. Toute la Révolution est dans la Déclaration des droits de l'homme. Encore cela est-il mal dit : les droits de l'homme dérivent d'un droit fondamental. Aussi a-t-on pu la critiquer, la juger incomplète, insuffisante, fausse même en quelques détails, et, sur une pareille chicane, méconnaître la grandeur de l'acte qui inscrivait pour la première fois, solennellement, à la face du monde, en tête d'une Constitution, une déclaration de ce qui est dû à l'homme. Quant l'Assemblée constituante déclara que l'homme a droit, et que sur ce droit de l'homme repose l'ordre social, elle déclara que la société est faite pour l'homme, et non l'homme pour la société ; elle rompit avec le passé, qui avait subordonné à la société l'homme, et à la cité le citoyen : elle fit descendre dans la cité le christianisme, qui, ne voyant, au contraire du paganisme, que l'âme, c'est-à-dire l'individu, subordonne la société à l'homme, comme le moyen à la fin ; elle dit le principe de la justice éternelle, fondement de la nouvelle cité.

Tous les problèmes qui ont été agités de nos jours l'ont été au nom du droit : droit de la femme et de l'enfant dans la famille, droit du pauvre dans la commune patrie, droit de l'ouvrier dans la production de la richesse publique, droit du citoyen dans l'Etat, des fidèles dans l'Eglise, droit des églises dans l'Eglise universelle, droit des nations dans le genre humain... Que dirai-je encore ? Droit du sens propre en philosophie, de l'imagination en poésie, droit de la fantaisie et du caprice, droit de l'idéal et du rêve, tous les droits vrais ou faux, bien ou mal entendus, droit du paradis terrestre, droit du luxe, droit du plaisir, droit du bonheur !

Qu'est-ce donc que le droit ? Qu'est-ce que la liberté ? Comment peut être fondée la Cité libre, la Cité du droit ?

De toutes parts on accuse le socialisme. Beaucoup l'accusent avec raison, beaucoup aussi avec une prévention étroite, avec emportement, avec sottise. Il a bien des torts : il en a moins qu'on ne lui en prête. On affecte de méconnaître ce qu'il y a de légitime, qui est son inspiration, ou son aspiration. Le socialisme n'est autre chose que la solution du problème de la société fondée sur le droit : et ceux-là sont socialistes, qui la possèdent, ou qui la cherchent. Il est l'instinct d'un ordre nouveau, qui doit s'accomplir, et qui s'accomplira : là est sa force. Il est la prétention de réaliser le christianisme dans la morale humaine, dans le rapport de l'homme avec l'homme. Seulement il ignore ou ne sait pas comprendre le christianisme, ni ce qu'est l'ordre ; nul ne possède la solution du grand problème. La plupart de nos démocrates, arriérés qui se disent avancés, la tirent d'une doctrine matérialiste, dont ils poussent les conséquences funestes. Dieu nous préserve de leur triomphe ! Ils sentiront bien vite le vide et le creux de leurs doctrines ; mais il nous conduiront par une voie sans issue, pleines d'écueils, de périls, de stériles ou dangereuses violences.

Le problème social est bien loin d'être simple : et ceux qui le bornent à un problème économique, à une question de distribution des richesses, de répartition plus ou moins justement égalitaire de ces avantages, tout temporels, dont se compose ici-bas le bien-être, le réduisent à la mesure du rêve égoïste, envieux, étroit, de bien petites âmes, en vérité, — petites et d'autant plus nombreuses, orgueilleuses néanmoins, et que leur nombre même enivre du délire de leur propre grandeur, comme si la grandeur des masses était celle des âmes !

Il y a, certes, un problème économique, et il faut chercher, il faut trouver un plus juste partage des avantages de la vie humaine que celui-ci que la raison du plus fort, « toujours la meilleure », nous a fait. Il est donc légitime que nos esprits s'occupent de ce redoutable problème, un des plus graves que nous pose notre siècle ; mais il est mauvais que nos âmes s'y enferment, s'y murent dans l'enceinte d'un horizon tout terrestre, qui n'est, après tout, si loin qu'on puisse jamais parvenir à en étendre les étroites limites, que l'horizon d'une prison !

Il y a un problème de la propriété, mais il y a aussi un problème de la famille, un problème de l'éducation, un problème de la religion qui prime tout, qui domine tout. Nos dévots ne l'aperçoivent pas, et nos socialistes le nient ; c'est un des grands malentendus, c'est un des grands malheurs de notre âge.

Le droit est le seul fondement légitime de la société. La Révolution française, qui proclama cette grande vérité, loin de nier le christianisme, l'affirme dans l ordre social. Et ce devrait être l'œuvre de notre siècle, d'asseoir sur ce principe la Cité de l'avenir; je veux dire la vraie Cité chrétienne; je veux dire encore la Cité libre, la Cité de l'homme, qui est aussi la Cité de Dieu.

L'édifice de cette cité fut tenté et commencé par la Révolution française. Notre droit public date de 1789.

Avant cette grande époque, nous n'avions pas de constitution. La France était ce que les événements l'avaient faite : la conquête d'abord puis l'assujettissement de la noblesse à la royauté. La France avait longtemps été le multiple domaine de seigneurs, maîtres de leurs terres et de leurs peuples ; elle était devenue le domaine du roi, maître unique de la terre et de son peuple. Le roi était bien le maître. Il pouvait tout. Il avait toute autorité, législative, exécutive, judiciaire. Il régnait de droit divin. Au-dessous de lui, les seigneurs assujettis formaient encore un ordre à part : et les prêtres en formaient un autre : noblesse, clergé, tiers-état, trois états dans l'État, ayant chacun son droit propre, et comme trois peuples dans la nation divisée. La propriété était au roi ; la religion était celle du roi ; la famille dépendait de la religion, car il n'y avait de mariage civil que le mariage religieux, en sorte qu'il fallait être catholique pour se marier, pour avoir une famille. Mais du reste il fallait être catholique pour être en France : la liberté de conscience n'existait pas, ni celle de la presse, ni celle même du commerce, de l'industrie, du travail, ni la plus simple liberté d'aller et de venir : les ministres avaient les lettres de cachet, par lesquelles on arrêtait et l'on emprisonnait sans jugement, et ils en donnaient à leurs favoris, ils en faisaient des cadeaux. De liberté, point ; d'égalité, pas davantage : il fallait pour être officier à l'armée, plusieurs quartiers de noblesse : la noblesse ne payait pas d'impôts, on lui payait des redevances ; le clergé ne payait pas d'impôts, on lui payait des dîmes : les riches et les puissants du tiers-état obtenaient d'être exemptés de l'impôt ; le petit peuple le payait tout entier, que dis-je entier ? au double, au triple, car plus de la moitié s'arrêtait en route : il payait l'impôt de l'Etat, et il payait encore aux prêtres et aux seigneurs.

Les Etats-généraux convoqués en 1789 furent élus avec charge expresse d'accomplir, au nom de la nation, une réforme nécessaire. Ils se déclarèrent Assemblée nationale, et entreprirent l'œuvre hardie de conformer la société civile à la justice, de fonder le droit positif sur le droit naturel. Il fallut d'abord le reconnaître, le droit naturel, avec les droits qui en dérivent ; il fallut proclamer ces droits, principes de la constitution future. Ce fut la fameuse *Déclaration des droits de l'homme et du citoyen*.

Quels droits ? et quels principes, dits de 1789 ? La nation une et souveraine ; la liberté : l'égalité devant l'impôt, devant la loi ; tous les emplois également accessibles à tous, sans autre distinction que celle du mérite. Il y là des droits civils, consacrés par le Code civil, et qui depuis n'ont point cessé de nous régir, qui même ont passé de notre Code en ceux d'autres pays ; et il y a des droits politiques, qui ont eu diverses fortunes.

C'est le propre caractère et c'est la grandeur de la République Française, d'avoir donné pour base à l'institution sociale non un droit historique, résultant des temps et des lieux, droit d'une époque et d'un pays, mais le droit absolu, le droit naturel.

Y a-t-il donc un droit naturel ? Et qu'est-ce que le droit ? Il faut ici nous arrêter un moment.

*
* *

Le droit est la faculté d'exiger une chose due.

Faculté, et non pouvoir. Qui a le droit n'a pas toujours le pouvoir, et qui a le pouvoir n'a pas toujours le droit. Le pouvoir peut être conforme comme il peut être contraire au droit ; mais, conforme au droit, il n'est pas encore le droit, et, appliqué à exiger une chose due, il est la force en faveur de la justice, il n'est pas la justice. La force peut faire défaut à la justice, qui n'en sera pas moins la justice ; et le droit n'en sera pas moins le droit, pour qui n'a pas le pouvoir d'exiger la chose due.

Le droit est néanmoins un pouvoir, mais un pouvoir moral, une faculté ; la faculté de contraindre à la justice. Il n'est point la justice : il est la faculté de l'imposer à autrui, d'y soumettre, et, au besoin, d'y contraindre ceux qui nous doivent. On nous doit une somme, et on nous la paie, c'est la justice ; nous avons, soit qu'on nous la paie ou qu'on refuse de nous la payer, la faculté d'en exiger le paiement : c'est le droit. On nous doit obéissance, et l'on nous obéit : c'est la justice ; nous avons, qu'on nous obéisse ou non, la faculté d'exiger l'obéissance : c'est le droit. Il est juste que le soldat exécute l'ordre du capitaine, que le citoyen se conforme à la sentence du juge : le juge, le capitaine, peuvent y contraindre le citoyen, le soldat ; ils ont une faculté, disons une autorité, qui est un droit. Il est juste que nos semblables respectent nos biens, comme il est juste que nous respections les biens de nos semblables ; nous avons sur eux, en cette matière, une faculté de contrainte, qui est notre droit ; et ils ont sur nous, en pareille matière, une égale faculté de contrainte, qui est le leur.

Droit et devoir sont, dit-on, corrélatifs. Cela n'est pas exact. A tout droit correspond un devoir, mais à tout devoir ne correspond pas un droit. Si j'ai droit au respect de mes semblables, ce respect est un devoir de mes semblables ; si j'ai droit à l'obéissance de mes subordonnés, ils ont le devoir de m'obéir : toujours à un droit correspond un devoir. Mais, si j'ai le devoir de respecter les biens d'un pauvre homme, j'ai aussi le devoir de l'assister en sa misère ; et si le premier de ces devoirs correspond à un droit de cet homme, il n'en est pas ainsi de l'autre. Le premier résulte précisément du droit de cet homme, et voilà pourquoi il n'est point de droit sans un devoir corrélatif. L'autre est indépendant de tout droit ; il ne dérive d'aucun droit, il n'en crée aucun : il ne correspond à aucun droit, et la corrélation du devoir et du droit n'a rien de général. Elle n'existe que pour certains devoirs, qui dérivent de certains droits, et parce qu'ils en dérivent.

Et, en effet, les devoirs corrélatifs aux droits naissent de ces droits mêmes. Si le soldat a un devoir d'obéissance envers son capitaine, ce n'est point comme homme, en vertu de sa qualité d'être moral, de son devoir d'être libre fait pour le bien, mais comme soldat, en vertu d'un droit que son capitaine a sur lui. Si mes semblables me doivent le respect de mes biens, c'est en vertu de mon droit à ce respect ; et si je dois à mes semblables le respect de leurs biens, c'est en vertu de leur droit à ce respect. Si, débiteur, j'ai un devoir envers mon créancier, c'est en vertu du droit de mon créancier, et il ne faut pas dire : Il a un droit parce que je lui dois ; mais, au contraire, son droit crée mon devoir : en me prêtant, il s'est acquis un droit, qui est ma dette. Ainsi de tous les droits : ils créent certains devoirs, et dès lors ces devoirs leur sont corrélatifs.

Ces droits, qui créent des devoirs, sont déterminés dans la société, constitués par la législation ;

ils sont écrits dans les constitutions et dans les codes. L'ensemble de ces droits écrits est le droit politique ou le droit civil : politique ou civil, c'est le droit positif, par opposition au droit naturel.

C'est une question de savoir si, en dehors de toute société constituée, dans la société naturelle des hommes, il existe des droits ; s'il y a une autre justice que celle qui est déterminée par les lois, ou plutôt car, s'il n'y en pas d'autre, il y a plusieurs justices, et autant que de législations, que celles qui sont déterminées par les lois diverses des divers peuples de la terre ; si l'origine, si la racine de la justice est dans le législateur ou dans la nature. Si elle est dans le législateur, elle est dans la volonté du législateur, tout arbitraire, et créatrice du droit ; et il n'y a d'autre droit que le droit positif ; autant de droits positifs que de volontés formulées des législateurs. Si elle est dans la nature, il y a un droit naturel, unique, souverain, qui échappe à l'arbitraire volonté du législateur pour ne relever plus que de sa raison, et qui juge les codes, plus ou moins justes, suivant qu'ils sont plus ou moins conformes à ce droit absolu.

Y a-t-il d'autres devoirs que ceux qui dérivent des droits ? Beaucoup de gens, et plusieurs écoles philosophiques, n'en reconnaissent pas d'autres. Pour la plupart de ces gens, les droits sont déterminés par les lois ; et comme à leurs yeux il n'y a pas d'autres devoirs que de suivre leurs prescriptions, ils s'estiment honnêtes dès qu'ils n'ont rien à démêler avec les tribunaux de leur pays : impies, cupides, avares, durs, inhumains, libertins, n'importe : la justice légale n'a rien à leur dire, ils sont honnêtes. Ils sont honnêtes, dès qu'ils le sont légalement.

Les écoles qui fondent le devoir sur le droit, moins grossières, n'en arrivent pas moins à la même conséquence : sur quelle base fondent-elles le droit? Sur la volonté du législateur ? Non, elles sont fort au-dessus d'une telle bassesse. Elles admettent un droit naturel, impuissantes d'ailleurs, nous le verrons, à l'expliquer : elles reconnaissent donc un droit unique et souverain, absolu, et elles en tirent des droits, d'où elles dérivent des devoirs, les seuls devoirs de l'homme, à les entendre. Il n'est pour elles que des devoirs de justice. Mais la pitié, l'humanité, la charité, la tempérance, qu'en font-elles ? Plus de morale individuelle, plus de morale religieuse, une morale sociale incomplète elle-même : elle est fière cependant, leur morale, toute drapée dans la dignité de l'homme ; mais qu'elle est aisée et commode, et lâche au fond, dans sa superbe! La conscience humaine proteste contre cette morale si pauvre, courte et mutilée.

La prétendue corrélation du devoir et du droit, prise en un sens, produit cette erreur ; prise en un autre sens, elle produit une autre erreur. Il faut, pour que droit et devoir se correspondent, ou qu'il n'y ait pas d'autres devoirs que ceux qui dérivent des droits: c'est l'erreur précédente ; ou, s'il y a d'autres devoirs, qu'à tout devoir corresponde un droit, et c'est l'erreur de ceux qui prétendent imposer la morale, faire régner la vertu par la force, contraindre des hommes au bien, soumettre le monde à leur idéal ou à leur Dieu. C'est l'erreur des inquisiteurs et des jacobins, des Saint-Just comme des Torquemada. Nous ne pouvons la réfuter ici d'un seul mot. Elle est ancienne, et toujours très répandue ; elle se retrouve jusque dans la définition courante du droit naturel, que la plupart des théologiens, et beaucoup de philosophes même, confondent avec la morale naturelle : le droit naturel est pour eux l'ensemble des droits et des devoirs, des devoirs non moins que les droits, déterminés par la nature de l'homme : c'est le bien, — tout le bien, — le bien selon la raison. Qu'une législation civile, une législation religieuse, proscrive et prescrive, interdise et commande, voilà le droit positif ; les lois écrites d'un pays, les commandements d'une église, les commandements même de Dieu formulés en un code, appartiennent au droit positif ; les commandements de la raison, ou de la conscience morale, pris en eux-mêmes, en dehors de tout code, civil ou religieux, sont le droit naturel.

Même ainsi entendu, c'est une question de savoir si le droit naturel existe, je veux dire, s'il existe un bien selon la raison, ou si la législation seule, législation humaine, législation divine, le constitue.

Mais qu'à tout devoir corresponde ou non un droit, un point demeure ferme ; c'est que le droit est une faculté de contraindre. Nous l'avons défini : la faculté d'exiger une chose due. Telle est l'idée essentielle du droit : ce qui fait qu'il est droit, et non devoir, obligation, justice.

Il est justice en un sens, et d'après l'étymologie

du mot : le droit est le juste, non comme juste, mais comme exigible. Le droit est ce caractère du juste, ou d'un certain juste, d'être exigible : il est ce qui autorise la force à contraindre la justice.

Maintenant, y a-t-il un droit naturel ? Et de quoi y a-t-il droit ? Quelle est la chose due qu'on est fondé à exiger par la contrainte même, par la force ?

S'il n'y avait point de droit naturel, il n'y aurait point de droit positif ; il n'y aurait que des lois de fait, garanties par la force, mais sans justice aucune. Que le droit soit l'exigibilité du bien, ou qu'il ne soit que l'exigibilité du juste, il faut que cette exigibilité elle-même soit juste ; et d'où peut-elle tirer ce sacré caractère, si elle ne le possède par nature ? Le législateur édicte des commandements : il lui plaît de les édicter, nous plaira-t-il de nous y soumettre ? S'il est assez terrible pour nous contraindre à l'obéissance, nous lui obéirons, mais en esclaves, non de gré, mais de force, non d'une obéissance juste, mais d'une lâche servitude. Que si ces commandement sont justes, qu'en savons-nous ? Et s'il est juste de lui obéir, qu'en savons-nous encore ? Il déclare ses commandements justes : c'est lui qui les déclare tels. Il déclare qu'il est juste de lui obéir : c'est lui qui le déclare. Nous voilà bien avancés, et voilà une justice bien fondée !

Que le législateur soit un homme, ou qu'il soit Dieu lui-même, peu importe en ceci. Le vrai droit, à en croire tel théologien, n'est pas le droit naturel, pure chimère, mais ce droit positif qui résulte de la législation religieuse, c'est-à-dire de la législation divine ; il est ce que Dieu commande, ce que le prêtre commande au nom de Dieu. Ce que Dieu commande est-il juste? — Oui, c'est Dieu qui le dit. — Et Dieu doit-il être cru? — Oui, c'est Dieu qui le dit; et il est juste d'écouter Dieu, d'obéir à Dieu. — Qu'en savons-nous? — Dieu le dit. — Suffira-t-il, pour qu'on estime juste d'obéir à un être, à vous, à moi, à un génie bon ou mauvais, Dieu ou Satan, que cet être le dise? Dieu dit qu'il est juste d'obéir à Dieu: si ma raison ne le reconnaît pas, comment le saurai-je? Sans doute, je lui obéirai, parce qu'il est le plus fort. Je serai son esclave ou sa victime, non le fidèle observateur de ses commandements.

Mais je sais que je dois lui obéir, et qu'il ne commande que le juste. Je le sais, comment? Je le sais d'ailleurs? Je le sais par ma raison, dont la parole intime le déclare au-dedans de moi? C'est le droit naturel, cela, fondement de tout droit positif, même divin.

Il y a donc un droit naturel, et c'est le vrai droit, le droit absolu.

Mais de quoi y a-t-il droit? Que nous est-il dû pour quoi la morale, cette morale même qui nous défend la violence, nous autorise à employer la violence au besoin, à user de contrainte? Que nous est-il dû que nous soyons moralement fondés à exiger de gré ou de force?

Quelque chose, en effet, qui soit tel nous est dû. Non ce qui nous est dû en général : car il nous est dû ce que nous devons, et nous devons les bons offices; respect, assistance, amour. Non point, dis-je, ce qui nous est dû en général, mais ce qui nous est dû, ce qui est dû à chacun de nous, comme étant pour lui, être libre et raisonnable, responsable, capable de devoir, être moral obligé à des devoirs, la condition de son être moral : son libre arbitre.

Quelque tâche qu'il ait à remplir, il ne le peut que moyennant sa liberté, qui doit être respectée ; et il ne peut remplir certaines tâches que moyennant une autorité, qui doit être obéie.

Tel est donc le droit : le respect, passif ou actif, sous forme d'abstention et de laisser faire ou sous forme d'obéissance, dû à ce qu'exige l'accomplissement d'un devoir : d'abord donc (et ce sera le droit fondamental) le respect dû à ce qu'exige d'abord l'accomplissement de tout devoir, à la liberté et à ce qu'elle enveloppe, à l'inviolabilité de la personne humaine.

Je dois ce respect à autrui, je le dois à moi-même. Je dois en moi-même respecter l'agent moral que je suis : c'est mon devoir de le respecter chez moi comme chez les autres, et, quand je ne le respecte pas chez moi, je suis injuste envers moi comme je suis injuste envers les autres quand je ne le respecte pas chez eux. Cette obligation de le respecter chez moi-même est le principe de la morale dite *individuelle* ou *personnelle*. Comme je dois moi-même le respecter chez moi, je dois le faire respecter chez moi par les autres ; de là, mon droit sur eux, et leur devoir de justice envers moi ; et, comme ils doivent le respecter en eux, ils doivent me le faire respecter en eux : de là, leur droit sur moi, le même que mon droit sur eux ; de là, mon devoir de justice envers eux, le même que le leur envers moi.

Ainsi le droit, fondé sur un devoir, crée à son tour un devoir. C'est un devoir de respecter le droit.

Ce droit est la justice. On demande pourquoi il est exigible, tandis que les autres devoirs ne le sont pas : qu'y a-t-il dans la morale qui m'autorise à l'emploi de la force pour maintenir intacte la condition de mon devoir ? Je dois ce que je dois ; je le fais, si je peux ; si je ne peux, je ne suis pas tenu de le faire. *A l'impossible nul n'est tenu*, dit le proverbe. Et qu'importe que l'obstacle qui m'empêche de le faire soit l'injustice d'autrui ? Qu'y a-t-il dans ce fait qui me permette la contrainte, la violence, le recours à la force contre l'injustice ?

Il y a ceci, que le devoir ne m'est pas impossible, et que je ne cesse pas d'y être tenu, tant qu'il me reste un moyen de le faire, doux ou violent ; si le seul qui me reste est violent, tant pis pour qui ne m'en a pas laissé d'autre. Il ne m'est point permis de me croiser les bras, et de dire lâchement : on m'empêche : voyez, je ne peux. — Vous ne pouvez ? Vous devez, faites. Faites comme vous pouvez, ayez le courage de votre devoir. L'emploi de la violence est un mal, mais ce n'est pas vous qui le commettez, c'est l'injuste qui vous y oblige : obligation coupable, oui, sans doute, mais c'est lui le coupable. Il est écrit : Tu ne tueras pas. L'homicide est-il un crime lorsqu'il est une défense et qu'on n'a pu l'éviter ? quand il faut tuer pour se défendre ? L'agresseur est le meurtrier : meurtrier de lui-même par la main de celui qu'il attaque. L'homicide est toujours un crime : mais c'est l'agresseur qui est le criminel.

Il y a encore ceci, que faire respecter chez vous, comme respecter moi-même chez vous, la condition de vos devoirs est un devoir ; votre premier devoir, qui rend les autres possibles. Et c'est ce devoir qui fonde le droit.

Le droit n'est pas fondé, comme on le répète, sur le devoir, mais sur un devoir ; on pourrait dire sur le devoir du devoir.

*
* *

Il faut avouer que c'est chose grave, cependant, que l'emploi de la force. Ou nous ne l'avons pas, ou nous sommes tentés d'en abuser, d'être injustes, d'être oppresseurs.

Le droit se divise, et nous avons des droits, dits naturels, avec le droit fondamental de les faire prévaloir, de nous défendre contre l'injustice. Mais avons-nous les lumières pour les connaître, ces droits ? Avons-nous surtout l'impartialité ? Nous sommes juges dans notre propre cause, et nous jugeons en notre faveur. Je veux que nous ayons raison, notre cause est juste, à nous d'en assurer le triomphe : droit absolu, mais bien vain, tant qu'il n'aura pas l'appui de la force ! Que faire dans notre impuissance ? Nous aliénons notre droit naturel de nous faire justice nous-même entre les mains d'un pouvoir supérieur et neutre, qui aura pour nous les lumières que nous n'avons pas, l'impartialité que nous n'avons pas, la force que nous n'avons pas.

La société organisée pour garantir le respect naturel des droits est l'Etat.

Elle garantit ce respect par les lois, et au droit naturel succède le droit positif, le droit écrit, la législation civile.

Le pouvoir d'établir des lois est la souveraineté. Il appartient au peuple.

Un peuple est par lui-même et pour lui-même ; le pouvoir qui le gouverne est par le peuple et pour le peuple. Le gouvernement n'a de droit sur la nation que celui que la nation lui confère, ou lui reconnaît.

La souveraineté nationale, principe de notre droit public, est elle-même la conséquence du principe sur lequel se fonde tout droit public : une délégation du droit naturel qu'a tout homme d'exiger la justice. La loi est l'expression de la justice ; la force qui fait exécuter la loi maintient la justice. Etablir des lois n'es donc autre chose que reconnaître la justice et la faire prévaloir : il appartient à chacun, dans la société naturelle, de la reconnaître en ce qui le concerne et de la faire prévaloir : chacun, pour sa part, y établit la lo

L'impuissance des particuliers à y réussir amène l'institution d'une puissance commune, qui établit la loi pour tous, et précisément celle que tous établiraient s'ils en avaient la sagesse et la force ; la société naturelle fait place à la société civile. Celle-ci est la même que l'autre, mais organisée pour la justice. La société, dont les membres ont le droit d'exiger la justice, a elle-même, prise en corps, le droit de maintenir le respect mutuel des droits de tous ses membres ; et, prise en corps, elle en a le pouvoir, que ses membres n'ont pas séparément. C'est la souveraineté, nationale par essence ; et quiconque exerce un pouvoir public l'exerce au nom de la nation qui l'institue.

*

En quel autre nom l'exercera-t-il ? Au nom de Dieu ? « Toute puissance est de Dieu, » tout droit aussi. La souveraineté nationale, si elle est de droit, est de droit divin : et la puissance de ceux qui l'exercent au nom de la nation, si elle est juste, si elle est légitime, est de Dieu. Opposer le droit divin au droit national est un pur non-sens ; ils ne s'opposent pas, ils s'accordent.

A moins d'entendre par le droit divin le droit d'une Eglise divine ou prétendue telle. Un roi régnera au nom de Dieu, en vertu d'un sacre : un pouvoir public sera institué par les représentants de

Dieu. C'est la théocratie. Mais quels sont donc les représentants de Dieu ? Ceux qu'on croit l'être, tant qu'on le croit, pour leurs fidèles seuls ; et nul autre.

L'autorité religieuse n'est point de celles qui s'imposent. Il y a deux sortes de dominations : la domination par la force et la domination par l'ascendant. Celle-ci appartient à l'esprit ; elle est le légitime empire de l'excellence intellectuelle ou morale sur les âmes : empire sans violence, moins un empire qu'une persuation, un don gracieux du supérieur que l'inférieur accepte librement. L'autorité de l'esprit est une autorité de vérité, de clarté, de conviction ; elle ne vaut que pour ceux qui la reconnaissent, et ceux-là mêmes elle n'a pas le droit de les contraindre : elle n'est enfin une autorité que pour ceux qu'elle persuade, et dans la mesure où elle les persuade. Le chef d'une Eglise n'est donc rien que pour ceux qui croient, mais librement et sans contrainte, à l'Église dont il est le chef : et viennent-ils eux-mêmes à cesser de croire, il perd de plein droit tout empire sur eux. Quant à cette espèce de domination qui est la force, elle est d'un autre ordre, et elle ne peut être mise qu'au service du droit.

Le roi règnera par droit de conquête ? Mais qu'est-ce que le droit de conquête, sinon le droit de la force ? Et qu'est-ce que la force créant un droit ? La force peut servir le droit, mais elle peut servir l'injustice.

Le roi règnera par droit d'héritage ? Mais il faut un premier roi ; et d'où tire-t-il son titre ? Supposons-lui un titre légitime, la magistrature suprême qu'il exerce est-elle une propriété dont on hérite ? le pays est-il sa maison ? Un peuple est-il une chose qui puisse être approprié avec la terre qui le porte, comme un bétail avec un domaine qu'on achète ? Si ce n'est que le peuple même ait institué une royauté héréditaire : ce n'est plus alors le droit d'héritage comme tel, mais le droit national, le droit du peuple toujours maître de ses institutions.

On dérive la royauté de l'autorité paternelle. On dit que le père a une autorité naturelle sur ses enfants, sur la famille, dont l'extension croissante forme peu à peu la tribu, régie par le patriarche, par le roi. Il est vrai que le père a, par nature, un légitime pouvoir sur ses enfants, un droit à leur obéisssance, condition de leur éducation, dont il a l'obligation naturelle ; mais ses enfants mineurs : adultes, il ne relèvent plus que d'eux-mêmes. Le pouvoir naturel du père sur ses enfants ne saurait donc fonder l'autorité du patriarche sur la tribu, ni du roi sur le peuple.

Le droit, condition du devoir, et d'abord et avant tout la liberté. Tous les problèmes de notre siècle sont des problèmes de liberté. Le problème politique ; dans la liberté, dans le droit, dont il faut que la force, au besoin, garantisse le respect est l'origine, parce que là est le principe et la raison d'être, de la société civile, de la Cité, de l'Etat. Ce problème paraît bien près d'être résolu ; tous les autres, religieux, économique, domestique, pédagogique, esthétique même, toutes les questions qu'agite et qu'agitera longtemps encore notre âge, sont aussi des questions de liberté, sans rapport avec la question politique, et sans lien direct entre elles, si ce n'est cet élément commun, la liberté.

Beaucoup d'esprits ont le tort de mêler à la question politique la question sociale : confusion qui ne peut que compromettre ensemble, et l'un par l'autre, deux problèmes essentiellement distincts.

Non qu'il n'existe entre les deux aucun lien ; mais s'il en existe un, c'est un lien indirect, négatif. Je veux dire que telle solution de la question politique est la seule qui permette la solution de la question sociale ; mais elle la permet, elle la rend possible, elle la procure indirectement en lui préparant le terrain, elle ne l'impose ni ne la suppose ni ne la constitue.

Les problèmes de la propriété, de la famille, de l'éducation, de la religion, de l'art, et tant d'autres qui se rattachent à ceux-là, ne comportent aucune solution qui soit de nature à être imposée. Le problème complexe, social, très multiple, et qui, d'une ou d'autre façon, les embrasse tous, ne sera résolu que par des études libres, suivies de tentatives libres sur un libre terrain, où toutes les activités auront pleine et entière liberté de se déployer à leur aise ; le régime de la liberté est donc le seul qui rend possible la solution du problème social : C'est dans ce sens, non autrement, que la solution de ce problème est liée à celle du problème politique ; et c'est ainsi que la Révolution française, ne posant que le problème politique, où elle comprenait le problème civil, et dont elle faisait un problème de droit naturel, a éveillé tous les autres, a suscité mille questions diverses de toute natutre, mais toutes questions de liberté, questions de droit.

DU DROIT ENTRE PEUPLES

(*Novembre 1884*)

L'extension coloniale de pays tels que la France, l'Angleterre, soulève, comme toutes les grandes choses, de grands problèmes. L'intérêt, soit de politique, soit de commerce, la richesse, la puissance ou l'influence du pays colonisateur n'est point ce qui importe le plus, mais la justice, mais le droit. Nous du moins, nous Français, et c'est là notre plus haute comme notre plus pure gloire, nous avons souci de la justice, et nous estimons que *le droit prime la force*. Nous voulons la force, et il le faut bien : mais au service du droit. Nous nous glorifions de nos victoires, mais de victoires justes. Les victoires de la civilisation sur la barbarie sont-elles justes ? Où est la civilisation ? Où est la barbarie ? Et en quoi consiste, s'il existe, le droit du civilisé sur le barbare ?

I

Le droit est la liberté d'agir. Il n'est pas l'obligation d'agir, ou le devoir : il n'est pas la liberté de bien agir : il est la liberté d'agir, bien ou mal. La liberté, dis-je, avec tout ce qui en relève : en elle-même, dans la vie et l'intelligence qu'elle présuppose, dans son exercice, dans ses instruments, dans ses œuvres.

Bien loin que le devoir soit la mesure du droit, ou le droit celle du devoir, il peut se produire tel cas où devoir et droit soient contraires l'un à l'autre. Un riche créancier fond, la loi à la main, sur un débiteur malheureux, le dépouille, le ruine : il agit selon son droit, mais contre son devoir ; il est juste, il n'est pas humain. Un homme se tue, un autre l'en empêche, et, attentant à sa liberté, le sauve malgré lui : il agit selon son devoir, mais contre son droit ; il est humain, il n'est pas juste. Quoi ! N'ai-je pas le droit d'épargner à un misérable un suicide ? Non, si lui-même, dans la mesure du respect des droits d'autrui, est libre d'agir bien ou mal : il peut repousser le secours qui l'opprime, le salut qui le violente ; il est dans son droit, et son droit nie le mien : je le sauve à mes risques, mais je le sauve. Je n'en ai pas le droit, mais j'en ai le devoir. Un inquisiteur, travaillant à l'extermination des hérétiques, n'en avait pas le droit ; mais, au regard de sa conscience, et convaincu qu'il sauvait des âmes, il en avait le devoir. De même tels de nos intransigeants, fanatiques d'un autre ordre, oppresseurs par conscience et pour ce qu'ils croient être le bien, font leur devoir en violant le droit.

C'est un devoir, cependant, de respecter le droit. La justice est un devoir, comme l'humanité. Quand deux devoirs se heurtent, il faut sacrifier l'un, choisir l'autre : mais lequel ? Celui dont la violation amènerait plus de mal, ou un mal plus grave ; celui dont l'accomplissement ferait plus de bien, ou un bien supérieur.

Même sur le terrain du droit et de la justice, l'humanité a sa place. On m'attaque, je me défends : c'est justice. On attaque mon voisin, je le défends : c'est humanité : mais c'est encore justice. J'ai le droit de le défendre, comme de me défendre moi-même ; un peuple a le droit de défendre un peuple attaqué, de le délivrer de l'étranger qui l'opprime, de protéger des populations asservies par la barbarie qui les mange ou qui les vend.

II

Pour savoir ce qu'est le droit entre peuples, il ne suffit point de savoir ce qu'est le droit : il faut savoir ce qu'est un peuple.

Un peuple n'est-il qu'une société formée par la conquête, par des échanges ou des sessions de territoire avec leurs habitants, j'allais dire par des acquisitions, les unes violentes, les autres amiables, de domaines avec leurs troupeaux ? S'il en est ainsi, le peuple est au souverain qui l'a conquis ou acquis ; et il ne saurait être question de droit entre peuples, mais entre souverains. Les souverains se disputeront les peuples, et le plus fort ou le plus habile sera le maître : le succès fera le droit. La supériorité des armes du civilisé fera son droit sur le barbare.

Mais nous estimons qu'un peuple s'appartient à lui-même. Un peuple est lui-même son propre souverain.

Si c'est dans la nation que réside la souveraineté, on demande ce qui forme la nation. En fait, les nations se sont formées comme elles ont pu : tantôt, et sans doute à l'origine, l'extension de la famille, tantôt la violence, la ruse, rarement le droit, les a faites. En principe, c'est la volonté commune d'être un peuple. Un groupe d'hommes unis par leur volonté pour constituer une société civile, est un peuple.

Autant de sociétés organisées pour la protection du droit, autants d'Etats, autant de peuples. Si l'on considère une telle société comme une association libre, elle peut s'accroître ou décroître suivant que les membres qui en font partie s'en adjoignent de nouveaux ou la quittent : chacun de ces membres supporte les charges qu'elle lui impose, en retour des avantages qu'il y trouve. Pour punir de la plus terrible peine celui qui viole les lois d'un Etat, il suffirait que l'Etat lui retirât sa protection : car un homme que la société ne protègerait plus, rendu à son droit naturel de se défendre lui-même contre ses agresseurs, n'aurait aucun recours contre eux, il serait volé, tué, et le reste impunément. Que dis-je ? il ne pourrait se rendre chez un voisin pour le moindre échange nécessaire à la vie, il ne pourrait aller et venir, tout chemin lui serait clos : car les chemins ne lui appartiennent pas, mais à la communauté dont il s'est exclu.

L'association qui forme un peuple, organisée pour défendre contre tout violateur possible le droit de chacun de ses membres, a des gérants, ou des chefs, ou un chef suprême, un pouvoir enfin, qui émane d'elle, et responsable vis-à-vis d'elle de l'ordre social. Il est rare qu'un de ses membres la quitte ; où irait-il chercher la protection dont il a besoin et qu'il trouve en elle ? il ne la trouvera nulle part ailleurs sans les charges qui en sont la compensation et la condition : car, comme il est protégé contre les autres, les autres doivent l'être contre lui : de là ses charges, c'est-à-dire un ensemble de lois protectrices, mais, pour cela même, restrictives de sa liberté, auxquelles il faut qu'il se soumette, dans son intérêt confondu avec l'intérêt de tous.

C'est naturellement qu'on sort d'une société politique ou d'un Etat, comme on y entre aussi naturellement. La société naturelle est celle des membres d'une famille : à mesure que la famille augmente, la société compte un plus grand nombre de membres ; elle gagne de proche en proche, occupe les places vides, couvre des territoires, et croit jusqu'à ce que la rencontre d'une autre famille, ayant grandi comme elle, l'arrête en son expansion. Peu de familles s'aperçoivent à peine sur une terre déserte, et bientôt elles ont rempli la terre. Chacune de ces familles, devenues races, est une société différente des autres ; toutes ont ceci de commun, qu'elles se composent d'hommes, êtres libres, responsables, par conséquent, ayant des devoirs et des droits ; et chacune d'elles est, à sa manière, une société armée pour la protection du droit de chacun de ses membres.

Chacune d'elles forme donc un Etat, c'est tout ce qu'elle a de commun avec les autres ; mais chacune se distingue des autres, en ce qu'elle est une autre race. Un peuple, dans le véritable sens du mot, est d'abord une société, mais de plus une race. Voilà pourquoi les enfants d'un même peuple parlent une même langue ; voilà pourquoi ils offrent à qui les regarde du dehors même visage, mêmes habitudes, même esprit, mêmes mœurs ; voilà pourquoi ils se considèrent comme frères entre eux, s'aimant les uns les autres de cet amour tout pareil à un sentiment de famille, qui est le patriotisme. Dans l'intérieur de la famille, il arrive que des frères s'aiment peu ; des compatriotes pareillement, divisés d'intérêt, peuvent se haïr entre eux : ils se retrouvent frères en face de l'étranger, et ils meurent les uns pour les autres sur le champ de bataille, ils *meurent pour la patrie*.

Un peuple est donc à la fois un Etat et une race. Que si, par suite des vicissitudes humaines, quelques races, après s'être plus ou moins longtemps disputé un même sol, ont fini par s'y fondre ensemble, elles sont ensemble comme une race nouvelle, et elles forment encore une nation, une patrie, un peuple. Les Français, issus d'origines diverses, parlant diverses langues, forment un seul peuple : on le voit bien, quelles que soient d'ailleurs les dissensions qui les déchirent au dedans, on le voit quand ils ont l'étranger en face d'eux : les intérêts qui les divisent chez eux, les opinions, les factions, se taisent, et ils se dévouent d'un même élan, d'un même cœur, pour la commune patrie.

Ainsi, en principe et au point de vue du droit, les peuples se forment d'eux-mêmes : vastes associations, ou, pour mieux dire, familles immenses qui croissent et grandissent, non par le dehors, mais par le dedans, et qui peuvent néanmoins s'unir à d'autres familles, selon des affinités naturelles, selon qu'elles y trouvent leur avantage : c'est toujours selon leur libre choix, soit qu'elles aient choisi avec réflexion, ou spontanément. Un peuple est par lui-même, et pour lui-même : le pouvoir qui le gouverne est par le peuple et pour le peuple. Le gouvernement n'a de droit sur la nation que celui que la nation lui confère, ou lui reconnait.

Dans l'individu réside le droit, parce qu'il est la personne, l'être libre, l'être qui s'appartient à lui-même pour qu'il puisse disposer de lui comme l'exige l'accomplissement de son devoir. Le droit du peuple est celui même de l'individu, considéré sous ce point de vue qu'il est commun à tous les individus qui le composent, à tous ses membres ; il est mon droit selon que le mien est aussi celui d'autrui. Deux peuples sont entre eux, au point de vue du droit, comme deux individus qui les représenteraient ou les résumeraient en eux. Voulez-vous savoir quel doit être, pour être conforme à la justice, le rapport de l'Angleterre et de la Chine ? Voyez quel doit être celui d'un Anglais ou d'un Chinois, en supposant qu'ils veulent chacun selon la loi de leur pays : car un Chinois, par exemple, qui eût voulu acheter et manger de l'opium, quand la loi chinoise le lui défendait, l'eût voulu comme individu humain, mais non comme individu chinois.

C'est ainsi que j'entends ramener le rapport de deux peuples au rapport de deux individus. La différence en est que la volonté de chacun d'eux est connue par la loi de son pays ; sauf ce point, le rapport est le même : il est la liberté ou l'indépendance réciproque de chacun. L'un peut agir sur l'autre, mais sans contrainte ; l'un peut aider l'autre, mais dans la mesure où l'autre veut bien être aidé, où le mouvement de l'un n'entrave pas l'autonomie de l'autre. Si la loi d'un peuple est mauvaise, vous devez la considérer comme la volonté d'un individu qui se trompe ou qui pêche ; mais dès qu'il respecte votre propre liberté, vous ne pouvez attenter à la sienne, ni le contraindre à vouloir le bien. Vous pourrez l'y amener peu à peu, non violemment : par la douceur et par l'amour, non par la force ni la guerre.

La morale internationale, ainsi réduite à la morale individuelle, est simplifiée d'autant. Est-elle exacte ? Est-elle absolue ? Un peuple peut-il, par exemple, s'isoler, se soustraire à toute influence du dehors, comme un sauvage, comme un misanthrope ferme sa porte, et se clôt dans sa maison ou dans son domaine ? Oui. Il est chez lui. Les propriétés de ses particuliers sont à eux : qui donc aura le droit d'y pénétrer malgré eux ? Mais ses chemins, ses ports, sont à la communauté qui les a construits : la communauté, représentée par son gouvernement, a le droit du propriétaire sur un territoire qui lui appartient en propre.

— Je vous apporte mes produits, dit l'Anglais. — J'ai assez des miens, dit le Chinois ; et je ne veux pas de votre opium. Gardez votre poison. — Et l'Anglais le force, par la guerre, à s'empoisonner pour l'enrichir. Guerre abominable, où ont leur part de complicité morale tous ceux qui lui doivent quelque chose de leur orgueilleuse fortune !

— Je vous apporte la vérité, dit l'Européen. — Je la possède, dit le Chinois. Et il refuse d'entendre l'Européen, qui refuse de s'éloigner. Le Chinois le chasse alors de sa maison, où il ne demande qu'à vivre en repos ; et si l'Européen résiste, le Chinois se défend de lui comme d'un malfaiteur, jusqu'à le tuer. Il est dans son droit.

Est-ce à dire qu'il ne vous soit pas permis, ô missionnaire, de le sauver de l'erreur et de le conduire au ciel ? Il vous est permis, certes ; et vous faites bien de le tenter. Mais respectez son foyer. Ne forcez pas la porte de sa maison. S'il ne veut pas vous entendre, retirez-vous : il est dans son droit ; puis revenez, et essayez de nouveau. Refuse-t-il encore, retirez-vous encore ; puis revenez encore, et essayez de nouveau. N'est-ce pas ainsi que vous agiriez avec un particulier ? Peut-être, touché de votre patience, finira-t-il par vous recevoir, et le convertirez-vous. J'ai dit peut-être ? Cela sera, n'en doutez pas. Que si le zèle vous emporte, allez, restez chez lui malgré lui ; contraignez-le, par la sainte violence de votre présence forcée, à vous entendre, et sachez souffrir, sachez mourir ! Votre mort sera un châtiment, car vous aurez violé son droit ; mais elle sera aussi le sublime témoignage d'un amour qui se dévoue, car vous ne l'aurez outragé que pour le sauver. Vous aurez fait fléchir un devoir moindre à un devoir supérieur. Vous serez blâmé par une étroite justice ; mais vous serez absous par une justice plus large et plus haute, qui, en vous punissant, vous couronnera. Vous ne serez pas vengé, mais vous serez admiré. Et vous serez récompensé par la conversion de celui pour qui vous serez mort.

Nous appliquons ici ce qui a été dit, qu'un devoir peut être supérieur au devoir de respecter le droit : de même que, dans un grand nombre de cas, une action conforme au droit est contraire au devoir, de même, dans certains cas, c'est l'action contraire au droit qui est conforme au devoir. J'entre pour combattre le feu dans une maison qui brûle, quoiqu'elle ne m'appartienne pas. Si je n'en ai pas le droit, je le prends au nom d'un devoir supérieur.

III

Un peuple ne peut faire la guerre à un autre pour lui imposer ses idées, sa croyance, ni sa politique, ni ses produits, ni, en un mot, sa domination.

L'intervention d'un peuple dans les affaires d'un autre n'est jamais permise.

Un peuple ne peut pas se soumettre volontairement à un autre. Mais deux ou plusieurs peuples peuvent s'unir ensemble, sur le pied d'égalité, pour se fondre en un seul.

Un peuple n'est obligé par les traités qu'il a souscrits que s'il les a souscrits librement, et pour des choses justes et licites.

Un peuple conquis est assujetti par force, non par devoir ; il n'est pas obligé de se soumettre il y est contraint. Ce ne sont pas les années qui peuvent établir une prescription en faveur du conquérant : c'est le bon vouloir du peuple conquis, s'il accepte de ne faire plus qu'un avec l'autre, confondu avec l'autre dans les mêmes lois et dans les mêmes droits.

Un Etat qui applique ces principes répudie tout esprit de conquête, sans reculer devant une guerre que l'agression eût rendue nécessaire, que l'injustice eût rendue juste. Il n'attaque pas les peuples, ni leurs gouvernements : il défend contre eux le peuple qu'il a pour devoir de protéger.

Il y a donc, hélas ! de justes guerres : ce sont les guerres défensives : soit qu'elles repoussent l'invasion, soit que, portant les armes sur le territoire ennemi, elles aillent punir l'injustice, châtier l'injure, renverser l'obstacle à l'exercice d'un droit.

Avons-nous le droit de secourir un peuple opprimé ? De nous mettre en guerre avec un oppresseur qui ne nous attaque point ? Oui, sans doute, comme nous avons le droit de délivrer une victime, de repousser un voleur ou un assassin qui s'attaque à un autre que nous. La légitime défense n'est pas uniquement notre propre défense, mais encore celle d'autrui.

La protection d'un peuple par un autre est donc de plein droit, si elle est consentie des deux parts, demandée ou acceptée par l'un, donnée, mais non pas imposée, par l'autre. La guerre avec un troisième peuple qui la contesterait au protecteur est légitime.

IV

La protection est consentie, la domination, non. Si donc la protection est légitime, la domination ne l'est pas.

Quoi ! le civilisé ne dominera pas le barbare ?

Il faut s'entendre. Qu'est-ce que le civilisé ? Qu'est-ce que le barbare ? Le rapport de l'un à l'autre est-il celui du supérieur à inférieur ? Et y a t-il un droit du supérieur sur l'inférieur ? Lequel ? Qui en sera juge ? Sera-ce le droit de l'Allemand sur le Français, ou du Français sur l'Allemand ? Est-il bien certain que l'Européen soit le civilisé et le Chinois le barbare ? Les Chinois pensent le contraire.

C'est que civilisation et barbarie ne sont pas différents degrés d'une même chose : la civilisation est une chose, la barbarie en est une autre. Un peuple civilisé l'est plus ou moins. Ce qui constitue le barbare, ce n'est point d'être moins civilisé, c'est de ne pas l'être.

Le barbare n'est pas un homme inférieur : il n'est pas homme à vrai dire. Il ne l'est pas encore ou ne l'est plus.

Homme imparfait ou homme déchu, qu'il n'ait pu s'élever à l'humanité ou qu'il en soit tombé, intermédiaire entre l'homme et l'animal, le barbare, pour être au-dessous de l'homme, n'est pas hors du droit humain ; mais il n'a droit qu'autant qu'il est inoffensif. Et s'il était inoffensif, serait-il barbare ? Brigands et forbans, ravisseurs, pirates, les barbares vivent de rapine ; ils pillent, ils tuent, ils vendent l'homme, ils le mangent. Ont-ils un droit à faire valoir, ces êtres étrangers à toute idée de droit ? Il faut protéger l'humanité contre eux : il faut les protéger eux-mêmes contre eux-mêmes.

Quand nous venons détruire, en Algérie, un nid de pirates, nous ne venons pas opprimer des pirates, mais délivrer l'humanité de leur oppression.

Quand nous remplaçons la domination des Turcs par la nôtre au lieu de rendre à eux-mêmes les indigènes de l'Algérie, c'est que les rendre à eux-mêmes serait les rendre à leur anarchie, au pillage de leurs tribus les unes par les autres, à l'oppression des faibles par les forts : non à leur droit, mais à la négation de tout droit, au règne de la force brutale.

Mais le civilisé, s'il n'a pas à respecter dans le barbare la barbarie, doit respecter en lui l'homme futur, l'homme virtuel ; s'il a le droit d'agir avec lui d'autorité, il a le devoir de ne le faire que pour le bien. Qu'il remplace un ramas d'hommes où ne règne que la force par une société d'hommes où règne la justice : mais ces hommes, si peu qu'ils soient capables de justice, qu'il ne les détruise pas ; qu'il ne les sacrifie pas, victimes de son égoïsme industriel, aux intérêts de son commerce, de sa richesse, de sa puissance : qu'il en soit vraiment le civilisateur, et non l'exploiteur. Substituer à la rapine l'exploitation, à la domination du plus fort celle du plus habile, n'est point substituer la civilisation à la barbarie, mais à la servitude la servitude, à l'injustice l'injustice, et à la barbarie sauvage la barbarie savante. La civilisation n'est pas d'ordre scientifique, mais d'ordre moral.

LE PREMIER CONGRÈS DE L'INTERNATIONALE

NOVEMBRE 1886.

(*Revue Contemporaine*).

Un point noir paraît à l'horizon. Un danger nous menace. Vient-il du nord ? vient-il de l'ouest ? vient-il des steppes de la Sibérie ? des plaines de Farewest ? vient-il de la Prusse ou d'une coalition de la Russie et des Etats-Unis d'Amérique ligués contre la vieille Europe ? Non c'est au cœur de l'Europe, c'est aux portes de la France que le point noir a paru. Ce n'est qu'un point, et ce sera bientôt un orage prêt à fondre en ouragan sur notre globe ? Qu'est-ce donc ? Presque rien. Il s'est tenu à Genève un congrès d'ouvriers.

En 1789, des hommes d'origine différente, venus des diverses parties du royaume de France à Versailles pour y représenter les uns le clergé, d'autres la noblesse, d'autres plus humbles, le tiers Etat, s'y réunirent par ordres distincts, conformément à la constitution, dans une salle que le roi, qui les avait convoqués, avait fait disposer pour eux : ce furent les Etats-généraux. C'était là un fait rare sous l'ancienne monarchie ; ce n'était pas un fait extraordinaire Ils n'étaient pas les premiers qu'elle eût convoqués : d'autres les avaient précédés, d'autres pouvaient les suivre. — Mais, peu de jours après, la salle de leurs délibérations fut fermée, et leur séance ajournée : ils durent se retirer devant une volonté ou un caprice du roi. Les députés du clergé, ceux de la noblesse, cédèrent. Ceux du tiers-État allèrent délibérer ailleurs. Ils se réunirent dans une salle qui ne leur était pas destinée, non plus par l'autorité du roi et conformément à la constitution, mais en dehors de la constitution, et par l'autorité de ceux qui les avaient envoyés : ils se déclarèrent les mandataires de la nation, considérant le tiers-État comme la nation même, et, à ce titre, ils absorbèrent dans leur sein les députés des deux autres ordres : ce ne furent plus les États-généraux, ce fut l'Assemblée nationale. C'est une révolte ! s'écria Louis XVI. On lui répondit : C'est une révolution. — Une Assemblée se réunissant, non pas contrairement aux pouvoirs constitués, mais en dehors de ces pouvoirs, tirant toute son autorité, non du roi ou de la loi, mais d'un mandat, ne parlant qu'au nom de ceux qui l'ont élue et qu'elle représente, dans cet acte, dont plusieurs peut-être n'aperçurent pas d'abord les conséquences, commence la Révolution Française. Ce fait a changé le monde.

Le 3 septembre 1876, une assemblée s'est réunie à Genève, non pas contrairement aux pouvoirs constitués, mais en dehors de ces pouvoirs, sans violence d'ailleurs, sans lutte ni conflit d'aucune sorte, par le simple usage du droit commun, dans une ville libre : une assemblée d'ouvriers délégués d'autres ouvriers, et venant parler en leur nom, n'ayant d'autorité que la mission qui leur avait été confiée d'exprimer des vœux, des résultats d'études, des réponses aux questions de toute nature que soulève le redoutable problème du travail. Les ouvriers représentés dans cette assemblée tenue à Genève n'étaient pas seulement des ouvriers de Genève ou de la Suisse, mais de plusieurs pays de l'Europe : c'était un congrès d'ouvriers. Pendant que les souverains désireux de résoudre sans guerre, s'il était possible, les questions politiques qui agitent l'Europe, songeaient à former un congrès, et n'y parvenaient pas, les ouvriers rêvaient d'en former un destiné à résoudre aussi les questions économiques, plus graves encore que les questions politiques, et qui les touchent par tant de points ; et ils y sont parvenus. Nul n'en parlait, nul n'y pensait ailleurs que chez eux ; nos oreilles n'étaient remplies que du bruit de la politique, bientôt accru du retentissement de la guerre : nous apprenons tout d'un coup que les ouvriers viennent de tenir leur premier congrès. Le premier : il y en aura d'autres. Il n'est que le premier d'une série qui se propose d'être longue. Ce fait, qu'on semble apercevoir à peine, que dédaigne la presse, qui le relègue en général dans une place secondaire, tandis que trois ou quatre journaux le regardent comme un événement de grande conséquence, est-il un fait sans intérêt et de peu de valeur ? Est-il un événement ? est-il même un avènement ? est-il, comme on l'a dit, le commencement d'une nouvelle révolution, ou d'une nouvelle phase de la Révolution française ?

Nous raconterons d'abord l'histoire de ce congrès : nous examinerons les propositions qui s'y sont produites, ainsi que l'esprit qu'elles manifestent, à divers points de vue ; et nous serons conduit par cette étude même à conclure si ce n'est là qu'un fait, ou si c'est un événement.

I

Le 3 septembre 1866, à neuf heures du matin, on vit à Genève un spectacle nouveau : deux mille hommes traversèrent la ville, musique en tête, drapeaux déployés, pour se rendre dans la grande salle d'une brasserie. C'était le cortège qui accompagnait solennellement au lieu de leurs délibérations les délégués de l'*Association internationale des travailleurs*.

Qu'est-ce que cette Association, qui a des assises, qui tient ses congrès, qui délibère publiquement ? A peine jusqu'alors en avait-on ouï parler. Il semble que son existence éclate tout d'un coup. Où est-elle ? d'où vient-elle ? que veut-elle ? quelle est son origine ? quel est son but ?

Elle a son siège à Londres, et ses membres sont répandus en Angleterre, en France, en Allemagne, en Italie, en Suisse, partout. Elle n'a pas deux ans d'existence, et elle compte aujourd'hui plus de cent mille membres. Elle a pour but d'accomplir ce qu'on appelle en un certain monde la révolution sociale, c'est-à-dire la révolution économique au profit du travail, mais par les travailleurs eux-mêmes, par l'étude, par la science, pacifiquement, sans recours au pouvoir ni usurpation du pouvoir, sans dictature ; elle veut que l'émancipation des travailleurs soit l'œuvre des travailleurs. Tel est son langage, tel est le principe qui la dirige en sa conduite.

Et comme les travailleurs de tous les pays ont des intérêts solidaires, elle tend à les unir tous ensemble dans une commune pensée, dans une commune action.

Voilà ce qu'elle est, et ce qu'elle veut. Elle vient d'un besoin ; elle est née d'un sentiment, qui explique sa rapide croissance. Elle a une origine toute simple : l'exposition universelle de Londres établit entre les ouvriers anglais et les ouvriers français un rapprochement naturel, duquel résulte une entente. Les uns et les autres se plaignirent que les patrons usaient également, en Angleterre comme en France, du même prétexte pour abaisser leurs salaires : c'est la nécessité de soutenir la concurrence de la France, disaient les patrons anglais ; et les français disaient : c'est la nécessité de soutenir la concurrence de l'Angleterre. Les ouvriers des deux pays, quand ils se virent, se dirent tout naturellement qu'ils n'avaient qu'à s'entendre pour que les patrons de l'un ne pussent pas, grâce à une main-d'œuvre moins chère, faire à ceux de l'autre une concurrence qui les forçât d'abaisser leurs prix. A cet avantage d'une entente commune, ils en ajoutèrent mille autres qu'ils aperçurent aussitôt, et dès lors l'idée de l'Association internationale des travailleurs fut conçue. Elle trouva, dans la liberté telle qu'elle existe en Angleterre, le moyen d'une réalisation qui fut prompte. Dans un grand meeting tenu à Saint-Martin's Hall, à Londres, le 28 septembre 1864, on décida qu'une *Association internationale des travailleurs* était fondée ; que ses membres, une fois par an, se réuniraient en congrès, pour discuter les questions sociales internationales, et que le congrès de 1865, appelé à la constituer d'une manière définitive aurait lieu à Bruxelles. Un comité central provisoire, qui devait siéger à Londres, rédigea un programme et un règlement également provisoire, dont voici la teneur :

« Considérant que l'émancipation des travailleurs doit être l'œuvre des travailleurs eux-mêmes ; que les efforts des travailleurs pour conquérir leur émancipation ne doivent pas tendre à constituer de nouveaux privilèges, mais à établir pour tous les mêmes droits et les mêmes devoirs ;

« Que l'assujettissement du travailleur au capital est la source de toute servitude : politique, morale, matérielle ;

« Que, pour cette raison, l'émancipation économique des travailleurs est le grand but auquel doit être subordonné tout mouvement politique ;

« Que tous les efforts faits jusqu'ici ont échoué, faute de solidarité entre les ouvriers des diverses professions dans chaque pays, et d'une union fraternelle entre les travailleurs des diverses contrées ;

« Que l'émancipation des travailleurs n'est pas un problème simplement local ou national, qu'au contraire ce problème intéresse toutes les nations civilisées, sa solution étant nécessairement subordonnée à leur concours théorique et pratique ;

« Que le mouvement qui s'accomplit parmi les ouvriers des pays les plus industrieux de l'Europe, en faisant naître de nouvelles espérances, donne un solennel avertissement de ne pas retomber dans les vieilles erreurs et conseille de combiner tous ces efforts encore isolés ;

« Par ces raisons, les soussignés, membres du Conseil élu par l'Assemblée tenue le 28 septembre 1864, à Saint Martin's Hall, à Londres, ont pris les mesures nécessaires pour fonder l'*Association internationale des travailleurs*.

« Ils déclarent que cette association internationale, ainsi que toutes les sociétés ou individus y adhérant, reconnaîtront comme devant être la base de leur conduite envers tous les hommes : la *Vérité*, la *Justice*, la *Morale*, sans distinction de couleur, de croyance ou de nationalité.

« Ils considèrent comme un devoir de réclamer, non seulement pour eux, les droits d'homme et de citoyen, mais encore pour quiconque accomplit ses devoirs. Pas de droits sans devoirs, pas de devoirs sans droits.

« C'est dans cet esprit qu'ils ont rédigé le règlement provisoire de l'*Association internationale*.

« Art. 1er. — Une association est établie pour procurer un point central de communication et de coopération entre les ouvriers des différents pays aspirant au même but, savoir : le concours mutuel, le progrès et le complet affranchissement de la classe ouvrière.

« Art. 2. — Le nom de cette association sera : *Association internationale des travailleurs*.

« Art. 3. — En 1865, aura lieu en Belgique, la

réunion d'un congrès général. Ce congrès devra faire connaitre à l'Europe les communes aspirations des ouvriers ; arrêter le règlement définitif de l'Association internationale ; examiner les meilleurs moyens pour assurer le succès de son travail et élire le Conseil général de l'Association. Le congrès se réunira une fois l'an.

« Art. 4. — Le Conseil général siégera à Londres et se composera d'ouvriers représentant les différentes nations faisant partie de l'Association internationale. Il prendra dans son sein, selon les besoins de l'Association, les membres du bureau, tels que président, secrétaire général, trésorier, et secrétaires particuliers pour les différents pays.

« Art. 5. — A chaque congrès annuel, le Conseil général fera un rapport public des travaux de l'année. En cas d'urgence, il pourra convoquer le congrès.

« Art. 6. — Le Conseil général établira des relations avec les différentes associations d'ouvriers, de telle sorte que les ouvriers de chaque pays soient constamment au courant des mouvements de leur classe dans les autres pays ; — qu'une enquête sur l'état social soit faite simultanément et dans un même esprit ; — que les questions proposées par une société, et dont la discussion est d'un intérêt général, soient examinées par toutes, et que, lorsqu'une idée pratique ou une difficulté internationale réclameront l'action de l'Association, celle-ci puisse agir d'une manière uniforme. — Lorsque cela lui semblera nécessaire, le Conseil général prendra l'initiative des propositions à soumettre aux sociétés locales ou nationales.

« Art. 7. — Puisque le succès du mouvement ouvrier ne peut être assuré dans chaque pays que par la force résultant de l'union et de l'association ; — que, d'autre part, l'utilité du Conseil général dépend de ses rapports avec les sociétés ouvrières, soit nationales soit locales, les membres de l'Association internationale doivent faire tous leurs efforts, chacun dans son pays, pour réunir dans une Association nationale les diverses sociétés d'ouvriers existantes, ainsi que pour créer un organe spécial. Il est bien entendu toutefois que l'application de cet article est subordonné aux lois particulières qui régissent chaque nation. Mais, sauf les obstacles légaux, aucune société locale n'est dispensée de correspondre directement avec le Conseil général à Londres.

« Art. 8. — Jusqu'à la première réunion du congrès ouvrier, le Conseil élu en septembre agira comme Conseil général provisoire. Il essaiera de mettre en communication les sociétés ouvrières de tous pays. Il groupera les membres du Royaume-Uni. Il prendra les mesures provisoires pour la convocation du congrès général. Il discutera avec les sociétés locales ou nationales les questions qui devront être posées devant le congrès.

« Art. 9. — Chaque membre de l'Association internationale, en changeant de pays, recevra l'appui fraternel des membres de l'Association.

« Art. 10. — Quoique unies par un lien fraternel

de solidarité et de coopération, les sociétés ouvrières n'en continueront pas moins d'exister sur les bases qui leur sont particulières. »

Trois ouvriers anglais, Odger, président, Cremer, secrétaire général, et Wheeler, trésorier, signèrent pour le Conseil général de l'*Association internationale des travailleurs*.

L'importance de ce document est visible. Il convenait de le citer en entier. Nous sommes en présence d'un esprit que nous ne pouvons juger équitablement qu'autant qu'il s'exprime lui-même, et sur pièces authentiques.

Le 28 septembre 1865, l'Association eut à célébrer son premier anniversaire : plus de deux mille personnes assistèrent à une brillante fête de nuit que le Conseil central, siégeant à Londres, avait organisée dans la salle de Saint-Martin's Hall, Long-Acre. On était en Angleterre : le thé ne fut pas oublié, ni l'éloquence. Il y eut des discours avant le bal. Mais c'est qu'il y eut dès lors, pour les prononcer, des représentants d'administrations locales étrangères : Italie, Belgique, Suisse française et allemande, Prusse Rhénane, Allemagne, France, presque toute l'Europe occidentale, y figura et y parla. Déjà, des milliers d'ouvriers avaient adhéré aux statuts de l'Association ; déjà, la France avait des correspondants en communication directe avec le Conseil central, dans les villes de Paris, Lyon, Marseille, Rouen, Caen, Nantes, Lisieux, Elbeuf, Neufchâteau, etc. ; déjà des groupes considérables s'étaient formés en Allemagne, en Suisse, en Italie, en Danemark, en Belgique, et des mesures avaient été prises pour établir des correspondants à New-York et Nash-Ville (États-Unis), à Rio-Janeiro (Brésil), en Egypte, en Espagne, aux Colonies françaises comme en France même. Ce grand mouvement a été croissant jusqu'à ce jour.

Il ne faut pas croire que les difficultés aient manqué. Elles ne manquent jamais à une entreprise humaine. Celle-ci touchait ou menaçait trop d'intérêts, agitait des idées trop redoutées, remuait dans les cœurs trop de craintes, ou même trop d'espérances, pour n'être pas en butte à une foule d'obstacles. Des passions politiques voulurent l'exploiter : on devait s'y attendre. Des gouvernements craignirent et surveillèrent. Cette attitude d'une société d'ouvriers posant et cherchant à résoudre la question sociale hors du terrain où se débattent les partis politiques, ne fut pas comprise. Les membres français de l'Association, suspects au pouvoir, ne le furent pas moins aux ennemis du pouvoir, qui les traitèrent de *bonapartistes*, *d'endormeurs*. Il leur fallut user de prudence. Ils ne pouvaient former une Association nationale générale, moins encore établir à Paris le siège et le centre de la grande Association des Travailleurs ; ils se contentèrent de se grouper en sections particulières, parisienne, lyonnaise, etc., chacune correspondant directement avec Londres. Ceux de Lyon obtinrent l'autorisation de se réunir afin d'élire leurs délégués pour le congrès ; ceux de Paris ne la demandèrent même pas : les diverses classes, par petits groupes, élirent chacune un électeur, et le collège électoral ainsi formé élut les délégués : la représentation de la section parisienne émana d'un suffrage à deux degrés. Quant à l'étude et à la discussion des questions dont la solution devait être produite au congrès, on y pourvut par de petites assemblées d'une vingtaine de personnes, qui ne se dérobèrent pas à l'œil de la police, et que la loi respecta, puisqu'on respecta la loi : on s'efforça de ne jamais être plus de vingt.

La fête de nuit du 28 septembre 1865 célébra joyeusement l'anniversaire de la fondation de l'Association internationale des travailleurs : il restait à convoquer le congrès. On avait désigné Bruxelles ; mais, en présence de la loi sur les étrangers, il fut décidé qu'on se réunirait à Genève, aussitôt que le temps permettrait aux pauvres gens des communications moins dangereuses avec cette ville, c'est-à-dire à la fin de l'hiver, mais non pas plus tard que le mois de mai. Cette époque fut irrévocablement fixée. Le congrès n'avait été que trop retardé, il ne devait pas l'être davantage. Il le fut jusqu'en septembre.

Il s'assemble enfin. Les délégués, accompagnés d'un cortège de travailleurs qui marchent confondus avec eux, passent au milieu de la foule : leur drapeau les précède, avec le drapeau fédéral. Ils traversent Genève, pour se rendre du bastion Bourgeois, d'où ils descendent, à la Terrassière ; ils entrent dans la grande salle de la brasserie Treiber. Les sociétés ouvrières genevoises se sont jointes à leur cortège ;

elles ont aussi des drapeaux, qui décorent les murs de la salle. Ils entrent tous ensemble ; des chants allemands les accueillent et leur font fête. On procède ensuite à la réception des délégués.

Ceux-ci, au nombre d'environ soixante, occupent une place réservée. La section de Lyon en a envoyé dix, celle de Paris onze, il en est venu sept de Londres. Il n'y en a point d'Allemagne. On en attendait d'Italie, ils ne vinrent pas. On lut une lettre du secrétaire de la section de Milan, déplorant cette conséquence, ajoutée à tant d'autres, des misères que la guerre entraine à sa suite : la situation difficile dans laquelle se trouvaient les ouvriers italiens ne leur avait pas permis de se produire au Congrès ; ils ne pouvaient que fraterniser par cette lettre avec les autres, plus heureux. Ils déclaraient en outre que, partout, les sociétés ouvrières n'avaient qu'un vœu : entente réciproque, union sans abdication de leur propre autonomie. Toutes les absences, celles de l'Allemagne comme celles de l'Italie, ne furent dues qu'à la même cause d'empêchement ; de toutes parts, mêmes sentiments, mêmes douleurs des suites de la guerre, même adhésion au congrès.

Les voilà, dans une partie de la salle réservée et que sépare du public une simple barrière, ces représentants des cent mille membres de l'Association Internationale des travailleurs, dont trente mille français. Ils sont une soixantaine, et ils vont délibérer. Sur quoi ?

Le président de la section de la Suisse romande,

M. Dupleix, ouvre la séance. Au-dessus de la tribune où il siège est un faisceau de trois drapeaux : celui de la République helvétique : on est en Suisse on est sur une terre libre ; celui des États-Unis : c'est un hommage rendu à la liberté ; et celui de l'Association internationale, un drapeau rouge. Plus bas cette devise : *Point de devoirs sans droits, point de droits sans devoirs*. Les yeux tournés du côté du président rencontrent d'abord ce spectacle significatif. Il parle, il dit aux délégués, en leur souhaitant la bienvenue, que le jour qui les voit se réunir des différents points de l'Europe pour discuter ensemble la question du travail est un grand jour pour la classe ouvrière. Ils vont affranchir les blancs, comme Lincoln a délivré les noirs. Il leur recommande toutefois de ne pas sortir des bornes de la modération, surtout en politique, et de ne pas compromettre, par d'inutiles violences de langage, le pays libre qui leur fait un si bon accueil.

Divers orateurs prennent ensuite la parole.

Nous ne nous attacherons point à suivre pas à pas les discours ni les séances. Il y eut des incidents curieux; il y en eut de fâcheux ; la musique d'une ville française voisine de Genève, qui devait, le dimanche suivant, concourir à la fête, ne vint pas ; le pouvoir s'y opposa, et lui retira même une allocation de deux cents francs par an qu'elle recevait de la municipalité. Il y en eut de tristes : un groupe de quatre ou cinq personnes qui venaient de Paris voulut prendre part aux délibérations du congrès. Il n'y avait point droit.

« Que ce groupe nomme un délégué ! » propose le délégué anglais ; et les Français appuient cette proposition, que tous les autres repoussent. Mais ce groupe, violent, résolu à s'imposer, proteste, crie ; dans la partie de la salle où est le public éclate un grand tumulte, jusqu'à ce que le Président, déclarant que c'est à lui de maintenir les discussions dans le calme et la paix qui leur convient, et affirmant qu'il n'y a là que des individus venus au congrès pour l'entraver par le scandale, engage les membres mêmes de l'Association qui assistent à la séance à faire respecter leurs délégués et à repousser tout perturbateur. — Mais qu'importent ces incidents ? De tout temps, dans toute assemblée, il s'en est passé de semblables. Tout cela n'est rien, non plus que la fête qui suivit la clôture du congrès : promenade sur le lac, concert, banquet où furent portés de nombreux toasts à l'affranchissement des travailleurs et à la Révolution... Dehors que tout cela. C'est l'esprit du congrès qu'il faut connaître ; il faut le voir à l'œuvre, dans les questions qu'il pose, et dans la manière dont il prétend les résoudre.

Le programme avait proposé des questions vastes et qui embrassent tout. On verra qu'elles sortent même trop souvent de l'économie ; trop souvent elles empiètent sur les territoires de la politique, de la morale, de la religion. Il importe d'autant plus de connaître quelles réponses y ont été faites. Nous allons essayer de les résumer brièvement, mais en en conservant le mouvement avec le sens et le caractère.

II

Le but de l'Association internationale est « l'émancipation du prolétariat par le prolétariat lui-même ». Pourquoi la bourgeoisie a-t-elle réussi dans son entreprise, et le peuple échoué dans la sienne ? La bourgeoisie, en 1789, n'a eu qu'à se lever pour triompher ; elle s'est montrée, et la noblesse a disparu. Le peuple s'est levé aussi en 1848, et il a été rejeté tout aussitôt dans sa poussière ; il s'est montré, et il a été écrasé. D'où vient cette différence ? C'est que nous ne voyons que l'apparence, c'est que, quand nous regardons la bourgeoisie, disent les membres du congrès, sa facile victoire nous frappe ; et les défaites antérieures dont elle l'a comme payée d'avance, les longs efforts qui lui ont lentement conquis le droit de vaincre, se dérobent à nos yeux. Il nous semble qu'elle n'a eu qu'à paraître en 1789. Combien de fois, avant cette mémorable date, avait-elle tenté de se lever, et elle avait été rejetée, elle aussi, dans sa poussière ! Elle s'était préparée de longue main, elle avait étudié, elle savait. Nous ne savons pas. La science, l'étude seule, nous donnera le pouvoir. Etudions les questions du travail. Accomplissons la réforme sociale : la réforme politique s'accomplira d'elle-même. Or, il n'y a qu'un fondement solide sur lequel se puisse asseoir la réforme sociale : c'est la science. Qu'avons-nous fait jusqu'en 1848 ? Nous nous en sommes rapportés à la bourgeoisie du soin de résoudre pour nous des questions qu'elle ne comprenait pas elle-même, nous lui avons confié notre besogne; alors, sous la conduite et comme sous le patronage de quelques chefs bourgeois qui n'en savaient pas plus que nous, nous avons levé la tête, et elle a été courbée. Mais imitons à notre tour la bourgeoisie du xvi°, du xvii°, du xviii° siècle : rendons-nous digne, nous, le peuple, par nos connaissances, par notre science des rapports sociaux, de la place que nous voulons prendre. Etudions Gardons-nous de subordonner la question sociale à la politique : que nous importe la république ou l'empire, si toujours les bourgeois nous gouvernent, conformémeni à leurs intérêts, contrairement à la justice? si toujours le capital exploite le travail? Ce n'est point par un coup d'Etat que sera résolu le problème de la misère. Quand nous tiendrions le pouvoir en nos propres mains, que ferait notre bonne volonté, mal secondée par une insuffisante science? Plus d'émeutes, ni de tumultes sanglants! plus de sociétés secrètes! que le grand jour éclaire les droites intentions ; qu'à l'agitation de la rue succède l'étude! Qu'on trouve des solutions ; que l'Association internationale les proclame en ses congrès, c'est assez : sa parole leur donnera la puissance.

Tel est le langage de ces ouvriers ; et ils s'attaquent dès leur première étude à la plus grave des questions : celle des relations du capital avec le travail. Ils concluent à l'illégitimité de l'intérêt, et à l'obligation du travail pour tous. Le travail est l'acte par lequel l'homme crée des services échangeables et consommables pour la satisfaction de ses besoins tant de l'âme que du corps ; le capital est la somme des services créés qui n'ont pas été consommés : on l'a défini *du travail accumulé*. Il y a donc identité entre les deux, et ils s'échangent l'un contre l'autre ; ils ont mêmes droits, ils doivent être égaux. Qui prête un capital prête un travail : qu'on le rembourse par un travail équivalent. Pourquoi par un travail supérieur ? Pourquoi payer à qui prête cent francs, c'est-à-dire un travail de cent francs, cent cinq francs ou un travail de cent cinq francs en échange ? Le travail d'aujourd'hui vaut celui d'hier ; le service de cent francs créé par le travail d'aujourd'hui vaut le service de cent francs créé par le travail d'hier, et le rembourse : l'intérêt est donc illégitime.

Le rapport qui a été lu développe cette thèse, sur laquelle il y aura lieu de revenir, et la fait suivre d'un plan d'organisation du crédit gratuit. Il ne s'agit pas de combattre les capitalistes, on n'attaque pas leur droit strict de prêter leur argent à des conditions qu'ils imposent au besoin et que le besoin accepte ou subit : il s'agit d'arriver à se passer d'eux.

On se passera d'eux, et peu à peu se fera l'affranchissement du travail, par un moyen bien simple. Lequel ? Par la coopération. On compte beaucoup sur la coopération. C'est l'utopie du jour. C'est, jusqu'à nouvel ordre, le grand remède à tous les maux. On est très attentif à la distinguer de l'association. Les membres d'une association sont liés par des intérêts communs ; chacun y perd son autonomie, sa liberté, sa souveraineté, pour se subordonner et obéir à un être de raison, l'association elle-même, — à une chose de tous, qui n'est celle de personne, mais bientôt celle de la gérance : car il arrive bien vite que le gouvernement qui gère la communauté en confonde les intérêts avec les siens propres, et les y engloutisse. La coopération est un contrat par lequel plusieurs producteurs se garantissent les uns aux autres une certaine somme de produits, tout en demeurant parfaitement indépendants les uns des autres pour l'usage qu'ils en peuvent faire, soit production, soit consommation. Un petit fabricant a besoin de matières premières : il n'a pas assez de capitaux pour en faire de grandes provisions, ou bien elles ne comportent pas les grandes provisions et se détériorent : il les paiera cher parce qu'il est obligé de les acheter au détail. Que plusieurs s'entendent, se cotisent, forment un fonds commun qui permette de les acheter en grande quantité, et ensuite se les vendent à eux-mêmes au prix de revient, ils les auront moins cher. Celui qui consomme pour sa fabrication, chaque semaine, en moyenne, des matières premières dont le prix lui reviendrait à cent francs s'il pouvait en acheter une grande quantité à la fois, les paiera beaucoup plus s'il n'en achète que la quantité qu'il consomme ; mais qu'avec d'autres qui en consomment la même quantité que lui il se cotise une fois pour toutes de ces cent francs, ils formeront, s'ils sont au nombre de cent, un fonds de dix mille francs, qui leur permettrait d'acheter ces matières au prix réduit ; chacun achèterait ensuite à la masse celles dont il aurait besoin, au comptant et au prix de revient, et le fonds se reformerait sans cesse. Je suppose cent francs chacun : il en serait de même si c'était cent francs l'un, deux cents francs l'autre, cinquante francs un troisième pourvu que la cotisation de chacun représentât précisément la moyenne de sa propre dépense : le fonds se reformerait toujours, destiné à acheter des quantités considérables de matières premières, que les producteurs, en vertu de leur contrat, se partageraient ou se vendraient à eux-mêmes pour leur usage. Chacun userait à son gré de sa part acquise ainsi, sauf le droit de revendre au dehors, qu'il n'aurait pas. Il ne pourrait s'en servir que pour son propre travail, pour la fabrication de ses produits, non pour un trafic. Du reste, travaillant, fabriquant, vendant ses produits, agissant dans sa pleine indépendance, sans compte à rendre à personne, sans autre maître que lui-même.

Telle est la coopération. On voit combien elle diffère de l'association. Celle-ci supprime la liberté individuelle, que l'autre conserve intacte ; elle substitue à l'individu un être collectif, une sorte de personne morale, qui peut avoir, qui a son égoïsme, ses passions, ses ambitions, ses intérêts contraires à d'autres intérêts, ses injustices. Plusieurs associations se font concurrence et cherchent à s'entredétruire, comme si elles étaient de véritables êtres : le bel avantage que gagne l'individu, d'abdiquer sa liberté et de se soumettre pour se faire membre d'un corps oppresseur ! Que si, au lieu de plusieurs, il n'y en a qu'une, c'est alors l'absorption complète de l'individu par la société, c'est le pur communisme. L'extension de l'association aboutit au communisme gouvernemental ; l'extension de la coopération ne porte aucune atteinte à l'individu, qui garde toujours toute sa liberté, et elle tend à supprimer, avec l'oisiveté des uns, la misère des autres. Elle est un contrat : la somme des services garantie par le contrat est plus considérable à mesure que les contractants sont plus nombreux. Des fabricants s'entendent-ils pour se partager leurs matières premières, prises en gros au prix de revient ? Ces matières premières sont toujours, à quelques égards, des produits fabriqués par d'autres, qui peuvent les leur vendre moins cher, si à leur tour ils se sont entendus pour avoir leurs matières premières plus avantageusement, et les produits qu'ils fabriquent eux-mêmes sont des matières premières pour d'autres, à qui ils peuvent aussi les vendre moins cher. Les intermédiaires, les purs marchands, ceux qui vendent sans produire, disparaissent ; ils se font producteurs, et l'on voit s'accroître l'abondance des produits, dont le prix diminue à mesure.

Les contrats peuvent s'étendre, garantir la vente au prix de revient non seulement à des producteurs d'un même ordre, mais à des producteurs de divers ordres, et peu à peu les embrasser tous ; alors il n'y aura plus que des prix de revient déterminés par la main-d'œuvre ; plus d'excédents pour le capital, sous aucune forme : le travail paiera le travail. On cherchera, on trouvera, on établira une unité de travail. La monnaie sera le signe du travail. Elle pourrait être indifféremment d'argent, d'or, ou de cuivre : elle sera de papier. Elle ne vaudra, elle n'achètera qu'en vertu du travail dont elle sera la garantie ; elle ne sera qu'un bon d'échange. Plus de fortunes bâties sur des fictions, plus d'intermédiaires inutiles, plus de parasites ni d'oisifs. Nul ne sera capitaliste ni consommateur, s'il n'est producteur : il y aura équation entre la consommation et la production, entre la production et le capital.

Rien ici qui ressemble, même de loin, au communisme. Chacun d'ailleurs achète à son gré, vend à son gré. Chacun produit ce qu'il lui plaît de produire, selon ses moyens et selon ses goûts. Tel produit plus : celui qui produit plus acquiert par là même un capital plus considérable, voilà tout. La richesse est proportionnelle au travail. Chacun d'ailleurs est propriétaire, et non simple usufruitier, de sa richesse, et en fait l'usage qu'il veut. La propriété est sacrée, parce qu'elle est la conséquence naturelle du droit de l'ouvrier sur son œuvre ; et elle entraîne cette autre conséquence, que le propriétaire en dispose librement, ayant pleinement et absolument le droit de la transmettre, de la donner, d'en échanger les diverses formes les unes contre les autres. La propriété est comme le sol sur lequel s'élève et se constitue la famille.

La famille est la « molécule sociale ». La société peut être comparée à un corps qui se compose non de corps simples, mais de principes qui sont eux-mêmes des combinaisons de corps simples différents ; non directement d'atomes, mais de molécules. Beaucoup de corps sont dans ce cas. Les individus sont comme les atomes, les corps simples différents, père, mère, enfants, qui se combinent pour constituer la vraie molécule sociale, la famille. La femme a sa fonction propre, distincte de la fonction de l'homme : elle est, par nature, mère de famille. On parle de la liberté de la femme, de l'émancipation de la femme ; sans doute, il ne faut pas qu'elle soit esclave ; mais qu'est-ce que cette liberté qu'on demande pour elle à grands cris ? La vie d'atelier, d'usine, de manufacture ? En faire une ouvrière, est-ce la rendre libre ? Donner la liberté à un être, c'est lui permettre le développement complet de ses propres facultés : or, les facultés de la femme ne sont pas celles qui rendent apte au travail extérieur. Elles sont autres, et elles ne valent pas moins : toutes les fonctions se valent. La femme a sa tâche à remplir dans la société, et ce n'est pas la moins utile : qu'elle élève l'enfant ! La vie d'ouvrière, la vie extérieure, ne lui convient pas : la science a constaté que la lui donner sous prétexte de liberté, ou la lui infliger par l'impossibilité de vivre autrement, c'est faire d'elle je ne sais quel être bâtard, c'est la dénaturer pour aboutir à la corruption et à la dégénérescence de l'espèce. Qu'elle vive à la maison, c'est là sa place ; qu'elle y vive ayant ses enfants autour d'elle, et les dirigeant elle-même dans le sens d'un développement nécessaire, que ni les nourrices étrangères, ni les crèches, ni les salles d'asile, ne sauraient produire. Qui la remplacera dans cette œuvre ?

C'est d'elle que les enfants attendent ce qui leur est dû : l'éducation.

L'instruction non plus ne doit pas être donnée par l'Etat, mais par la famille, ou par des instituteurs libres que la famille choisit librement. L'enseignement par l'Etat est incompatible avec la liberté de conscience. D'ailleurs l'Etat, par son caractère même, est impropre à cette grande tâche ; peut-il se ployer aux exigences qu'imposent les différences d'aptitudes, de goûts, d'organisations individuelles ? Peut-il accommoder son enseignement, nécessairement général, à l'exacte mesure des besoins de chacun ? Peut-il éviter de tomber dans la réglementation ? Il aboutit ainsi fatalement à modeler toutes les intelligences, à façonner toutes les âmes d'après un type unique. ce qui est anéantir la vie sociale ; car la vie n'est pas l'action d'une seule force, mais le jeu de forces contraires. Dans le régime industriel, d'ailleurs, que serait une instruction qui ne serait pas un apprentissage ? C'est à l'atelier qu'est l'école. L'éducation se fait à la maison par la femme ; l'instruction, par l'homme, à l'atelier. Qui sépare l'école de l'atelier reproduit la distinction des classes. Ainsi fait l'Etat par ses écoles, par les grandes comme par les petites : Ecoles polytechnique, centrale, des arts et métiers, de commerce, de marine, des mines, etc., tout cela tend à subordonner les travailleurs à une classe bourgeoise. L'affranchissement de l'enseignement est le seul moyen de parvenir à l'émancipation intellectuelle de l'homme. Il faut arriver à ce point que le père de famille puisse donner à ses enfants, en dehors de toute influence, l'éducation morale comme l'éducation physique. On y arrivera par l'assurance mutuelle conjurant tous les fléaux, incendie, maladie, chômage : l'ignorance est peut-être le fléau qu'il importe de conjurer le plus vite. On y arrivera surtout par la transformation des relations du capital et du travail.

Les rapports entre les individus ou les familles et l'Etat, de quelque nature qu'ils puissent être d'ailleurs, se font ou se manifestent par l'impôt. L'impôt fut originairement un signe de servitude, un tribut du vaincu au vainqueur ; il est aujourd'hui un échange de services entre les contribuables et l'Etat, c'est-à-dire entre les individus et la collectivité : les citoyens sont seuls juges des services dont ils ont besoin, et aussi du prix qu'il leur convient d'y mettre. Il en résulte que l'impôt doit être direct, d'une perception facile et peu coûteuse, afin que chacun puisse en contrôler la rentrée et la juste répartition. C'est là un idéal dont nous sommes encore bien loin : l'impôt est progressif aujourd'hui, bien qu'il ne veuille pas l'être ; et il l'est dans le sens de la misère. Nul ne paie, que le travailleur. Toutefois, on se hâte de reconnaître qu'il est impossible, dans l'état actuel des choses, de déterminer, même approximativement, les éléments d'une réforme de l'impôt ; il faut attendre que l'émancipation du travailleur soit faite, que la transformation sociale dont on poursuit le rêve soit devenue une réalité : alors seulement pourra être tentée une si difficile réforme.

On passe en revue les différents modes d'impôts

établis : octroi, impôt des portes et fenêtres, impôts de consommation, prestations, conscription ou impôt du sang. On proteste énergiquement contre les armées permanentes : pertes de richesses, dangers pour la liberté, immoralité, la critique n'épargne aucun des vices qui leur sont inhérents, aucun des maux qu'elles entraînent. Il peut se faire que la guerre, qu'il faut s'efforcer d'éloigner à jamais, devienne, à un certain moment, légitime : c'est quand la revendication du droit la suscite. Elle est alors comme un service public, auquel tous doivent être obligés, sans exception. Le jour donc où la force ne sera plus le seul moyen de résoudre les différends internationaux, il n'y aura plus lieu d'admettre aucune autre organisation militaire que les milices, c'est-à-dire l'universalité des citoyens armés, tant à l'intérieur qu'à l'extérieur, pour la défense du droit public.

La question des rapports de nation à nation soulève celle de la protection et du libre échange. Egale duperie de part et d'autre. La protection est la force collective mise au service d'une haute féodalité industrielle, qui l'exploite aux dépens du producteur comme du consommateur ; le libre échange n'a servi encore qu'à la création de monopoles immenses, et ne se distingue jusqu'ici de la protection que par le surcroît de misère qu'il a causé. La seule chose qui soit juste, c'est que le négoce actuel se transforme, et que toutes les pratiques commerciales se ramènent à cette formule : « Echange égal, solidarité entre producteurs et consommateurs avec la réprocité pour base ».

C'est une grave question, la plus difficile peut-être et, assurément, la plus délicate, que celle qui avait été formulée ainsi par le programme : « Des idées religieuses, leur influence sur le mouvement social, politique, intellectuel ». On affirme d'abord, à ce sujet, l'indépendance de la morale. La morale est une science qui a ses lois dans la nature humaine : toute religion, toute métaphysique sur laquelle elle prétendrait s'appuyer, ne peut que lui nuire. On est unanime sur ce point. Toutefois, on objecte que ces idées proclamées par le congrès ne seraient pas comprises des campagnes, qu'il importe de rallier à l'Association. Les délégués français émettent la proposition suivante : « Le congrès affirme la liberté physique et intellectuelle de l'homme, et constate que l'influence des idées religieuses tend à nier le libre arbitre et la dignité humaine. Cependant, toutes les idées religieuses se dérobant aux investigations de la raison, les travailleurs se bornent à protester énergiquement contre cette influence, et à passer outre. L'Association internationale affirme le progrès par la science, considère l'instruction théorique et pratique, — ou scientifique et industrielle, — comme le véritable moyen d'émancipation du travailleur, et conclut qu'il y aurait contradiction et danger à la placer sous l'influence d'une puissance quelconque ». On insiste sur le caractère peu opportun d'une telle proposition ; la délégation française la retire, et la question religieuse est écartée de l'ordre du jour en ces termes : « Le congrès déclare que toute idée à *priori*, indiscutable, ne saurait intéresser les travailleurs, et que, du reste, la religion, étant chose intime, ne peut, en aucun cas, être l'objet d'une discussion et encore moins d'un vote ».

Le programme avait posé en termes énergiques une question bien étrangère à l'économie : « De la nécessité d'anéantir l'influence russe en Europe par l'application du principe du droit des peuples à disposer d'eux-mêmes et la reconstitution de la Pologne sur des bases démocratiques et sociales. » On l'écarte. On proteste contre toute espèce de despotisme en tout pays, et l'on veut l'émancipation en Russie aussi bien qu'en Pologne. Cette vieille politique qui consiste à opposer les peuples les uns aux autres, le cœur des ouvriers la repousse.

D'autres propositions ont été examinées. Convient-il que la loi limite les heures de travail ? Le développement intellectuel, par lequel se fera peu à peu l'émancipation du travail, exige bien quelques loisirs. Les délégués anglais proposent que la loi fixe la journée de travail à huit heures, et ne permette le travail de nuit qu'à titre d'exception ; qu'elle restreigne à deux heures le travail des enfants de neuf à douze ans ; celui des enfants de douze à quinze ans, à quatre heures ; et de quinze à dix-sept ans, à six heures. Les Français, qui professent des principes contraires à toute réglementation, à toute intervention de la loi, ne votent pas, et ils empêchent ainsi un vote qui consacrerait, dès le premier congrès, une dérogation à leurs principes.

Convient-il que l'Association combine les efforts

des divers peuples dans la lutte entre le capital et le travail ? On propose une statistique des conditions des classes ouvrières dans toutes les contrées, faite par les ouvriers eux-mêmes : partout où existent déjà des branches de l'Association, on y procèderait immédiatement ; l'enquête porterait sur le genre d'industrie, l'âge et le sexe des ouvriers, les salaires et gages, les heures de travail, la description de l'atelier et du travail, les conditions morales, etc. Les délégués anglais, desquels émanent ces diverses propositions, portent leur attention toute particulière et leur principal effort sur cette lutte. Il faut, disent-ils, que les ouvriers de tous les pays se concertent et s'unissent pour faire une résistance efficace aux patrons. Combien de fois n'arrive-t-il pas dans les grèves, en Angleterre, que les patrons triomphent de la résistance de leurs ouvriers à l'aide d'ouvriers continentaux, qui acceptent un salaire inférieur, et deviennent ainsi, vis-à-vis des premiers, des instruments involontaires d'exploitation ! On cite des exemples. C'est par une concurrence de ce genre que fut vaincue, en 1859, une grève de plusieurs milliers d'ouvriers, qui avaient résisté trente semaines. On propose donc que les différentes sections de l'Association se mettent en communication avec les sociétés ouvrières de chaque pays, dressent des statistiques sur le travail, publient des bulletins mensuels, et établissent de la sorte un lien universel qui permette d'organiser des grèves immenses, invincibles. Et l'on vote cette proposition en ces termes :
« Le congrès déclare que, dans l'état actuel de l'in-

dustrie, qui est la guerre, on doit se prêter une aide mutuelle pour la défense des salaires. Mais il est de son devoir de déclarer en même temps qu'il y a un but plus élevé à atteindre, la suppression du salariat. Il recommande l'étude des moyens économiques, basés sur la justice et la réciprocité. »

Une proposition d'un tout autre caractère, émanant de la section génevoise, est développée par M. Dupleix : secours en cas de maladie, pour les femmes et les enfants comme pour les hommes ; secours à titre de prêt aux sociétaires en voyage ; appui moral et matériel aux orphelins des sociétaires. La section de Génève a déjà organisé une société de secours mutuel sur ces bases. On demande que les différentes sections de l'Association se garantissent réciproquement des secours, sauf remboursement par la section à laquelle appartiendra le membre secouru. Les délégués français objectent que cette résolution ne peut être prise, parce qu'il existe des pays où elle serait inexécutable : en France, par exemple, de pareilles sociétés ne peuvent se constituer, depuis 1814, qu'avec l'autorisation de l'Etat et l'approbation de leur règlement. On se contente d'émettre un vœu. On vote ensuite cette déclaration du congrès, que l'Association poursuit l'émancipation des ouvriers des champs non moins que celle des ouvriers de l'industrie, et que leur cause est la même.

On vote enfin le règlement élaboré par la commission. Nous ne le reproduirons pas. Il est du même esprit que le règlement provisoire dont nous avons donné le texte. Le siège du Conseil central est Londres pour l'année 1867. Pour le lieu du prochain congrès, on propose Bruxelles. Mais le congrès déclare unanimement que, depuis la promulgation de la loi sur les étrangers, la Belgique ne peut plus être considérée comme un pays libre. On décide en conséquence que le prochain congrès se tiendra le premier lundi de septembre 1867, à Lausanne. La clôture du congrès est prononcée.

Nous avons exposé les idées qui s'y sont produites. C'étaient des réponses à des questions qu'on avait dû étudier longtemps d'avance. On lisait des rapports, qui donnaient lieu à des propositions, à des résolutions : chacune de ces résolutions était ensuite développée par un des membres, à qui le règlement n'accordait pas plus d'un quart d'heure. Le quart d'heure n'a presque jamais été atteint.

Chaque délégation y avait son propre caractère. L'Angleterre et l'Allemagne, représentées par leurs ouvriers, acceptent, invoquent même au besoin l'intervention de l'Etat: le communisme ne les effraie pas encore. La France, au contraire, repousse avec force toute règlementation, et, chose inattendue peut-être, ne comprend l'émancipation que comme un résultat futur de l'initiative individuelle, une conquête de la liberté. Les Suisses s'attachent à des faits particuliers ; ils aiment à montrer du doigt des exemples. Les Anglais s'appuient aussi sur des faits, et développent des moyens pratiques d'atteindre leur but, peu soucieux de s'aventurer sur le terrain des principes ; les Allemands abordent à peine ce terrain : ce sont les Français qui maintiennent le débat à sa hauteur. C'est surtout entre les Anglais et les Français que le contraste est grand : les uns organisent la grève universelle, les autres définissent tout un socialisme. Ceux-ci promulguent, en quelque sorte, la déclaration des droits du travailleur. Ce contraste, sans nul doute, tient beaucoup à la différence de situation des uns et des autres : s'il est vrai qu'il y ait plus de liberté en Angleterre, en revanche l'organisation de la propriété est infiniment plus démocratique en France. Mais il tient plus encore à la différence de caractère et d'esprit qui marque les deux peuples d'un signe si profondément distinctif : nous sommes toujours le peuple dont la langue formule, comme par un don de nature, les idées générales. Les Anglais peuvent juger, ils l'ont insinué dans ce congrès même, que nous nous égarons en de beaux discours : plus d'une fois, ces beaux discours ont changé la face du monde !

III

Les discours qui ont été prononcés par les délégués d'ouvriers français au congrès de Genève sont-ils de ceux qui enfantent les révolutions ? Si une révolution en doit sortir, est-ce une de ces révolutions désirables et justes, dont il faut savoir ne pas regretter l'avènement ? Est-ce une de ces révolutions funestes qu'il faut savoir prévoir et combattre pour en épargner à l'humanité future les désastreuses conséquences ? qu il faudrait combattre encore, alors même qu'on les jugerait inévitables, pour accomplir du moins son devoir d'homme, et protester en faveur du bien contre le mal ?

Nous avons raconté l'origine de ce congrès : nous en avons exposé les idées, expliqué les vues, d'une plume impartiale, sans préjugé favorable ou défavorable, sans commentaire, en simple historien, désireux d'instruire la critique ; nous avons cité des textes, et si nous avons développé nous-même, pour nous faire mieux comprendre, quelques points d'une importance particulièrement grave, nous nous sommes assuré, par des entretiens avec maint ouvrier, avec maint délégué, que nous n'en altérions pas l'esprit. Il suffit de lire cette histoire pour voir que le congrès ouvrier de Genève est un véritable évènement de nature à nous inspirer les plus sérieuses réflexions.

La première chose qui nous frappe, c'est qu'une puissance vient de se révéler au monde. Voilà toute une organisation, avec un système de représentation régulière, un projet de publication spéciale et un impôt consenti : voilà une société tout entière. Cette société n'est pas seulement un empire dans un empire, mais un empire dans tous les empires ; elle ne s'étend pas seulement dans un pays : elle embrasse comme d'un vaste réseau plusieurs pays aujourd'hui, demain peut-être toute la terre : qui l'en empêche ? Elle donne une forme, une voix, un bras à un intérêt senti par toute la terre : elle est l'Association internationale des travailleurs ! Elle est une parole ; et quelle puissance que la parole, dans tous les temps, mais surtout dans le nôtre ! Elle est une armée, elle possède, sans violence apparente, une force d'inertie plus terrible, plus irrésistible mille fois qu'une force d'action : elle organise, au besoin, la grève universelle ! Les Anglais ont imaginé cet engin de guerre, et déjà les tailleurs de Londres, demandant une augmentation de salaire, l'ont obtenue, sur la seule connaissance qu'ont eue les patrons de leur adhésion à l'Association internationale. Que feront tous ces hommes du redoutable pouvoir dont ils se sentent armés, pour peu qu'ils soient mal éclairés ? Et il ne faut point qu'on se flatte que l'ignorance, que l'erreur, ne puissent jamais se montrer dans leurs conseils !

En voici un petit exemple, mais curieux, et qui donne à réfléchir. Il existe, a-t-on dit dans le congrès, des faits qu'il importe de faire connaître à l'Association, pour que justice en soit faite. Un patron avait engagé un ouvrier pour deux ans. Pendant ce temps, à la suite d'une grève, les salaires s'élèvent : notre ouvrier veut profiter de l'augmentation. Refus du patron. L'ouvrier, à son tour, lui refuse son travail. Il est traduit devant le tribunal, qui le condamne à la prison pour trois mois. Il y entre, il en sort : le patron réclame de nouveau l'exécution de l'engagement, et de nouveau se heurte contre un refus. Nouvelle condamnation : on déclare à l'ouvrier que, s'il persiste, on le condamnera de trois mois en trois mois jusqu'à l'expiration des deux ans qu'il a promis. — Qu'est-ce à dire ? et de quoi donc ces messieurs prétendent-ils faire justice, si ce n'est d'un ouvrier de mauvaise foi ? Mais j'aime mieux croire qu'il est de bonne foi, et qu'il se trompe. Il s'est engagé pour deux ans, sans doute à certaines conditions : lui refuse-t-on de les remplir ? Les salaires ont été élevés : s'ils avaient été abaissés, ou s'il y avait eu chômage, aurait-il souffert que son patron lui imposât la baisse, ou lui ôtât son travail ? Il lui aurait rappelé l'engagement ; au besoin il l'eût fait condamner par le tribunal, et il eût été dans son droit. Ce n'est pas le cas qui s'est présenté, c'est le cas contraire : l'engagement, qui eût valu pour lui, vaut contre lui ; je le plains, mais telle est la justice, et la morale, indépendante ou non des idées religieuses, l'éternelle morale, ne connait pas d'autre justice que celle-là.

L'Association internationale des travailleurs donne à la classe ouvrière en Europe une grande puissance, dont les actes peuvent avoir des suites qu'il importe de prévoir. Les ouvriers se mettent en grève pour obtenir le salaire qu'ils veulent. Je ne me demande pas si, lorsqu'ils empêchent le travail de ceux qui se contenteraient d'un salaire moindre, ils respectent leur liberté : il est trop visible qu'il y a souvent une pression des uns sur les autres, ce qui est une tyrannie. Peut-être diront-ils que, s'ils oppriment, s'ils violentent les pacifiques, ils les arment contre leurs patrons, et les font acheter d'un mal passager un bien durable. Je ne me demande pas si, en cela même, ils ne sont pas des oppresseurs encore : quand ils prétendent imposer des augmentations de salaires, sont-elles possibles ? Ils ne le savent, ni ne s'en inquiètent. Ils n'entendent point que les patrons leur fassent la loi, en quoi je ne leur donne pas tort ; mais en revanche ils entendent bien faire la loi aux patrons : l'un est-il plus juste que l'autre ? La domination est-elle moins la domination si elle s'exerce de bas en haut ? Les tyrans sont-ils moins odieux dès qu'ils ne sont plus les mêmes maîtres ? Prenons garde que ceux qui crient : A bas les tyrans ! les ayant détrônés, ne règnent à leur place ! Point de règne, point de tyrannie, point de domination : justice égale.

Mais qu'il y ait presque toujours dans une grève, qu'il y ait toujours, nécessairement, dans la grève universelle, oppression des patrons par les ouvriers, et de certains ouvriers par certains autres, je ne me le demande pas ; je me demande ce qu'obtiendraient les ouvriers par la grève universelle, et si la terrible puissance dont ils mésuseraient ne se retournerait pas contre eux. On a parlé d'une grève qui dura trente semaines : trente semaines de faim, de misère, de souffrances, de malheurs peut-être irréparables, pour bien des pauvres gens ! Une grève est une guerre ; et l'on sait combien les guerres, celles même dont les résultats publics sont les plus heureux, entraînent à leur suite de catastrophes privées ! Cette grève dont on a parlé eut-elle des résultats heureux ? quelle en fut l'issue ? Des ouvriers étrangers furent appelés : il fallut se rendre ; et l'on se retrouva comme devant, — pis que devant, —

avec des concurrents de plus, et les tristes conséquences d'un chômage qu'on s'était fait de gaîté de cœur ! Quand nos ouvriers chapeliers de Paris se mirent en grève, leurs patrons demandèrent à l'Angleterre ses produits, et l'industrie de nos voisins fut développée aux dépens de la nôtre.

Vienne la grève universelle ! Voilà le remède à ce mal. L'Association internationale des travailleurs est faite précisément pour l'appliquer... — Vous le croyez ? Vous vous flattez que votre grève enserre le monde comme dans un blocus ? Elle ne sera pas universelle, elle ne sera que générale ; elle sera internationale comme votre Association elle-même ; elle tiendra comme en état de siège quatre, cinq, six pays : il y en aura un septième pour fournir des travailleurs, qui prendront votre place. Elle embrassera l'Occident : l'Orient touchera les salaires dont vous n'aurez pas voulu. Elle embrassera l'Europe : vous l'aurez ruinée, et vous serez morts de faim, au profit de la Chine.

Ils viendront, ces ouvriers des pays lointains, comme vinrent autrefois les soldats barbares. Rome eut ses armées, nous avons nos industries. Quand elle ne trouva plus pour ses armées assez de soldats romains, elle eut recours aux barbares, et ce fut sa perte : quand nous ne trouverons plus pour nos industries assez d'ouvriers d'Europe, nous aurons recours à ceux de Chine, et ce sera la nôtre. Une lente infiltration, bientôt suivie d'une invasion de barbares, renversa l'empire : prenez garde que la grève universelle ne nous amène un jour une invasion de Chinois !

Qu'en ferez vous ? Les jetterez-vous à l'eau, comme en Californie ? Nous les y voyons à l'œuvre, ces rudes, actifs, infatigables travailleurs, beaucoup meilleurs ouvriers et beaucoup moins chers que ceux du pays, qui les noient.

Et quand nul peuple n'échapperait au filet dont vous auriez enveloppé la terre, quand vous auriez réalisé la grève universelle, qu'en résulterait-il pour vous ? Vous êtes les maîtres, c'est bien. Encore une fois, je ne demande pas : Est-ce justice ? Je demande : Qu'y gagnez-vous ? Augmentation de salaires, augmentation de main d'œuvre, augmentation de prix pour toutes choses produites plus chèrement : ce que gagnent les travailleurs, les consommateurs le perdent. N'êtes-vous que travailleurs ?

L'augmentation des salaires ne profiterait aux ouvriers qu'autant qu'elle porterait sur des produits qu'ils ne consomment pas. Ceux-là seuls qui travaillent pour le luxe pourraient voir, sans préjudice pour eux, augmenter leurs salaires ; les autres devraient se contenter de ce qu'ils ont. De quel œil pensez-vous qu'ils regarderaient cette nouvelle aristocratie ?

Je sais qu'entre ouvriers et patrons les rapports sont difficiles ; je sais qu'il y a des ententes, de part et d'autre, plus intéressées que justes. Le patron exploite l'ouvrier, et l'ouvrier le patron, l'un trouvant qu'il ne reçoit pas assez, l'autre qu'il donne trop. Le plus fort l'emporte, ou le mieux armé : tantôt l'ouvrier, tantôt le patron. Celui-ci a pour arme le temps.

il peut attendre ; celui-là ne peut pas attendre, mais il a une arme formidable, la grève. Chacun use de la sienne. C'est la loi de la concurrence, qui est une loi de guerre. Mais si les rapports entre le travail et le capital sont peu pacifiques, trancher par la guerre la question qu'ils soulèvent, c'est la trancher par la violence, ce n'est pas la résoudre. On l'a senti au congrès ; on a cherché à la résoudre par l'élimination de l'un des deux termes du rapport : Qu'il ne reste plus que l'ouvrier ! Ce n'est pas à augmenter, c'est à supprimer les salaires qu'il faut tendre ! Comme si l'on eût dit : Plus de patrons ! sinon les ouvriers, devenus de salariés capitalistes. Quelque solution que l'on donne à ces problèmes, la tâche en appartient à la science, non à la violence ni à la guerre. Pourquoi ceux-là mêmes qui l'ont si bien compris ont-ils voté la grève ?

Que l'Association internationale des travailleurs soit comme une société d'étude, qui discute ces graves problèmes où le sort du peuple est en jeu, et tente de mettre en pratique le résultat de ses recherches ; qu'elle les promulgue solennellement en ses congrès, pour les livrer au monde, qui les discute à son tour : elle sera encore une puissance, avec laquelle il faudra toujours que l'on compte, capable de mal, mais capable aussi de bien. Il y a lieu de concevoir à cet égard de grandes espérances ou de grandes craintes, suivant le parti qu'on aura pris sur le but même qu'elle se propose.

Quel est donc ce but ? L'affranchissement du salariat par la suppression des salaires, l'émancipation de la classe des travailleurs. Tel est le langage que l'on tient ; le véritable serait de dire : La substitution de la classe des travailleurs à toutes les autres classes anéanties, la souveraineté du travail.

C'est le socialisme qui se relève. Toutefois, ne nous effrayons pas du mot. Il se relève, mais transformé. Il n'est plus celui qui a épouvanté la société. Il a gardé sans doute beaucoup de son antique esprit, de ses vues, de ses aspirations ; à beaucoup d'égards, il est toujours le même, il est autre sur beaucoup de points, et nombre de gens ne le reconnaitraient pas.

Le socialisme, aujourd'hui comme autrefois, pose et s'efforce de résoudre une question économique que l'économie politique officielle, celle qui est représentée à l'Institut, regarde du même œil que les géomètres la quadrature du cercle. Le socialisme ne consiste pas à résoudre cette question d'une manière ou de l'autre, il consiste à la poser. Il peut se diviser en écoles différentes, suivant les différentes manières dont on le résout. Le communisme est une de ces manières : il est donc une école socialiste, il n'est pas le socialisme. Il y a injustice à les confondre, et à imputer à l'une les terreurs ou les répulsions qu'inspire l'autre. L'école qui se produit aujourd'hui au congrès ouvrier de Genève le repousse plus énergiquement que ses plus implacables adversaires.

Le socialisme consiste donc à poser une question, non à la résoudre. Laquelle ? Lui-même la formule diversement, suivant qu'il en a une idée plus ou moins nette. Plusieurs disent : Organisation du travail. Tous disent : Suppression de la misère. A quoi ils ajoutent, pour la plupart : Suppression de l'oisiveté, parce qu'ils pensent que la misère des uns est due à l'oisiveté des autres. On peut dire que le problème est de proportionner la richesse de chacun à son travail.

Ce problème est une chimère, s'il y a d'autres éléments que le travail qui entrent dans la production de la richesse. S'il n'y en a pas d'autres, ou si les autres se ramènent à celui-là, ou si ceux qui ne s'y ramèneraient pas ne constituent pas une richesse légitime, le problème cesse d'être une chimère : il devient le vrai problème économique, et l'un des plus graves problèmes sociaux. C'est à la science, et non à la passion, de déterminer ces conditions préalables du problème, comme c'est à elle de le résoudre s'il y a lieu. Il n'y a eu trop souvent jusqu'ici que passion chez les adversaires du socialisme comme chez les socialistes ; il est temps que la science parle à son tour. Il faut tenir compte aux socialistes du congrès ouvrier de proclamer aujourd'hui le droit exclusif, le pouvoir unique, de la science. Leur tort est de préjuger la question. Ils invoquent l'étude pour la résoudre. Il faudrait commencer par demander à l'étude même s'il y a lieu de la résoudre, si elle doit être posée, ou si elle doit l'être en ces termes.

Le socialisme non seulement la pose, mais en fait la question unique : il y ramène, il y absorbe la question politique, la question religieuse : elle est à ses yeux tout le problème social. Il n'a pas nécessairement ce caractère, et il peut le perdre sans disparaître ; mais il l'a conservé. Il vote au congrès contre l'enseignement par l'Etat, sauf deux membres qui tiennent pour l'instruction gratuite et obligatoire. L'instruction est-elle due aux enfants ? Leur est-elle due par leurs parents ? Tout citoyen a-t-il le droit de s'offrir à eux pour ce service ? L'Etat a-t-il ce droit ? En a-t-il même, dans une certaine mesure, et à un tout autre point de vue que celui de l'économie politique, le devoir ? On ne s'inquiète pas de tout cela, et l'on passe outre. On n'imagine pas que l'Etat soit pour autre chose que pour garantir aux individus la sécurité de leurs échanges, de leur travail, de leur vie. On le supprime. On supprime également, d'un seul mot, la religion ; et l'on tranche des questions religieuses aussi graves que celle de savoir si la morale en est indépendante (dans quel sens, jusqu'à quel point, on ne se le demande pas), ou que celle de savoir si les problèmes de cet ordre sont susceptibles d'être résolus par l'intelligence de l'homme, comme on tranche des questions politiques aussi graves que celle de l'enseignement, celle des armées permanentes, celle de l'impôt, quand on croit ne traiter que des questions d'économie ! Il est vrai que l'économie n'est pas sans rapports avec les autres grands pouvoirs sociaux, mais qu'elle laisse à chacun d'eux le soin de résoudre ces problèmes ! Le socialisme confisquait l'Etat à son profit, n'en faisant que le serviteur de ses théories ou de ses utopies, le bras chargé d'exécuter ses décrets, de réaliser ses doctrines ; il le mettait, comme l'antique Eglise, au service de sa foi. Il a changé sur ce point, et il se constitue en dehors de lui ; mais il le réduit à n'être qu'une police. Si l'Etat n'est pas autre chose, il ne sera bientôt plus rien. Les travailleurs sauront bien faire leur police eux-mêmes : la révolution économique entraînera la révolution politique ; et le socialisme, se constituant en dehors de l'Etat, l'aura encore confisqué à son profit, par absorption.

Les hommes font partie, par le fait même de leur naissance, d'une association dans laquelle ils n'entrent pas librement, qu'ils ne choisissent pas, que la nature a choisie pour eux. Les membres de cette société naturelle ne sont-ils que de purs individus, n'ayant que des droits, avec les devoirs tout négatifs qui correspondent chez les uns aux droits des autres, sans autres liens que ce lien extérieur de la justice, sans intérêts communs ? Ne forment-ils naturellement, en dehors du libre choix de chacun, qu'une collection d'individus ? Ou naturellement, en dehors du libre choix de chacun, forment-ils aussi une communauté ? Dans le premier cas, l'Etat n'est, en effet, que le gardien et le protecteur du droit de chacun d'eux ; dans le second cas, il est cela d'abord, il est en outre le gérant de leurs intérêts communs. Quelle est cette communauté naturelle dont il est le gérant, en même temps qu'il est le gardien du droit de chacun des individus qui, par leur union, la composent ? C'est le problème politique, qu'il ne faut pas confondre avec le problème économique. Ceux qui font cette confusion laissent échapper les plus étranges dires sur ce dont ils parlent hors de propos :

que l'Etat, par ses écoles, reproduit la distinction des classes pour ne prendre qu'un exemple . parce que les élèves qui les fréquentent deviennent des hommes supérieurs aux autres ! Il vaudrait mieux, sans doute, qu'il n'y eût sur la terre que des hommes supérieurs ; mais si tous ne peuvent l'être, faut-il que nul ne le soit ? Faut-il priver l'humanité d'un bien qui ne saurait être universel ? Je tremble qu'il ne se rencontre dans un pareil sentiment quelque chose de cette amertume qui fait qu'on souffre du bien d'autrui : on la nomme l'envie, et c'est l'une des plus basses passions comme une des plus odieuses entre toutes celles qui déshonorent notre misérable nature humaine. Que tous les hommes participent, s'il est possible, aux bienfaits de l'éducation : qu'on multiplie donc les écoles de tout genre, avec les moyens d'en profiter ! Qui ne voit que l'éducation, qui ne voit que l'instruction générale, donnée à divers degrés par les diverses écoles, tend précisément à fondre toutes les classes, et à les unir par le lien des idées communes ? Qu'on mette l'école dans l'atelier, qu'à l'apprentissage se borne l'instruction, c'est alors, au contraire, que nous aurons la distinction des classes, et d'autant de classes que de métiers, à l'infini : car autant d'apprentissages, autant d'instructions différentes, sans rien de commun.

Si le problème politique est distinct du problème économique, le problème religieux ne l'est pas moins ; et de la confusion des questions naissent des méprises non moins graves. La religion et la métaphysique, est-ce tout un ? Une idée *a priori* est-elle nécessairement et par là même indiscutable ? N'y a-t-il, en métaphysique ou en religion, que des idées a *priori* ? La religion n'est-elle que « chose intime » ? La morale en est-elle indépendante à ce point que, comme elle ne trouverait pas en elle son principe, elle n'y trouverait pas non plus sa sanction ? Ou peut-être n'a-t-elle pas de sanction et toutefois ne cesse-t-elle pas d'être la morale ? Peut-être se suffit-elle pleinement, absolument, parfaitement à elle-même ? Peut-être n'a-t-elle que faire de recourir ni à la religion, ni à la métaphysique, ni à la psychologie, ni à aucune science, pour y puiser au moins la connaissance de quelques-uns de nos devoirs ? Il est merveilleux de voir comme on tranche de pareilles questions, sans étude ni rien qui suppose aucune étude, d'un mot tombé de plus haut et ramassé par terre! On se rappelle ce que disait cette femme à Jean-Jacques Rousseau : *Lascia le donne, e studia le matematiche.* On serait tenté de dire le contraire à certaines gens.

La religion a ses questions, comme la politique les siennes, comme l'économie les siennes. Sans doute, en vertu de la dépendance réciproque de toutes choses, des modifications économiques ne peuvent faire autrement que de modifier la politique et la religion dans leurs rapports avec l'économie, mais non en elles-mêmes. Quand le socialisme fait du problème économique tout le problème social, l'économie ainsi entendue usurpe les autres pouvoirs sociaux, et les inquiète. Comme ce caractère d'ambition ou de confusion ne lui est pas essentiel, il peut le perdre : qu'il se circonscrive. En se resserrant, il se fortifiera. Il deviendra plus juste, et on l'acceptera mieux.

Il affecte encore, aujourd'hui comme hier, d'opposer la classe des travailleurs à celle des bourgeois. Pourquoi ? Les bourgeois, sauf un très petit nombre de riches, ne sont-ils pas des travailleurs ? Les travailleurs ne deviennent-ils pas des bourgeois, quand ils s'élèvent sur l'échelle de la richesse, ou même sur l'échelle du travail ? Dans la société transformée qu'il rêve pour l'avenir, peut-être n'y aura-t-il plus de pauvres, mais il y aura sans doute des riches, des hommes qui devront, à plus de travail fait par eux ou par leurs pères, plus de ce capital qui n'est que du travail accumulé : ceux-ci seront les bourgeois, et ils tiendront le premier rang. A moins qu'on ne veuille que tous les travaux soient équivalents, et que l'œuvre du porteur qui distribue des livres ne le cède en rien à celle de l'écrivain qui les compose ! H. Fourier distinguait, parmi les facteurs de la richesse, le talent, comme un des éléments principaux, distinct du travail. Sauf qu'on donne raison au délire de cette étrange vanité dont toute supériorité blesse tristement l'envie, il y aura toujours une hiérarchie parmi les hommes : c'est un fait de nature, légitime à ce titre, et éternel ; il y aura toujours des faibles et des forts, des malades et des sains, des imbéciles et des gens d'esprit, — des inférieurs et des supérieurs ; il y aura toujours des classes, et il y aura des bourgeois. Une chose vaudra

donc mieux que de les combattre, ce sera de travailler
pour entrer dans leurs rangs.

— Mais les travailleurs sont les esclaves ou du
moins les serfs du capital? Il faut qu'ils s'affranchissent
de ce capital qui les exploite, en devenant capitalistes
eux-mêmes? L'émancipation est dans la suppression
des salaires? — Non. La situation d'un homme qui
reçoit un salaire, vis-à-vis de l'homme qui le lui paie,
n'est point par elle-même celle d'un exploité vis-à-vis
d'un exploiteur. Le salaire, au contraire, est l'application la plus directe, en même temps que la plus commode, d'un principe cher au socialisme : c'est l'échange
d'un travail contre un capital. Que si le capital est,
comme on le prétend, l'équivalent du travail, c'est
l'échange d'un travail contre un travail. Nous sommes
presque tous, les bourgeois aussi bien que le peuple,
des salariés. Il n'y a que le rentier, l'entrepreneur
d'industrie et le marchand, qui ne le soient pas. Ce
sont eux que les ouvriers voient le plus près et qui
leur figurent la haute classe : voilà les bourgeois, les
exploiteurs, les capitalistes ! tandis que salariés, ouvriers, prolétaires, sont mots synonymes pour l'esprit
du peuple. De la véritable « haute société » il n'a aucune idée, ne connaissant que des hommes de son
éducation et de son esprit, plus riches, mais du même
ordre : hommes de fabrique ou de commerce. Au-dessus de ces bourgeois, qui ne cessent d'appartenir,
après tout, à ce qu'on appelait jadis la classe des
artisans, il y en a d'autres : et ceux-ci encore sont des
salariés. Qu'est-ce que l'avocat ? Un salarié. Le juge ?

Un salarié. Le médecin ? Un salarié. Le prêtre, le professeur, le magistrat, le ministre, le journaliste et le maréchal de France, tous les hommes de professions libérales, tous les fonctionnaires de tout ordre, de tout degré ? Des salariés. Encore n'ont-ils pas la ressource de se mettre en grève pour obtenir l'augmentation de leurs salaires ! Ils ne s'en plaignent pas.

Maintenant, que le rapport entre le capital et le travail ne soit pas ce qu'il doit être ; que le capital se fasse la part léonine et qu'il soit bon de lui rogner les griffes ; que supprimer tout intermédiaire inutile entre la production et la consommation soit aussi chose fort désirable, je ne le conteste pas. Je conteste les moyens.

On s'efforce d'atteindre le capital par l'intérêt, qu'on déclare illégitime. Mais c'est ici une grave erreur. Comment ceux-là mêmes qui admettent que le capital est du « travail accumulé », prétendent-ils payer un travail fait par un travail à faire ? Il y a, de l'un à l'autre, la distance du certain à l'éventuel, du réel au possible. L'un n'est donc pas l'échange de l'autre, au même titre et sans condition. Mais surtout il n'est pas que le capital ne soit que du travail accumulé, car le travail n'a point suffi à le produire. Il a fallu un premier fonds, et il a fallu l'intelligence directrice du travail qui en tire parti. L'homme a agi sur ce que la nature lui a donné ; il a opéré sur des matériaux qui eussent été stériles sans son travail, mais sans lesquels aussi son travail eût été stérile : que dis-je, stérile ? impossible. Un capital est ce qui résulte de l'action du travail, et d'un travail plus ou moins intelligent, sur la matière naturelle : savoir, une matière travaillée avec plus ou moins d'intelligence et qui, telle qu'elle est, telle qu'un travail intelligent l'a faite, rapporte. Il se peut qu'auprès de tel autre facteur du produit, l'intelligence, par exemple, le travail ne soit à peu près rien. Pour combien est-il dans la valeur d'un tableau, d'un poème ? Le capital, résultant d'un travail intelligent sur une matière, est cette matière, ou la représente. Dans le premier cas, il rapporte naturellement : soit une terre cultivée et son fruit annuel. Dans le second cas, il est juste qu'il rapporte, puisqu'il représente et remplace la chose qui rapporterait naturellement. L'intérêt est donc légitime, et tous les éléments qui concourent à la production de la richesse ne se ramènent pas au seul travail : ce qui renverse la base du socialisme, ou ce qui l'oblige à se modifier profondément.

Accordons toutefois qu'il y a encore, qu'il y a toujours, d'immenses réformes à faire. Qu'on se flatte d'y parvenir par la coopération ou par quelque autre recette, soit : non seulement nous comprenons, mais nous approuvons qu'on se livre avec ardeur à l'étude des problèmes si délicats que soulève l'économie, et qu'on tâche d'en expérimenter, par une pratique même immédiate, les solutions. Autant il nous paraît dangereux qu'on les passionne, qu'on les envenime par des oppositions intempestives de classes, autant il nous paraît salutaire et utile, pour l'avenir économique des peuples, qu'on prenne à tâche d'en élaborer, pour ainsi dire, la science au grand jour.

C'est en ceci que le socialisme s'est heureusement transformé. Il a répudié ses vieilles traditions : plus de conspirations, ni de sociétés secrètes. Plus de tentatives pour se saisir d'un pouvoir qui lui permettrait de s'imposer aux peuples. Il ne s'imposera pas, et il n'en sera que plus fort.

C'est qu'il a laissé ses vieilles utopies : il n'est plus communiste. On l'accusait de supprimer la propriété, l'individu, la famille : il voit dans la famille, dans l'individu, dans la propriété, acceptée avec toutes ses conséquences, don, transmission, héritage, les bases mêmes du monde futur. Il marque leur place : pour la femme, à la maison ; pour les enfants, auprès de leur mère ; il exagère le droit de la famille, auquel il sacrifie l'Etat, comme le droit de l'individu, auquel il sacrifie même l'association. Il ne mérite plus les accusations dont il était l'objet. Il mérite plutôt les contraires. Il était le communisme, il est le *mutualisme*.

Rien de plus remarquable, pour qui veut se rendre compte de ce changement, que le motif qui lui fait préférer la coopération à l'association : c'est que l'association efface ou subordonne trop l'individu. On a vu ce qu'il reproche à l'une, ce qu'il attend, ce qu'il espère de l'autre. Encore une fois, je n'examine pas pour quelle part la chimère entre dans ses espérances ; le moindre examen de tant de questions soulevées, traitées, tranchées, de tant de solutions proposées, nous entraînerait bien loin. Je me borne à constater ce changement décisif : le socialisme est devenu profondément individualiste, de communiste qu'il était, et d'autoritaire libéral. Il s'est modifié dans ce qu'il avait eu de plus erroné ; il est entré dans la voie de l'esprit moderne, dans la voie de la Révolution française, dans la véritable voie.

Le jour où les députés du tiers-état, invitant les représentants des deux autres ordres à se joindre à eux, firent des Etats-généraux l'Assemblée nationale, et la nommèrent ainsi, la Révolution française fut constituée en sa puissance. Il n'y eut plus dès lors en France qu'une France, parce qu'il n'y eut plus qu'un ordre : le tiers-état, qui n'avait été rien, fut tout. Le prêtre, le noble, le bourgeois, disparurent : il n'y eut plus que le citoyen. Cela fut dit, et cela fut fait. Une parole créa un monde. — Le jour où l'Assemblée nationale fit la Déclaration des droits de l'homme, la Révolution française fut constituée en son principe. Elle fut dès lors une doctrine, comme elle était déjà une force. Quelle force ? L'affirmation publique d'elle-même. Quelle doctrine ? Que l'individu a des droits naturels, inviolables, imprescriptibles, dont il appartient à tous les hommes ensemble de lui garantir le respect ; que l'association des hommes réunis à cet effet est la cité ; que le citoyen n'est pas pour la cité, mais la cité pour le citoyen. Cette doctrine, à mesure qu'elle s'applique à toutes choses, les transforme.

C'est une extension, c'est une application de cette doctrine à tout un ordre de choses, que tente le congrès ouvrier. Une société nouvelle s'affirme. De même que le tiers-état dans le livre de Siéyès, elle dit aussi :

Que sommes-nous? Rien. Que devons-nous être?
Tout. Nous sommes les travailleurs.

Que les travailleurs soient tout dans le partage de la richesse, c'est à merveille, s'il est vrai que le travail soit tout dans la production; mais on a vu qu'il n'en est pas ainsi. Qu'ils aient leur juste part, et que cette part soit beaucoup plus large que celle qui leur a été faite, je le veux ; à deux conditions : la première, que le travail ne s'entende pas seulement de l'œuvre matérielle, ni de l'œuvre industrielle ou mercantile. Il y a des travaux de tout ordre. Le philosophe qui médite, le poète qui rêve, sont des travailleurs. Le moine qui prie pour les hommes dans sa cellule croit leur être utile ; et s'il se trouve des hommes pour croire qu'ils retirent en effet quelque utilité de sa prière, les empêcherez-vous de lui assurer, n'importe sur quel pied et à quel titre, la vie matérielle en retour? La seconde condition est que, si les oisifs (les véritables oisifs) doivent disparaître de la terre, ce ne soit pas violemment, mais peu à peu, par suite d'un régime de justice où l'oisiveté engendrerait la pauvreté comme sa conséquence naturelle. Il est beau de vouloir changer un état de choses qu'on estime injuste, et réaliser la justice dans le monde ; mais il ne faudrait pas remplacer une injustice par une autre, ou prendre pour injustice la justice même.

Comme cette société qui s'affirme a pour force précisément l'affirmation publique d'elle-même, elle a aussi pour doctrine un droit, le droit du travailleur. Proportionner la richesse de chacun à son travail, tel est, on l'a vu, le principe du socialisme, et tel est le sien. On a vu aussi qu'il n'est qu'une détermination exclusive d'un principe qui est le droit même : rendre à chacun dans la mesure de ce qu'il a donné, distribuer la richesse entre les membres du corps social dans l'exacte proportion où chacun d'eux a contribué à la produire. Quelle est cette proportion ? Quelle est la part de chacun, conformément à ce principe? Nul n'apporte-t-il, au fond, dans la production de la richesse, et d'une manière ou d'une autre, que son travail? Alors le principe socialiste sera vrai. Ou bien est-il faux que le travail soit la seule chose qu'on y apporte, le seul facteur de la richesse ? Alors le principe socialiste sera faux, parce qu'il sera exclusif. Que la doctrine du congrès ouvrier s'élargisse, au moins dans son expression fondamentale; qu'elle ne dise pas : Le droit du travailleur, mais : Le droit de chacun dans la distribution de la richesse, elle est alors ce qu'il faut qu'elle soit, une application du droit à un ordre de choses spécial et d'une suprême importance, — la conséquence économique du principe de la Révolution française.

Que l'Assemblée internationale des travailleurs se garde bien d'être exclusive en matière de justice et de droit, non plus qu'en matière de travail ; qu'elle ne prétende pas absorber tous les problèmes sociaux dans le seul problème économique, mais qu'elle laisse à la politique et à la religion leur légitime place ; que, dans l'ordre économique même, elle se maintienne toujours sur le terrain du droit, sans le dépasser ni le rétrécir ; qu'elle continue à reconnaitre le droit individuel comme la base de la société, et qu'elle cherche, en conséquence, la part du travail dans la distribution de la richesse, elle marche dans la route que la Révolution française a ouverte, et cette recherche l'engage comme dans une nouvelle route à suivre.

C'est ici qu'elle peut avancer ou dévier. Qu'elle relie entre eux par un lien de fraternité des hommes de toutes nations, qu'elle élève de la sorte, au-dessus des nationalités, la solidarité humaine, c'est encore en ceci le grand principe de la Révolution française qui l'inspire, et qui la porte, avec une formidable puissance, sur la route nouvelle où elle s'engage. Quelle sera cette route? De quel côté cherchera-t-on la solution dont on est en quête? Le travail dont vous cherchez la part, et avec raison, dans la distribution de la richesse, comment l'entendez-vous? Est-ce le travail des ouvriers, et ne s'agit-il que d'industrie? Ou bien est-ce l'activité humaine tout entière? Quand vous prétendez donner le règne à la classe des travailleurs, est-ce une classe de travailleurs que vous entendez, savoir, vous et les vôtres? ou reconnaissez-vous toutes les formes du travail humain, et la classe des travailleurs est-elle, en effet, la société, moins quelques milliers d'oisifs? Et à ce travail dont vous cherchez à fonder l'empire associez-vous les autres facteurs de la richesse, ou leur déniez-vous leur droit et leur légitime part? Suivant que l'Association internationale des travailleurs aura répondu, et suivant aussi que sa réponse aura été violente ou pacifique, le premier congrès qu'elle vient d'assembler à Genève aura été le commencement d'une ère funeste ou d'une ère salutaire, d'une déviation de la Révolution française ou d'une nouvelle étape de la Révolution française dans sa droite voie. C'est ce que nous apprendra l'avenir.

DU ROLE DE L'ÉTAT
DANS LES QUESTIONS ÉCONOMIQUES
(LU A L'INSTITUT)

Dès que les difficultés ou les complications de la vie sociale posent un problème à résoudre, on s'adresse à l'État pour le résoudre. Et quand l'État est une émanation de la nation, dans un régime parlementaire où le pays agit et vit par les Chambres qui le représentent, où la parole des Chambres est la vie même du pays, le pays saisit les Chambres de tout ce qui l'inquiète ou le trouble. Il n'est point de session où ne se débattent quelques-uns des plus graves problèmes de notre siècle : dans la dernière législature, la question sociale a été agitée, le gouvernement interpellé sur son programme économique.

Le commerce, l'industrie souffrent ; les ouvriers chôment, pas de travail, pas de pain. Que fait le gouvernement pour soulager leur misère ? Et que fait-il pour prévenir le retour de leurs maux ? Car il ne suffit pas de soulager le malade, il faut le guérir ; et il ne suffit pas de le guérir, il faut lui conserver la santé rendue. De là deux questions aujourd'hui connexes, mais distinctes en elles-mêmes, qu'on peut séparer, qu'on a séparées en effet : une particulière, relative à une crise dont nous n'avons pas à parler ici, une générale, qui est proprement la question sociale : celle des rapports du capital et du travail, celle de la production et de la distribution de la richesse, celle de l'extinction du paupérisme.

I

Le gouvernement a été interpellé sur son programme économique... Appartient-il au gouvernement, est-il dans les attributions de l'État, d'avoir un programme économique ? On lui demande une solution de la « question sociale », un remède au mal de misère : a-t-il ce remède ? est-ce à lui de l'avoir ? — Mais, s'il ne l'a pas, si telle n'est point sa tâche, est-ce à dire qu'il doive se désintéresser d'un problème qu'il n'aurait pas à résoudre, et s'arrêter, les bras croisés, dans une égoïste inertie, indifférent à des maux dont il ne serait ni l'auteur ni le médecin ?

Il ne s'agit point d'assistance à des malheureux, mais d'organisation du vrai régime économique : mutualité, corporation, coopération, association, participation aux bénéfices, abolition du salariat, que sais-je encore ? Quel est le vrai régime économique ? Est-il matière de loi ? Le gouvernement, le parlement, le pouvoir public a-t-il qualité pour le reconnaître ? qualité pour l'établir ?

Cette question nous élève à une autre plus haute, et qui la domine, ainsi qu'elle domine aujourd'hui tous les problèmes ; qu'est-ce que l'État ? Se confond-il avec la société ? société religieuse, morale, économique ? avec la société conçue elle-même comme une famille? Est-il donc le père de famille chargé du bien physique et moral de tous ses enfants? l'universel tuteur? Doit-il aux membres de la cité la vérité et le bien-être comme il leur doit la justice?

J'entends bien : il nous doit le bien-être, mais non la vérité. Il a charge de vies, mais non charge d'âmes. Nous ne lui demandons pas le vrai régime religieux : fi! nous serions des cléricaux! mais le vrai régime économique. Nous ne confondons pas le spirituel avec le temporel, et les ennemis de la messe ou du prêche nous trouvent animés de la plus sympathique tolérance : ce sont leurs amis que nous ne tolérons pas. L'État est la société : un atelier, non une église...

Oui, j'entends. Qu'on y prenne garde cependant : s'il est un atelier, il sera une église. S'il doit le bien-être, il devra la vérité : il devra tout le bien. Car la question est celle-ci : pour quelle tâche, pour quelle œuvre est l'État? Pour assurer le droit? ou pour procurer le bien?

Si c'est pour procurer le bien, il aura la double charge de le reconnaître et de le faire prévaloir. Il le déclarera, et l'imposera. Rendons-nous compte des conséquences de ce principe, très répandu, et qui hante les meilleurs esprits, les plus avancés comme les plus rétrogades : ils ne diffèrent que dans leur conception du bien.

Mais quel bien? Les uns le conçoivent d'une façon, les autres d'une autre ; les uns comme les autres prétendent également ériger en loi le bien conçu par eux, ils se disputent la loi : et qui sera leur juge? Ils ne peuvent que se combattre. Quelle raison sera la meilleure ? Il n'y en aura qu'une bonne, celle du plus fort.

Le bien-être n'est pas le seul bien. L'homme ne vit pas seulement de pain. L'État, qui interdira le mal, interdira donc l'erreur, le vice, l'hérésie, les mauvais livres, les mauvais journaux : quoi de plus nuisible, de plus funeste ? et si l'État doit interdire tout ce qui est préjudiciable à autrui, quoi de plus préjudiciable ? Les mal pensants, les mauvais auteurs, sont des empoisonneurs d'âmes. Plus de liberté de conscience, « un délire », dit une encyclique fameuse ; plus de liberté de la presse, « une chose exécrable et dont on ne saurait avoir assez d'horreur. »

Mais quels seront les mal pensants ? Quelle religion sera l'hérésie, et quelle sera l'orthodoxie ? Celle du Koran, ou de la Bible ? Celle de Londres, ou de Saint-Pétersbourg ? de Genève, ou de Rome ? C'est l'État qui la choisira, et, par son choix, l'imposant aux consciences, la rendra orthodoxe, la fera vraie !

On ne veut plus de ce bien, on veut d'un autre. La question sociale n'est plus celle du vrai, ni du beau, ni du saint, mais de l'utile. On ne croit plus à la vie éternelle ; on n'a plus qu'une vie courte, il faut en jouir. L'homme ne vit pas seulement de pain, mais aussi de vin et de bonne viande. Rabattons-nous donc sur la terre. L'État interdira ce qui est préjudiciable... moralement ? Non. Matériellement. Ce qui est moral est contestable, ce qui est matériel ne l'est pas. L'État donc interdira ce qui porte un préjudice matériel... à qui ?

A la production nationale ? Il frappera de droits élevés les produits du dehors ? Nos produits seront frappés au dehors de droits semblables : nous y gagnerons six cent millions, nous y perdrons dix-huit cents millions. Notre industrie protégée contre l'étranger sans que notre agriculture le soit, l'agriculture paie à l'industrie, dont elle achète les produits à chers deniers, une redevance ruineuse ; faut-il aussi protéger l'agriculture ? Nos bœufs, dit un des orateurs de la Chambre, perdent cent francs dans cette concurrence avec ceux de l'étranger ! Cent francs ? je vous plains, vous qui les vendez ; mais nous qui les mangeons ? Et que deviendra le pain ? Que deviendrons-nous si le blé du dehors n'entre en abondance ? Et s'il entre en abondance, que deviendra l'agriculture ?

Le temps n'est pas loin où le pâtissier ne pouvait vendre du pain, ce qui eût été nuisible au boulanger, ni le boulanger de la pâtisserie : bon pour le pâtissier et le boulanger ainsi protégés ; mais pour les consommateurs ?

Tous les métiers, toutes les industries, tous les commerces en étaient là sous l'ancien régime. La liberté du commerce était une utopie, une chimère, un rêve de Turgot ; l'État, chargé du bien de tous, protégeait la production — contre la consommation, c'est-à-dire, sans l'avoir voulu, sans avoir vu la conséquence, l'intérêt de quelques-uns contre l'intérêt de tous.

La concurrence fait des ruines, mais elle fait le bon marché.

L'élévation des salaires fait la cherté. L'ouvrier croit y gagner ; il y gagne en effet comme producteur, il y perd comme consommateur : or, il n'est producteur qu'en une chose, il est consommateur en tout le reste.

Mais la cherté a une limite : vient un point où les produits, dont l'élévation croissante des salaires a sans cesse enflé les prix, ne s'écoulent plus ; le travail s'arrête, c'est le chômage, avec toutes ses misères, toutes ses horreurs, et, comme on l'a dit, les grondements de la faim...

Y a-t-il donc surproduction, comme on l'a dit aussi ? trop de produits, trop d'objets fabriqués, trop de logements, trop de tout ce qu'a fait l'art de l'homme pour le bien-être ou le plaisir de l'homme ? — Trop, non. Mais trop cher. Y a-t-il jamais trop ? Peut-il y avoir trop ? Ah ! les constructeurs de ces belles maisons qui ne se louent pas seraient heureux de les habiter, et ils ne savent où se loger ; ceux qui ont travaillé à fabriquer tant d'objets utiles en profiteraient volontiers eux-mêmes, et le monde est plein de gens à qui il ne manque, pour s'en servir, que d'être riches. Ils le seront à leur manière, c'est-à-dire que les produits qui ne s'écoulent pas, parce qu'ils sont trop chers, seront moins chers, et s'écouleront ; les maisons se vendront ou se loueront à vil prix ; la surproduction d'aujourd'hui sera demain l'abondance. Mais il y aura eu des ruines ! On n'a pas été sage. Le chômage pour les ouvriers, la faillite pour les patrons : à chacun son tour.

Hélas ! tout est conflit sur le terrain du bien et du mal ; il n'est pas un bien qui ne soit un mal, ni un mal qui ne soit un bien. Quel mal interdira l'Etat ? Il empêchera un bien. Quel bien commandera-t-il ? Il amènera un mal. Quel intérêt favorisera-t-il ? Tout intérêt est contraire à un autre. Et quel droit de l'un plus que de l'autre ? Celui des masses ? Ce sera aux dépens de cette élite qui est l'humanité supérieure, et la civilisation périra. Celui d'une élite ? Ce sera aux dépens de ces masses qui la font vivre.

Et d'où l'Etat, chargé de procurer le bien, tirera-t-il son pouvoir ? Est-ce nous qui lui conférerons un pouvoir que nous n'avons pas nous-mêmes ? Car nous n'avons pas le pouvoir d'imposer le bien, n'ayant point qualité pour décider du bien d'autrui. L'Etat ne sera pas une délégation, une émanation du pays ; il sera par lui-même, par la conquête, par Dieu, peu importe le nom, par la force ou la ruse ou le hasard qui l'aura fait notre maître, et nous ses sujets.

Non, tel n'est point l'Etat. Il n'a pas charge de procurer le bien, mais d'assurer le respect mutuel des droits. Il n'est point la société en général, mais la société organisée pour la protection du droit de chacun de ses membres.

Or, qu'est-ce que le droit ?

II

Le droit est la liberté d'agir. Il n'est pas l'obligation d'agir, ou le devoir ; il n'est pas la liberté de bien agir : il est la liberté d'agir, bien ou mal. Il est la faculté d'exiger la liberté due, quelquefois l'obéissance due : l'homme a droit à la liberté ; un père dans sa famille, un chef légitime, un magistrat a droit à l'obéissance.

Qu'ont de commun ces deux droits ? La faculté d'exiger ce qui, pour un être moral soumis à l'obligation du devoir, est la condition de son devoir : pour le père, le chef, l'homme investi d'une charge, l'autorité qui lui en permet l'exercice ; pour l'homme comme tel, pour tout homme, la liberté.

Et quel est le fondement du droit ? Le devoir.

Je ne veux pas dire que le droit est de faire ce qu'on est obligé de faire : car on a aussi le droit de ne pas le faire. L'exercice d'un droit est facultatif. Et que signifie une permission de ce dont on aurait l'obligation même ? Pur non-sens que tout cela. Le droit n'est pas de faire son devoir, mais de pouvoir le faire : si c'est une charge, de pouvoir l'exercer, d'avoir l'autorité qu'elle implique ; si c'est une conduite de la vie, de pouvoir la tenir, de n'en être pas empêché, d'en être libre.

Plusieurs fondent le devoir sur le droit. Mais le droit, sur quoi le fondent-ils ?

Sur le besoin ? S'il confère à l'homme le droit d'exploiter l'animal qui le sert et le nourrit, il confère au blanc le droit d'exploiter le nègre, au fort le droit d'exploiter le faible. N'avons-nous pas besoin les uns des autres ? J'ai droit sur vous, ayant besoin de vous, et vous avez droit sur moi. Lequel des deux l'emportera, mon droit ou le vôtre ? Le vôtre, si je suis battu. Mais si j'ai le dessus, le mien. La force crée le droit. Celui qui avait dit : « La force prime le droit », ne les confondait pas du moins, et, accordant au victorieux tous les avantages, lui déniait l'honneur d'être juste.

On fonde le droit sur la dignité de l'homme ? C'est la doctrine à la mode aujourd'hui chez ces fiers démocrates, ces purs, ces indépendants absolus, qui ne veulent, disent-ils, « ni Dieu ni maître ». Mais sur quoi fondent-ils la dignité de l'homme ? Sur elle-même ? Sur le sentiment qu'ils ont de leur grandeur ? Qui leur a dit que les animaux, dont ils ne reconnaissent pas ou dont ils ne respectent pas le droit, ne soient pas grands ? L'homme leur est supérieur, je le veux : si la supériorité est cette dignité qui fonde le droit, il y aura un droit de l'homme sur les animaux, mais un droit aussi de l'homme sur l'homme : du civilisé sur le sauvage, du blanc sur le nègre, du savant sur l'ignorant, de l'intelligent sur le sot, des sages et des gens d'esprit sur eux.

Que si la prétention de l'homme à une dignité propre est légitime, si elle a un titre qui la justifie, ce titre est le fondement du droit : non la dignité, mais le principe de la dignité. C'est le caractère moral d'un être libre, obligé au bien : c'est le devoir.

L'être libre et raisonnable, l'être responsable, capable de devoir, est une personne. Tel est l'homme ; et c'est sa dignité d'agir par lui-même, d'avoir puissance de faire le bien, d'être bon s'il veut l'être. Comme il doit l'être, comme il est un être moral ayant des devoirs, il a pour premier devoir de respecter et de faire respecter en lui-même, par la force au besoin, de maintenir intact en sa personne ce qui est la dignité de sa personne, la condition de son être moral : son libre arbitre. Ce devoir fonde le droit : le respect dû à la liberté et à tout ce qu'elle enveloppe ; l'inviolabilité de la personne humaine.

Dans une société d'êtres moraux, où chacun a pour devoir de faire le bien selon sa conscience et dans la mesure de ce qu'il peut, chacun a pour premier devoir de ne pas ravir aux autres ce qui est la condition de leur action morale ; ce devoir de chacun est le droit des autres sur lui, comme il a lui-même le même droit sur eux.

Le respect du droit est la justice. La justice n'est pas seulement obligatoire, elle est exigible : en d'autres termes, la morale, qui n'autorise pas ceux envers qui nous devons être charitables, par exemple, à nous y contraindre, autorise au contraire ceux envers qui elle nous commande la justice à l'exiger de nous. Ils peuvent nous forcer à la justice que nous leur devons, et nous pouvons les forcer à la justice qu'il nous doivent : tel est le droit.

Si nous avons des devoirs à remplir, il faut que nous n'en soyons pas empêchés, dussions-nous opposer la force même à la violence qui mettrait obstacle à notre effort pour le bien. La condition d'un tel effort est la liberté. Il est vrai que, devant en user pour le bien, nous pouvons en user pour le mal : mais qui nous en ravirait l'usage nous ôterait, avec le pouvoir de mal faire, celui de bien faire. Il détruirait en nous l'être moral.

Nous devons donc être respectés dans notre liberté : la liberté d'un être moral n'a de limite que le point où elle-même cesserait de respecter celle d'autrui. Nous nous devons les uns aux autres le respect réciproque de nos libertés : arrêtons-nous devant la liberté d'autrui, arrêtons autrui devant la nôtre. Pleine liberté jusque-là.

Qu'est-ce donc que le droit ? Nous l'avons dit : la liberté.

Non point telle liberté déterminée, mais la liberté entière. Non point une liberté du bien qui ne serait pas celle du mal : car elles sont inséparables. La liberté du bien est celle du mal : elle est la liberté. La liberté est ou n'est pas. Qui peut le bien peut le mal ; et qui ne serait pas libre de mal faire ne le serait pas de bien faire, car il ne serait pas libre. Sa conduite, dont il ne serait pas le maître, ne serait pas moralement bonne. Il ne ferait que le bien, me dit-on ? Non. Il ne le ferait pas librement, et dès lors ce ne serait plus le bien.

Sans doute, le droit qu'a l'homme d'agir à son gré n'est pas le droit de commettre innocemment le mal : qui donc a soutenu pareille sottise, et qu'on fût innocent de mal faire ? Il est le droit de mal faire, sans rendre innocent celui qui fait mal ; il est le droit de vivre comme l'on veut vivre, pourvu qu'on n'empêche pas les autres de vivre aussi comme ils veulent et de ne répondre aussi de leur vie qu'à Dieu seul. Si la liberté est le pouvoir de choisir entre le bien et le mal, elle ne sort pas de son terrain quand, pouvant choisir le bien, elle choisit le mal ; elle est dans le propre exercice de son pouvoir, qui n'est pas une direction, mais une force ; elle est dans son droit.

Quoi ! de ce que l'homme a le pouvoir de choisir le mal, s'ensuit-il qu'il ait le droit de le faire ? — Oui, dans un sens ; non, dans un autre. L'homme n'est pas seulement une liberté, mais encore une raison. Quand il fait le mal, il est dans le droit de sa liberté, non de sa raison : il est dans son droit devant l'homme, non devant Dieu. Il use de sa puissance, et il en use à ses risques : nul, ni individu ni société, n'a le droit de l'empêcher d'user à son gré d'une puissance qui lui a été précisément remise pour être l'épreuve de son mérite. Qu'il en use bien ou mal, il sera récompensé ou puni : il a un juge.

En un mot, l'usage de notre liberté, qui est notre droit, est-il par cela même bon ? Il peut être mauvais ; mais, bon ou mauvais, il est légitime et conforme à la justice dès qu'il respecte la liberté d'autrui. A nous de faire un bon usage de la nôtre : c'est notre responsabilité devant notre conscience et devant Dieu ; à autrui de respecter l'usage, quel qu'il soit, bon ou mauvais, qu'il nous plaît d'en faire. Notre devoir est d'en bien user ; mais d'en user, bien ou mal, c'est notre droit.

Quand un homme agit contre la liberté d'un autre, il use de sa liberté, mais l'usage qu'il en fait est d'ôter à un autre l'usage de la sienne : il cesse alors d'être dans son droit, non point parce qu'il agit mal, mais parce qu'il attente au droit d'un autre. Car si l'usage, bon ou mauvais, de sa liberté est son droit, l'usage, bon ou mauvais, de la liberté de l'autre est aussi le droit de l'autre : voilà deux droits qui se heurtent, deux droits égaux. « Il n'y a point de droit contre le droit (Bossuet) ». Le premier n'a pas droit contre le droit du second, ni le second contre le droit du premier ; c'est pourquoi leurs droits égaux se limitent réciproquement.

La société organisée pour arrêter les droits à la limite où ils se heurtent, pour garantir le respect mutuel des droits, est l'Etat.

Dans la société naturelle, nous avons des droits naturels, avec le droit fondamental de les faire prévaloir, de nous défendre contre l'injustice. Mais avons-nous les lumières pour connaître, en une foule de causes complexes et délicates, le droit ? Avons-nous surtout l'impartialité ? Nous sommes juges en des causes où nous sommes partie, et nous jugeons en notre faveur. Je veux que nous ayons raison, notre cause est juste, à nous d'en assurer le triomphe : vain droit, on l'avouera, tant qu'on n'a pas l'appui de la force. Vous aliénons donc notre droit naturel de nous faire justice à nous-mêmes entre les mains d'un pouvoir supérieur et neutre, qui a les lumières que nous n'avons pas, l'impartialité que nous n'avons pas, la force que nous n'avons pas.

Ce pouvoir supérieur et neutre que nous élevons au-dessus de nous, mais qui émane de nous, qui nous représente pour nous garantir à tous également, à défaut de nous-mêmes, une égale justice, est l'Etat : le droit armé, non le bien armé.

Le droit est la liberté, avec tout ce qui en relève : en elle-même, dans la vie et l'intelligence qu'elle présuppose, dans son exercice, dans ses instruments, dans ses œuvres.

Nous devons être respectés dans notre âme comme dans notre corps, dans notre intelligence comme dans notre honneur, dans notre foi, dans notre parole, dans notre action, dans nos affections, dans nos biens et dans la disposition de nos biens. Sécurité d'existence, liberté de conscience et de culte, liberté de propagande et de presse, liberté d'association, liberté de mariage, toute la liberté de penser, de parler, d'écrire, d'aller et de venir, toute la liberté d'agir, soit isolément, soit en commun, avec le droit, qui en découle, de l'ouvrier sur son œuvre, du créateur sur sa création, la propriété, conservée, échangée, donnée, transmise, anéantie, si tel est le caprice du maître. Toute la liberté d'agir, dis-je, mais limitée par l'égale liberté d'autrui, par le respect dû à son droit égal au nôtre, principe de droits semblables et respectables au même titre : homicide, brutalité, grossièreté, calomnie, médisance, mensonge, ruse, oppression, séquestration, vol, fraude, contrainte quelconque, matérielle ou morale, autant de torts, autant d'attentats contre notre droit, contre la justice.

C'est contre l'éventualité de ces torts que le gouvernement nous protège ; c'est pour assurer le respect mutuel de nos droits qu'il existe. Mais qu'il respecte lui-même les droits dont il impose le respect ! Qu'il ne frappe point, qu'il ne séquestre point, — sauf les malfaiteurs, contre lesquels il est la société armée en défense ; qu'il ne trompe ni n'opprime ; qu'il se garde, comme du crime qui le constituerait lui-même malfaiteur public, de toute contrainte religieuse, morale, commerciale, industrielle, de toute organisation obligatoire du travail au même titre que de toute organisation obligatoire du culte, de tout communisme aussi bien que de toute Église privilégiée, de tout monopole d'État aussi bien que de toute religion d'État. Autre temps, autre oppression. Les objets du despotisme changent, l'humeur despotique ne change pas : elle demande un jour l'oppression de la propriété en faveur du prolétaire, comme en d'autres époques, en faveur ici des catholiques, là des protestants, l'oppression de la conscience. Que le gouvernement ferme l'oreille à toutes les voix de la tyrannie, voix qui crient à droite, voix qui crient à gauche, et qu'il sache être juste !

Non, la souveraineté exercée par des représentants du droit de tous à la justice n'est pas absolue. Elle a sa sphère, elle a ses bornes : elle s'arrête devant la liberté individuelle, devant la liberté de la pensée et de la conscience, devant la liberté du travail.

Qu'un intérêt lui soit opposé, elle passe outre : qu'un droit se présente, elle s'arrête. Sa tâche est de reconnaître le droit, de le déclarer, de le sanctionner, non de le créer ou de s'en faire un à sa guise. Elle ne peut que transformer, par la déclaration de la loi, le droit naturel en droit civil ; elle ne peut le franchir.

L'Etat bien défini, l'office du gouvernement bien établi, quelle attitude lui convient-il de prendre à l'égard de la question sociale ? Doit-il se désintéresser du problème économique ? Ou sous quelle forme, dans quelle mesure y doit-il intervenir ?

III

Si l'État est le droit armé, non le bien armé, s'il n'a point pour tâche de procurer le bien, mais d'assurer le droit, n'a-t-il qu'à ignorer les questions sociales, à se retirer des différends qui, sur tant de champs de bataille, nous mettent aux prises les uns avec les autres, sans nul souci que d'affermir sous nos pas les champs de bataille : et dans l'ordre économique n'a-t-il, comme on l'a dit, qu'à « laisser passer laisser faire ? ».

Non, la tâche du gouvernement n'est pas toute négative. Il y a un droit des individus, dont il n'a qu'à maintenir ferme contre toutes les atteintes possibles, contre les siennes même, contre celles du despotisme commun non moins que contre celles de la violence particulière, le respect sacré : sa tâche est négative en ceci. Mais il y a un droit de la société, un droit du peuple en corps : ainsi, la protection du peuple contre les atteintes possibles des autres peuples ; ainsi, l'instruction universelle, l'entretien des routes et canaux, et, en général, tout ce qui donne lieu aux services publics : la tâche du gouvernement devient ici positive.

Mais la tâche même négative du gouvernement n'est pas l'inaction. Pour maintenir le droit des individus, il faut le reconnaître, et d'abord l'étudier. Le problème économique est très complexe ; et il se complique d'un autre encore, celui de la misère : deux problèmes distincts et liés, on les confond souvent : l'un a pour objet la juste répartition de la richesse ; l'autre, l'extinction du paupérisme.

On les confond, parce qu'on est persuadé que la richesse, répartie justement, le serait également, et que dès lors il n'y aurait plus de pauvres. Mais c'est une erreur : la justice n'est pas l'égalité ; et l'égalité même serait-elle donc nécessairement égalité de richesse ? Ne pourrait-elle être égalité de misère ? Quand le phylloxéra ravage et détruit les vignobles d'une moitié de la France, il en résulte une ruine générale : inégalement répartie, sans doute : en quoi vaudrait mieux l'égalité de la ruine ? Il y aurait plus de pauvres, et ils ne le seraient pas moins.

S'il n'y avait point de riches, il n'y aurait point de pauvres : mais tous le seraient. Ils ne s'appelleraient pas pauvres, n'ayant pas à qui se comparer : mais qui alimenterait, qui soutiendrait de son or, les travaux de l'industrie ? ou qui en achèterait les produits ? Plus de luxe, plus de superflu pour personne ; mais où commence le superflu ? et qu'est-ce qui est le nécessaire ? Est-il ce qu'il faut pour ne pas mourir ? ou ce qu'il faut pour vivre largement, pour satisfaire les besoins de l'esprit comme ceux du corps ? Est-il ce qu'exige la vie ? ou ce qu'exige la noblesse et la dignité de la vie ?

S'il n'est que ce qu'exige la vie, ce qu'il faut pour ne pas mourir, il n'y a guère de pauvres qui n'aient du superflu : l'habitude le leur a rendu nécessaire. Pourraient-ils vivre comme des sauvages ? Mais l'habitude a rendu nécessaire à d'autres un luxe qu'ils leur reprochent en le leur enviant. S'il est ce qu'exige la noblesse et la dignité de la vie, il n'y a que les riches qui le possèdent.

Les pauvres se comparent aux riches : mais ils ne songent pas qu'ils sont mieux nourris, mieux logés, mieux vêtus, que ne le furent en d'autres temps d'autres hommes qui s'estimaient heureux ; ils ne songent pas qu'ils jouissent des progrès qu'a faits le bien-être général, grâce aux progrès de l'industrie, qui ne s'alimente que par la richesse.

Ils souffrent néanmoins. Leurs besoins ont augmenté par ce même progrès qui a augmenté leur bien-être. Toute jouissance nouvelle est une occasion nouvelle de souffrance. La pauvreté est relative ; mais c'est toujours la pauvreté. On travaille, on vit durement ; le travail s'arrête, vient le chômage ou la maladie : ce n'est plus la pauvreté, c'est la misère. On vivait durement, on meurt. Car telle est, hélas ! la **pauvreté** : non pas seulement la vie dure, mais la vie au jour le jour. Elle côtoie la misère, et au moindre écart elle y tombe.

Le problème de l'extinction du paupérisme ne saurait être de supprimer la pauvreté, mais de la sauver de la misère. Qu'y peut l'État ? Comme protecteur du droit individuel, rien. Beaucoup, mais indirectement, comme gérant des intérêts communs, comme chargé des services publics. « Faites-moi de bonne politique, je vous ferai de bonnes finances, » disait le baron Louis. Des imprudences bien souvent, des guerres qui pouvaient être évitées, des révolutions qui devaient être prévenues, des mesures fiscales qui ont accru la cherté de la vie, ou d'autres causes semblables, produisent la misère : c'est l'État qui la produit alors. A lui d'y pourvoir ; à lui de s'interdire ce qui l'amène. Quand le mal est fait, il est sans remède : l'assistance peut soulager quelques misérables, elle ne guérit pas la misère.

Tout autre est le problème économique : et c'est ici la vraie question. Quelle que soit la misère présente, et quelles qu'en puissent être les causes, qu'elle résulte de calamités ou d'imprudences, de malheurs qui échappent à toute prévision comme à toute sagesse humaine, ou de fautes commises, et par les particuliers ou par l'État, que l'État y ait ou non sa part, c'est là peut-être un thème de récriminations commodes et sans valeur, d'éloquence démagogique : exagérée par la haine, atténuée par la complaisance, plus ou moins grande selon qu'on est l'ennemi ou l'ami du gouvernement, elle est toujours trop grande ; et elle ne demande pas un réquisitoire contre ceux qui l'ont faite, si quelqu'un l'a faite, mais un prompt secours : hélas ! le secours sera loin d'égaler le mal !

Aussi demande-t-elle encore, et par-dessus tout, autre chose : l'étude, la solution d'une question distincte, mais liée, du problème économique. La juste distribution de la richesse ne supprimerait pas la pauvreté, mais la diminuerait, et la retiendrait peut-être plus longtemps sur le seuil de la misère.

On l'a bien compris. L'auteur de l'interpellation faite au gouvernement sur son programme économique s'est placé tout d'abord sur le terrain du problème économique ; et la plupart des orateurs l'ont suivi sur ce terrain. Il a indiqué une solution de la question sociale ; d'autres en ont indiqué d'autres. Solutions obligatoires, ou facultatives ? Tout est là. Faut-il que le gouvernement les impose ? ou se borne à leur permettre de se produire ?

On parle de ramener tous les prix au prix de revient, de supprimer les bénéfices ; on admet les bénéfices, mais on parle d'y faire participer les ouvriers ; on parle d'associer les ouvriers entre eux ; on parle de les associer aux patrons ; on vante les sociétés coopératives, soit de production, soit de consommation, ou les deux ensemble ; on réclame la suppression des salaires ; on réclame la suppression de l'héritage ; on réclame la suppression du capital, ou la substitution du travail au capital : il n'y aurait plus d'autre capitaliste, d'autre propriétaire des instruments et, à la suite, des produits du travail, que le travailleur.

L'Etat est chargé d'assurer le droit, non de procurer le bien. On attend de lui les moyens qui permettent l'exercice du droit ; mais précisément il n'a pas à les fournir. Telle n'est point sa tâche. C'est assez qu'il en fasse respecter l'exercice. Un paralytique, a-t-on dit, a le droit de marcher : que lui importe, s'il ne peut marcher ? Eh ! il importe à ceux qui le peuvent ! Qu'il vienne lui-même à le pouvoir, il lui importera. J'ai le droit de voyager, d'étudier le grand livre du monde, comme faisait Descartes ; d'acheter des livres rares ou des tableaux, ou des chevaux, selon mon goût : je ne le puis ; d'autres le peuvent, et ce droit leur importe. Il m'importerait comme à eux si un changement de fortune venait un jour à m'en donner le pouvoir. Mais est-ce à l'État à me le donner ? Le droit est le droit, qu'on puisse en user ou non.

Quel est donc le droit ? Nous l'avons dit : la liberté d'agir, avec tout ce qu'elle enveloppe. Elle a ses conditions, ses principes, ses conséquences : entre autres conséquences, la propriété, qui elle-même a pour conséquence l'héritage, l'échange gratuit ou onéreux, avec ou sans bénéfice, aux prix qui résultent du libre débat entre l'offre et la demande. Le salaire est le prix, libre et débattu, de l'échange d'un travail contre un capital, ou contre un argent, source et commencement de capital ; le travail est une marchandise, et le salaire qui le paie est un capital, ou l'emploi d'un capital. Capitaliste et travailleur se paient l'un l'autre, l'un comme l'autre donne et reçoit : tel travail vaut un capital, qui en est le prix ; mais tel capital vaut un travail, qui en est aussi le prix. L'argent achète du travail, le travail achète de l'argent. C'est un échange, un libre commerce, où les deux parties traitent d'égale à égale, chacune ayant également besoin de l'autre, chacune vendant à l'autre ce qu'elle a et que l'autre n'a pas. En quoi le salaire est-il donc cette exploitation odieuse, tant et si éloquemment maudite, du travail par le capital ? Loin de là, il est l'alliance de ces deux inséparables ennemis : le capital se changeant en travail, et le travail en capital. Que le travail soit libre, et, s'il veut, se refuse ; le capital, également. Il arrive que le capital se fait, dans cet échange, la part du lion : c'est quand, du haut d'une situation plus forte, il domine le travail, et lui fait la loi ; mais il arrive aussi que c'est le travail qui, armé de la grève, se fait la part du lion : capitalistes ruinés, ou travailleurs affamés, l'un vaut-il mieux que l'autre ?

Il faut tenir pour juste et valable cette prétention du travail, d'être la source première de toute légitime propriété. Oui, la propriété a pour principe le libre travail. Ce que j'ai librement produit, ce qui est mon œuvre, m'appartient : mon œuvre est encore moi-même hors de moi. Je pouvais ne pas la faire ; je pouvais, l'ayant commencée, ne pas la continuer, ne pas l'achever ; l'ayant produite, la détruire. Elle existe par moi : elle est donc mienne. Je suis le maître de ce dont je suis l'auteur.

Voici une terre qui n'est à personne, je m'en empare : est-elle à moi ? Y a-t-il un droit de premier occupant ? Un survenant n'aurait-il point le droit de me la disputer ? Peu nous importe. Ceux qui attachent à cette question une importance considérable, et, se tenant pour lésés par la propriété constituée, réclament leur part de la terre commune, se doutent peu de ce qu'elle est ! Qu'ils aillent là où elle se trouve encore primitive, inculte : en Algérie seulement, — je ne leur demande pas d'aller plus loin, — ils verront ce qu'est un premier occupant, ce qu'elle veut de courage et d'héroïsme, ce qu'elle exige de sueurs, ce qu'elle dévore de vies ; ils seraient fort en peine si la terre qu'ils revendiquent leur était rendue telle qu'elle fut, non telle qu'elle a été faite ; et « le premier qui, ayant enclos un terrain, s'avisa de dire : Ceci est à moi (J.-J. Rousseau) », eut fort à faire pour le mettre en valeur. — Mais, ayant mis la main sur une terre libre, je la cultive, et j'en tire, à la sueur de mon front, des produits qui sont mon œuvre autant que celle de la nature, des fruits que seule et d'elle-même elle n'eût point portés : ils sont donc par moi, ils sont à moi. La terre même améliorée par mon travail est devenue véritablement mon œuvre, non dans son fond, mais dans sa forme et sa valeur, car elle n'est plus telle que je l'ai prise : stérile je l'ai prise, elle est fertile ; et c'est à moi qu'elle doit de l'être. La terre était fertilisable, l'homme l'a faite fertile. L'homme a reçu la terre ? dit-on. Non. Ce qui est pour lui la terre, la terre utile, c'est lui qui l'a faite. L'homme a créé sa terre.

Tout ce qui sert aux besoins de l'homme, toute

utilité, toute richesse, est œuvre humaine : la nature n'a fourni que les matériaux, l'art a créé les objets mêmes. Terres productives, demeures habitables, vêtements, aliments, tout vient du travail, tout a été fait par l'homme : il est juste que ce que l'homme a fait lui appartienne. Il est juste que ce qu'un seul a fait appartienne à lui seul, que ce que plusieurs ont fait ensemble leur appartienne dans la proportion du travail de chacun ; et c'est ce qui arrive quand chacun reçoit le salaire de son travail : c'est sa part dans la propriété de l'œuvre commune, c'en est le prix.

Direz-vous qu'une maison doit appartenir aux ouvriers qui l'ont faite ? Oui, s'ils ne l'avaient vendue en touchant leur salaire. On leur paie, en les employant à la tâche ou à la journée, la part de propriété due à leur part de travail. A moins qu'ils ne préfèrent attendre la vente ou la location de la maison pour toucher en une fois leur part du prix de vente ou chaque trimestre leur part du prix de loyer ! Croyez-vous qu'ils s'en trouvent mieux, et que les lenteurs qu'ils auront à subir, les risques à courir, les pertes à supporter peut-être, soient à leur avantage ? Les constructeurs de tant de maisons qui ne se vendent ni ne se louent chôment aujourd'hui, du moins ils ont touché leurs salaires. Ils attendraient encore le rendement de leur travail, qui est leur mise, comme les capitalistes attendent le rendement de leur mise. Ceux-ci auraient moins déboursé : ils n'y seraient que de leur propre mise, au lieu qu'ils y sont et de leur propre mise et de celle des travailleurs, désintéressés par eux. En vérité, tout l'avantage est pour les travailleurs ! Si le bénéfice est pour les capitalistes, pour les capitalistes est aussi l'attente, et le risque, et la perte ; les travailleurs ne perdent rien, ne risquent rien, n'attendent même pas. Leur salaire est la valeur de leur co-propriété, réalisée d'avance : leur droit à la propriété de l'œuvre commune, le droit de l'ouvrier sur l'œuvre, leur est ainsi reconnu sous la forme non seulement la plus commode, mais la plus sûre pour eux.

J'ajoute qu'elle favorise le travail plus que le capital. Ceci a l'air d'un paradoxe. Examinons. J'ai pris l'exemple d'une maison : je suppose que le terrain ait coûté dix mille francs, qu'il y ait été employé pour vingt mille francs de matériaux, et (dans le système actuel des salaires) que les divers travailleurs, de l'architecte au moindre manœuvre, aient reçu ensemble trente mille francs. Le capitaliste a payé soixante mille francs une maison qu'il revendra soixante-dix mille. Il gagne dix mille francs. Si, au lieu de désintéresser le travail par les salaires, il se fût borné à payer le terrain et les matériaux, il n'eût dépensé que trente mille francs au lieu de soixante, et il y aurait quarante mille francs de surplus à mettre en partage : sur quelle base ? La mise du capital aurait été de trente mille francs : quelle aurait été celle du travail ? Elle aurait été fixée, après débat, à trente mille francs environ, somme de tous les salaires : un peu plus haut, un peu plus bas, peu importe. Supposons trente mille. Le surplus de dix mille francs serait donc à partager entre le capital pour trente mille francs et le travail également pour trente mille, c'est-à-dire par moitié : le capital gagnerait cinq mille francs au lieu de dix mille, et il y aurait trente-cinq mille francs, au lieu de trente, pour le travail. Voilà qui est à considérer. Mais si la maison n'est vendue que cinquante mille francs ? Ce n'est plus un bénéfice de dix mille francs, mais une perte de dix mille francs, qu'il faut également partager : le capital, qui a dépensé trente mille francs, n'en reçoit que vingt-cinq mille ; le travail aussi n'en reçoit que vingt-cinq mille. Mais le capital n'y perd que cinq mille francs : tandis que, dans le système actuel, les salaires payés, soixante mille francs déboursés, il y perd dix mille francs : le système des salaires est donc tout en faveur du travail.

On dira qu'il est rare qu'une maison ne se vende pas plus cher qu'elle n'a coûté à bâtir. Les maçons le croient peut-être ; et il en est ainsi assez souvent, mais bien souvent c'est le contraire. La plupart des autres produits dépassent peu leur prix de revient, quand ils le dépassent : ils flottent entre le gain et la perte. Tel est le commerce ; toute industrie, agricole ou manufacturière, en est là.

Si la maison, au lieu d'être vendue, est louée, trois mille francs, deux mille francs par an ? Faudra-t-il que tout ce travail dont le salaire est de trente mille francs échange un tel salaire, touché en une fois, contre un revenu annuel de quinze cents francs, de mille francs ? Qu'un ouvrier qui aurait eu cinq cents francs de salaire, par exemple, ait, à la place de ces cinq cent francs dont le besoin le presse, un revenu de vingt-cinq francs, si la maison est louée trois mille francs, de seize à dix-sept francs, si elle est louée deux mille ? Car, étant pour un soixantième dans le travail, il n'y est que pour un soixantième de la moitié qui revient au travail !

Le régime actuel est donc le plus favorable aux travailleurs. Il a un vice pourtant, très sensible, et qui éclate aux yeux, vice d'ordre moral plutôt que d'ordre économique : c'est qu'il met la discorde, il souffle la guerre entre patrons et ouvriers, opposés d'intérêt, et qui poussent toujours, les uns à la baisse des salaires, peu leur importe la faim de l'ouvrier, les autres à la hausse, peu leur importe la ruine du patron. Et au point de vue économique, l'ouvrier, peu satisfait de son salaire, a-t-il intérêt à la prospérité, à la valeur, à la bonne façon, d'une œuvre qui devrait être commune, qui ne l'est plus ?

— Un remède à ce mal est, dit-on, la participation aux bénéfices. — En outre du salaire, et sans participation aux pertes, c'est un pur don du patron à l'ouvrier, du capitaliste au travailleur. Charité bien placée, générosité bien entendue, soit : mais générosité, mais charité, non justice ; et l'État n'a rien à y voir. Il est étrange qu'on demande à l'État, qu'on exige comme un dû, une faveur, et exorbitante en elle-même : car on veut à la fois et la sûreté du salaire et, sans courir aucun risque, part au bénéfice qui est la compensation du risque ! Part à la perte, en effet, on n'y prétend pas. Participation n'est pas association.

Peut-être y aurait-il lieu de concevoir une forme d'association qui serait juste, et même, si elle était réalisable, le plus équitable régime. Chaque travail est assimilé à une mise de fonds, variable selon la valeur du travail, librement débattue ; chaque ouvrier est un actionnaire, qui aura sa part proportionnelle à sa mise : tel actionnaire a mis tant en argent, tel en un travail évalué tant : les ouvriers, au partage, sont des capitalistes. Mais en attendant leur part, comment vivront-ils ? La faim les presse. Celui qui peut attendre, attend ; hélas ! ils ne le peuvent guère. La plupart touchent sur leur part future une avance qu'ils n'auront pas à rendre, mais qui leur sera déduite au partage moyennant un intérêt calculé sur les risques de perte et variable, après libre débat, selon la situation de l'industrie en cause. Ils ont donc un *minimum* assuré : s'il y a perte, ils n'ont rien à rendre ; s'il n'y a ni perte ni bénéfice, ils s'en tiennent à ce qu'ils ont ; s'il y a bénéfice, ils ont au partage le reste de leur part proportionnelle, moins l'intérêt stipulé pour la garantie de leur *minimum*.

Je n'ai pas à étudier ici un système économique, non plus que les autres. Tous peuvent être essayés, tous doivent l'être, et l'Etat n'a qu'à leur assurer la liberté, c'est-à-dire la sécurité et la loyauté de l'expérience.

L'œuvre créée est à la libre disposition de celui qui en fut le libre auteur, cela va de soi ; il peut la donner, l'échanger ; il peut la transmettre : donation, héritage, vente, contrats de toutes sortes.

Croit-on que l'Etat, protecteur de tous les droits, n'ait rien à faire en ceci ?

IV

Rien à faire ? Les reconnaître d'abord, et la chose n'est pas toujours facile.

Par exemple, quel est le droit en matière d'héritage ? Faut-il admettre, avec tel critique de notre code, que le propriétaire d'un bien a le plein droit d'en disposer comme il l'entend, d'en faire héritier qui bon lui semble ; qu'il y a un droit du testateur, non un droit de l'héritier, autre que celui qu'a pu lui conférer la libre volonté du testateur lui-même ; que, si les enfants, les descendants en ligne directe, ont droit à l'entretien jusqu'à leur majorité, à l'éducation et à l'instruction, à un établissement en rapport avec la fortune du père, leur droit ne va pas au-delà, et le père demeure libre en tout ce qui le dépasse ; que la loi qui leur attribue un droit sur le tout, et même, à leur défaut, le transporte à d'autres, le crée en leur faveur, au préjudice ou de celui du testateur, seul maître de ses biens, ou de la communauté ? N'examinons pas cette question, où se rencontrent dans une solution très semblable des socialistes qui admettent l'héritage en ligne directe, et des *conservateurs*, tels que M. Leplay et ses disciples, partisans de la « liberté testamentaire » ; et bornons-nous à remarquer que, selon qu'elle aura été résolue, la distribution de la richesse variera : or, c'est aux législateurs, c'est à l'État qu'appartient la solution de cette question, qui est une question de justice.

L'État donc, protecteur de tous les droits, n'a-t-il rien à faire à ce titre ? — Il a d'abord à les reconnaître : défendre toute personne et toute chose contre toute atteinte, tous les faibles contre l'exploitation de tous les forts : tenir la main à la sincérité comme à la liberté de toutes les transactions, à l'exécution de tous les contrats : prévoir tous les cas, faire toutes les lois que réclame, dans l'infinie variété des formes de l'activité industrielle et commerciale, la justice une et multiple, visible et obscure, infiniment complexe : lois qui garantissent la liberté du travailleur et celle aussi du capitaliste dans leurs débats ; lois sur le travail des enfants et des femmes, des faibles, des mineurs, de tous les exploitables, qu'il faut soutenir dans leur légitime lutte contre la force qui abuse d'eux ; lois sur les associations de tout ordre, non pour favoriser telle manière d'industrie ou de commerce préférablement à toute autre, telle forme d'entente, telle sorte de convention entre patrons et ouvriers, entre chefs et commis, entre vendeurs et acheteurs, mais pour les garantir toutes également sincères, également libres.

Prenons un exemple de l'effet des lois en matière économique. Soit la loi sur les sociétés anonymes. Celle de 1867 ne suffit pas : elle est à refaire, ou à compléter. Parmi les sociétés anonymes, il en est d'honnêtes, que cette loi protège ; il en est de malhonnêtes. qu'elle protège également. On constitue par actions le capital d'une entreprise utile, d'une industrie qui se fonde : ces actions répondent à une valeur, promettent des dividendes, non fictifs ou prélevés sur le capital même, mais en partage d'un bénéfice réel ; on les vend en hausse, en baisse, on y gagne, on y perd, c'est bien, il y a là un véritable échange, librement débattu, entre des valeurs véritables, actions qui donnent droit à des dividendes, qui représentent des produits, contre argent qui en représente d'autres, selon ce principe économique : « Les produits s'échangent contre des produits ». Mais que des spéculateurs sans conscience, des fripons (c'est leur nom chez les honnêtes gens), provoquent par la réclame et l'imposture la hausse artificielle d'actions qui ne représentent rien, les vendent avec prime à des dupes qui paient de leur or un titre vide, un vain papier, un droit mensonger à d'impossibles dividendes : n'est-ce pas là tromper sur la qualité de la marchandise ? N'y a-t-il pas là une escroquerie, un faux, que la loi doit atteindre ?

Qu'importe, me dira-t-on, à la question sociale ? Que fait aux ouvriers, aux travailleurs, cette déconvenue de capitalistes ? Qu'il y ait parmi ceux-ci des dupes, et qu'une loi prévoyante les protège mieux à l'avenir contre les fripons, de quel intérêt peut-elle être pour la masse des pauvres gens, qui n'achètent point d'actions, qui ne travaillent que pour vivre ? — De quel intérêt ? Il y va de leur vie même. Tout se tient. Un franc vaut plus ou moins, selon qu'il achète

RÔLE DE L'ÉTAT DANS LES QUESTIONS ÉCONOMIQUES 315

plus ou moins ; et avec la même paie un ouvrier est plus pauvre, si la vie est plus chère. Or les fortunes considérables qui se sont construites sur l'artifice de ces primes fallacieuses, sur le mensonge de ces actions sans valeur, ont eu pour effet de renchérir considérablement la vie.

Les produits sont d'autant plus chers qu'ils sont plus demandés : et ils sont d'autant plus demandés qu'on a plus le moyen de les acheter, ou qu'ils sont plus rares eu égard à la monnaie qui les achète. Ainsi un produit qui se transporte et s'accumule en certains centres devient plus cher aux endroits d'où on le tire, moins cher là où il s'accumule. Le progrès même de la richesse, l'élévation des salaires, l'augmentation des revenus, augmentant le moyen d'acheter les produits, les rend plus chers. En règle générale, si la proportion entre la production et la puissance d'achat ne change pas, les prix ne changent pas ; s'il y a augmentation de produits sans augmentation correspondante de monnaie, les prix diminuent ; s'il y a augmentation de monnaie sans augmentation correspondante de produits, les prix augmentent : il y a renchérissement. Les actions qui n'ont été que du papier entre les mains des derniers acheteurs ont été de la monnaie entre les mains des vendeurs : ceux-ci ont accru leurs achats sans que les autres, qui ne se savaient pas volés, qui ont compté sur des dividendes, aient modéré les leurs ; il y a eu plus d'achats sans qu'il y ait eu plus de produits : la demande s'est accrue et non l'offre. D'où le renchérissement. Et comme cette malfaisance a été pratiquée sur une grande échelle, comme elle a provoqué, avec d'énormes accroissements de richesse, d'énormes accroissements de la consommation sans accroissement proportionnel de la production, tout le marché s'en est ressenti : les riches ont été gênés, les pauvres ont souffert.

J'emprunte ces considérations à un travail remarqué paru dans la *Revue des Deux-Mondes* le 1er décembre 1883. Que cette cause de renchérissement, de gêne par suite et de souffrance, ait été exagérée, peut-être, en tout cas il y en a eu d'autres ; mais, petite ou grande, elle y a contribué pour sa part, et elle résulte d'une loi défectueuse, bien étrangère, semble-t-il d'abord, aux intérêts des classes pauvres. Il n'est point de loi qui n'atteigne tous les intérêts, même les plus éloignés : il n'en est point qui, bonne ou mauvaise, ne favorise ou ne trouble tout l'ordre social.

Toute loi de justice touche au problème économique. Le respect dû à la chose comme à la personne d'autrui tend, bien compris et sauvegardé par de bonnes lois, à cette juste distribution de la richesse qui serait la solution du problème.

Qu'y peut donc l'Etat, comme protecteur de tous les droits ? Il y peut ce qu'y peuvent les bonnes lois, les lois de justice. Il n'y peut rien directement ; mais indirectement, par la justice, qui est sa propre tâche, il y peut beaucoup.

Il y peut plus encore, et directement, comme gérant des intérêts communs.

Il a de grands travaux publics à faire exécuter.

Qu'il donne aux capitalistes le bon exemple ! Non qu'il ait à faire des études, à expérimenter des systèmes ; non qu'il ait à favoriser les ouvriers d'une élévation artificielle des salaires ou d'une participation aux bénéfices des entrepreneurs, plus chèrement payés en conséquence, à les favoriser, dis-je, d'avantages à la charge de l'Etat, c'est-à-dire du pays, des contribuables, des ouvriers eux-mêmes comme sujets de l'impôt ; non, qu'il ferme l'oreille à ces propositions chimériques, à ces requêtes de privilèges (car ce sont des privilèges que réclament à leur profit nos singuliers partisans de l'abolition des privilèges !) ; mais qu'il donne ou qu'il exige de ses entrepreneurs l'exemple de la sage économie, équitable, humaine, et de la justice égale pour tous.

Les routes, les canaux, toutes les voies de transport sont dans sa main ; il ouvre les chemins ; il traite avec des Compagnies pour l'exploitation des lignes ferrées ; lui-même peut en exploiter, et il en exploite : il exerce là une action considérable sur le commerce, et, par la facilité qu'il doit procurer d'acquérir les matières premières, par le contrôle des prix de transport (non ceux des entrepreneurs ou des compagnies libres, mais des compagnies auxquelles, accordant un monopole, il impose des cahiers de charges), sur tous les éléments de la richesse.

Il établit les impôts, et par les impôts, selon l'assiette qu'il leur donne, modifie profondément le résultat naturel du libre jeu des échanges. Les prix de certains produits en sont démesurément accrus, d'autres à peine affectés : tout le monde a remarqué, par exemple, qu'un même droit frappant également un vin de trente francs et un vin de mille francs l'hectolitre, celui-ci est à peine effleuré du coup qui écrase l'autre ; et il est triste d'avoir à dire que cette inégalité des renchérissements frappe le pauvre plus que le riche : les objets les plus imposés, par conséquent les plus renchéris, sont les plus nécessaires, les plus indispensables, ou du moins ceux qu'on recherche, qu'on achète le plus, ceux que tout le monde achète, le pauvre comme le riche. Et c'est précisément pour cela, c'est afin d'assurer le rendement de l'impôt, qu'on les frappe de préférence.

Il est peu de problèmes aussi ardus, aussi difficiles à résoudre que celui de l'impôt.

L'impôt ne doit pas être payé par les uns plus que par les autres, mais par tous également, c'est-à-dire dans une égale proportion ou pour une part égale de leur fortune. Tous également profitent de ce qu'il paie : les services publics répandent leurs bienfaits sur la société entière, tous y ont une égale part, tous doivent donc, pour une égale part, un tant pour cent, contribuer aux dépenses publiques : c'est l'impôt proportionnel.

On parle de le remplacer par un impôt dit *progressif* : le taux pour cent s'élèverait à mesure que s'élèverait le revenu ; la contribution serait de zéro pour cent, puis de un, de deux, de trois, jusqu'à vingt, jusqu'à trente et plus encore, selon la fortune du contribuable. Cela n'est pas juste. On peut exonérer non le pauvre, mais l'indigent, à titre d'assistance ; mais rendre l'impôt de plus en plus lourd selon qu'on est plus riche, où en est la justice ? C'est l'inégalité ; c'est le privilège du pauvre, l'oppression du riche. C'est la spoliation du riche. Si trop longtemps les pauvres, les faibles et les petits ont été spoliés, il ne faut pas remplacer un tort par un tort ; et si le privilège du pauvre est moins odieux que celui du riche, il n'est pas moins injuste. La justice n'est pas la progression, mais l'égalité proportionnelle de l'impôt.

C'est ici que, pour passer de la théorie à la pratique, les difficultés s'accumulent, et telles qu'on a cru bien faire de réduire l'impôt direct, apparent et sensible, et de lui substituer, partout où on l'a pu, un impôt indirect payé d'abord par les fabricants ou les marchands, mais qui se retrouve dans le prix des marchandises, et ce sont, en définitive, les consommateurs qui le paient sans y prendre garde. Eh bien ! il faudrait trouver, dans ce système, une assiette de l'impôt qui le rendît pour chacun exactement proportionnel non plus à son revenu, puisqu'il ne s'agit plus d'impôt direct, mais (ce qui reviendrait au même sans en avoir l'apparence) à sa dépense ; il aurait toujours pour effet de renchérir les produits, mais les renchérirait tous également ; un renchérissement égal, universel, serait moins sensible, et serait juste : le prix d'un grand nombre d'objets en serait un peu élevé : d'autres prix, et ceux qui intéressent le plus les petites bourses, en seraient diminués ; tous seraient d'ailleurs dans la même proportion réciproque, telle que la donne le libre jeu des lois économiques.

Car, comment l'établir, cette égalité proportionnelle de l'impôt, qui est la justice ? Le problème est difficile. Il semble facile en théorie, et on le résout assez généralement par un impôt unique sur le revenu. Mais autant la théorie paraît aisée et toute simple, autant la pratique est malaisée ; on s'arrête devant les difficultés sans nombre qu'elle soulève. Le chiffre où s'élèverait pour chacun cet unique impôt épouvante ; chacun s'y déroberait, et sans grande peine ; on tromperait à qui mieux mieux dans la déclaration des revenus, et ceux qui échapperaient le plus sûrement (car où serait le contrôle de leurs déclarations ?) seraient les plus riches capitalistes, rentiers à titres au porteur, spéculateurs, gens de négoce ou de banque, tous les gens de finance. Je parle d'impôt direct : d'impôt indirect, on n'en veut pas. C'est pourtant celui auquel on n'échappe pas, et qu'on paie le plus volontiers, parce qu'on le paie sans le savoir, ou sans le voir : il se paie comme de lui-même et tout seul, par la dépense. Peut-être donc est-ce dans un tel impôt qu'on trouverait le véritable impôt proportionnel sur le revenu. Le revenu, en général, se dépense : on dépense moins, on dépense plus, il y a des avares, il y a des prodigues, il y a des gens économes et des dissipateurs : ils s'équilibrent les uns les autres. Etablissons donc l'impôt non plus sur le revenu, mais sur la dépense : le résultat sera le même. Plus d'impôts divers, infiniment variés, sur les quantités, les mesures, les poids, mais un seul sur les valeurs, sur toutes les valeurs également, saisies dans les échanges et les transactions de toute nature, depuis la vente d'un domaine jusqu'à celle d'un litre de vin, ou moins encore. Un tant pour cent, assurant la sécurité des commerces qui alimentent la vie : le vendeur paierait cette assurance à l'Etat, et l'acheteur au vendeur.

Et n'est-ce point là le véritable office de l'impôt ? N'est-il pas une assurance ? Ne doit-il pas être, en conséquence, proportionnel moins aux fortunes, si l'on y regarde bien, qu'aux avantages que chacun retire de l'action gouvernementale ? L'impôt n'est point, comme on a l'air de le croire, un secours annuel accordé et marchandé à l'Etat pour subvenir à ses besoins, c'est une dette payée à l'Etat en retour de biens reçus. Nous recevons de l'Etat sécurité pour notre personne et pour notre chose : nous lui devons donc le prix par personne, d'une égale sécurité pour tous : ce sera un impôt par tête, égal pour toutes les têtes, car elles sont toutes l'objet d'une protection égale sans que celle de l'une coûte plus que celle de l'autre, — impôt direct, d'ailleurs peu onéreux, et dont les indigents pourraient être exemptés ; et nous lui devons un prix pour la sécurité de la chose, en rapport avec la valeur de la chose ; mais cette valeur n'existe que pour les hommes en société, c'est le libre débat de l'offre et de la demande qui le détermine, elle s'exprime par l'échange, le prix payé à l'Etat pour la valeur de la chose l'est donc en rapport avec la valeur des échanges : il constituerait l'impôt sur la dépense, équivalent à un impôt sur le revenu, dont il aurait l'efficacité sans en avoir le caractère tyrannique.

Mais cette proposition, jetée en passant, nous entrainerait bien loin dans un développement inutile. Qu'il nous suffise de dire que, de quelque façon que le problème de l'impôt puisse être résolu, il est un des éléments du problème économique, plus vaste, et que c'est à l'Etat qu'il appartient de le résoudre. Plusieurs des orateurs qui ont porté à la tribune de la Chambre la question sociale demandent au Gouvernement une réforme de l'impôt : ils sont dans le vrai.

Parmi les impôts, comptons les droits de douane. Il semble bien que le système du libre échange ait raison, et que la protection accordée à quelques producteurs ne puisse l'être qu'au préjudice des consommateurs : mais il ne faut pas oublier que la liberté n'est vérité et justice qu'autant qu'elle est égale pour tous ; qu'un Etat peut l'établir et la maintenir chez lui, mais non chez les autres ; qu'il ne s'agit plus ici d'échange entre sujets d'une même loi, entre citoyens d'un même peuple, mais entre peuples sujets de lois différentes ; que, nos frontières ouvertes à des peuples qui nous fermeraient les leurs, un libre commerce accordé chez nous à des nations qui ne nous l'accorderaient pas également libre chez elles, ce ne serait point cette liberté qui n'est juste que si elle est égale, cette égalité dans la liberté qui est le droit, mais un privilège en faveur d'autrui, et dont notre industrie serait victime. A vrai dire, ce n'est plus une question de protection, mais de légitime défense : de même que, n'ayant pas le droit de toucher un homme inoffensif, on a celui de frapper, de tuer même, un agresseur, de même un Etat n'a pas le droit de fermer les portes du pays à un pays qui ne lui ferme pas les siennes, mais il a le droit d'opposer prohibition à prohibition : c'est une des formes de la guerre, il faut la soutenir. Il faut aussi compter avec les situations acquises, et prendre garde, par un trop brusque établissement d'un régime de libre échange absolu, de ruiner ceux qui ont été autorisés à calculer sur les données d'un autre régime. Le libre échange a raison : l'Etat doit toujours l'avoir en vue, et y tendre sagement, prudemment, par des traités de commerce bien étudiés, dont le soin le regarde ; et par là encore il prend une grande part à la solution du problème économique.

Mais le terrible, l'invincible obstacle, et qui s'oppose pour bien longtemps, — hélas ! pour toujours peut-être ! — à la solution de ce problème, c'est l'armée. Toute la fleur de la jeunesse, toute la force de l'âge le plus vaillant, où l'on commence à être un homme, arrachée au travail utile ! On a calculé ce que coûtent les armées permanentes, et l'on a été épouvanté : ce n'est rien cependant au prix de ce qu'elles ôtent à la production. Me dira-t-on qu'une production excessive serait un autre malheur ? Qu'il en résulterait un abaissement des salaires, une pauvreté universelle ? Abaissement des salaires, oui ; pauvreté, non. Les produits sont la richesse même, la vraie richesse. Ils deviennent moins chers à mesure qu'ils abondent ;

et tous y gagnent. Une plus grande quantité de produits pour une même quantité de monnaie, c'est la cherté moindre ; et obtenus à moins de frais, grâce précisément à l'abaissement des salaires, à la concurrence des bras, c'est encore la cherté moindre : l'ouvrier est moins payé, il est plus riche.

Que dire, hélas ! d'une institution qui tarit à la fois la population et la moralité publique dans leurs sources, par le retard qu'elle apporte aux mariages ? qui arrache aux familles leurs plus robustes soutiens, pour les renvoyer tout dépaysés chez eux, quand ils commenceront à savoir manier les armes, et qu'ils auront oublié de manier la charrue ? qui ôte ses bras au champ du misérable, dont elle augmente la peine avec la misère ? qui retranche incalculablement au travail producteur et ajoute par centaines de millions à la dépense ? qui recrute de force les victimes dont elle se repaît, et prélève sur le peuple entier ce qui a été nommé avec une juste énergie l'impôt du sang ? Que dire, sinon gémir, dans la tristesse de son cœur, sur la nécessité qui en fait le patriotique besoin d'un peuple libre, tout en admirant, dans la fierté de son âme, les vertus que l'homme sait tirer d'une si malfaisante origine, les mâles courages qu'elle suscite, les héroïsmes dont elle honore notre histoire ?

Grave, difficile, effrayante question, que cette nécessité des armées permanentes ! C'est encore là un des éléments du problème économique, et certes un des plus considérables ; et s'il en est un qui regarde l'Etat, c'est celui-là.

Ce problème, très complexe, on le voit, comprend d'autres éléments, et d'un autre ordre : non plus d'ordre matériel mais d'ordre moral : celui d'une bonne éducation de la classe ouvrière. Nous n'y toucherons pas. Parlerons-nous de la débauche, qui n'est pas rare ; de l'intempérance, plus commune encore ; de l'imprévoyance des familles, qui ne savent se régler, se contenter du nécessaire, se priver d'un superflu, bien relatif, il est vrai, mais enfin dont elles pourraient se priver ; de la haine, de l'envie, de la convoitise, qui rendent la pauvreté si pénible ? Et la bonne éducation du riche ? Elle serait à faire aussi ; et s'il était plus humain, moins insolent dans l'étalage de son luxe, il serait moins odieux : la pauvreté mieux supportée serait de la gêne, au lieu d'être ce qu'elle est avec la haine et l'envie, une forme de la misère. Mais la moralisation d'un peuple ! Quel problème encore que celui-là ! et à combien d'autres lié ! Toutes les questions d'instruction et de religion y sont engagées : l'Etat n'y peut-il rien ?

L'Etat n'a pas à intervenir dans la religion : il n'a qu'à lui permettre de s'établir et à la maintenir dans le droit commun, à la faire respecter et à la forcer elle-même au respect, à lui assurer la liberté : elle fera son œuvre. Il peut, il doit intervenir dans l'instruction. Il doit surveiller l'enseignement libre, exiger des conditions pour l'exercice de l'enseignement comme il en exige pour l'exercice de la médecine : la médecine est libre, est médecin qui veut l'être, mais il faut des garanties de savoir : de même il faut des garanties de capacité et de moralité pour être un instituteur de la jeunesse. L'Etat, tuteur des mineurs, ne peut permettre au premier venu d'exercer une autorité redoutable sur les enfants. L'instituteur n'est pas un homme libre proposant sa pensée à la raison d'hommes libres : il est un maître imposant sa science à la foi d'esprits non formés encore, et pour les former.

Le principe de la liberté est ici hors de cause. Il est hors de cause dans l'établissement d'un enseignement public, ouvert à tous sans être imposé à personne : l'Etat a le droit d'exiger de ceux qui s'offrent à le servir telles conditions qu'il estime les meilleures : de là, collation des grades, programmes, écoles, etc. Nul n'est obligé de s'y soumettre : être libre n'est pas être fonctionnaire : si d'être libre c'est le droit même, où est le droit d'être fonctionnaire ? Et l'obligation même de l'enseignement primaire n'est pas contraire à la liberté. D'abord, l'obligation de l'instruction n'est pas l'obligation de l'école publique. Si l'Etat offre ses écoles, il ne prétend pas les imposer, au mépris de cette liberté universelle dont il est le protecteur. Ensuite, les parents doivent à leurs enfants un certain degré d'instruction, comme ils leur doivent la nourriture : ils la leur donnent où ils veulent, à domicile, en des écoles de leur choix, à l'école publique, ils sont libres : l'Etat ne les oblige pas de le leur donner en ses écoles, mais de le leur donner. Peu importe en ceci la liberté des parents : la liberté de violer un droit n'existe pas. Un débiteur sera mal venu d'invoquer sa liberté pour se refuser à payer une dette, pour dénier à l'Etat le droit de l'y contraindre. Si les parents refusent à leurs enfants la nourriture qu'ils leur doivent, l'Etat les force à la leur donner : de même doit-il aussi les forcer à leur donner l'instruction qu'ils leur doivent. Au défaut des parents, lui-même la leur donnera. Et il ne s'y abstiendra pas d'un enseignement moral : car, même dans le régime de la liberté religieuse la plus entière, quand il n'y a plus de religion d'Etat, il y a encore une morale d'Etat, puisqu'il y a un droit public, une justice. Si la tâche de l'Etat est d'assurer le droit, non de procurer le bien, il procure un certain bien en assurant le droit ; et s'il n'a pas à procurer la vérité, qui est un bien, il procure, comme un certain bien, une certaine vérité : celle qui, fondant le droit, fonde sa propre existence.

Mais ce sont là problèmes d'ordre moral. Nous n'en sortirions plus. Arrêtons-nous.

La question qui a été posée était celle-ci : Appartient-il au gouvernement, est-il dans les attributions de l'Etat, d'avoir un programme économique ?

L'Etat ne possède pas la solution de la question sociale, et il n'a pas à la posséder ; l'Etat n'a pas le remède au mal de misère, et il n'a pas à l'avoir. Mais il aide à la guérison de ce mal, il achemine à la solution de ce problème, indirectement, d'abord, par de bonnes lois, protectrices de tous les droits, de toutes les libertés, et dont l'effet serait de permettre la juste distribution de la richesse ; directement, ensuite, par la direction des travaux publics, par son action sur le commerce, par l'étude persévérante des moyens de parvenir à établir l'impôt proportionnel, à réaliser le libre-échange, à supprimer un jour le régime de la caserne, et encore par ce qu'il peut donner d'instruction, par la moralisation générale, dans la mesure où, toutes les libertés respectées et tous les droits protégés, cette grande œuvre peut dépendre de lui.

LE DIVORCE

Juin 1884.

Parmi les questions que le Parlement est appelé à résoudre, il en est d'une gravité et d'une complexité redoutables, qui intéressent la religion et la morale même comme la stricte justice, l'Eglise et la conscience comme l'Etat, qui soulèvent toutes les émotions, toutes les passions du cœur humain. Il importe de savoir les envisager d'un œil calme, et les dégager des considérations étrangères, pour les traiter non au point de vue du bien, qui échappe à la compétence de l'Etat, mais au point de vue du droit, le seul qui lui appartienne : un Parlement n'est pas un Concile ni une Faculté, et il ne faut pas confondre avec le législateur moral ou religieux le législateur civil.

La question du divorce, qui s'agite au Sénat, est dans ce cas : religieuse et morale d'une part, civile de l'autre. Que le mariage moral soit ou ne soit pas, de sa nature et par essence, indissoluble, c'est une question où le Sénat, où la Chambre des députés, où la loi civile n'a rien à voir ; le mariage civil doit-il être indissoluble ? Y a-t-il, au contraire, lieu de rétablir, en les modifiant plus ou moins, les anciennes dispositions de notre code, qui admettait des cas de divorce, non obligatoire, mais facultatif ? Sous l'influence prépondérante d'une Eglise, elles furent abolies : la loi civile doit-elle interdire, en effet, aux citoyens ce qu'une Eglise interdit à ses fidèles? C'était un retour à la religion d'Etat : l'Etat, redevenu ce qu'il n'aurait jamais dû cesser d'être, laïque, c'est-à-dire neutre en matière de religion, doit-il, parce que le catholicisme repousse le divorce, le refuser à des adversaires du catholicisme, à des fidèles d'autres religions qui l'admettent?

Encore le catholicisme reconnaît-il des cas de *nullité* : il ne rompt pas le mariage, il fait plus, il l'*annule*. En sorte que si, en d'autres pays de régime civil, ou même de régime religieux autre que le catholique, on a le divorce, en pays de régime religieux catholique on a l'annulation du mariage, et le Français est le seul qui ne puisse bénéficier ni de ce régime religieux, vivant sous le régime civil, ni d'un régime civil pur de toute ingérence religieuse : il n'a ni l'anulation du mariage ni le divorce.

A quoi l'on dira que ce n'est pas ici une question de religion, mais de morale ; que le lien conjugal doit être indissoluble, non parce que l'Eglise catholique en a ainsi décidé, mais parce qu'ainsi l'ordonne la loi morale universelle, éternelle, absolue ; que les Eglises qui admettent le divorce errent en cela, et que l'Eglise qui l'interdit est en cela, non pas seulement dans la vérité chrétienne, qui n'intéresse que les chrétiens, mais dans la vérité morale, qui intéresse tout le monde. C'est la thèse du Père Didon, plaçant l'orthodoxie catholique sur le terrain de la vérité morale ; et c'est la thèse de Jules Simon, se plaçant, en dehors de toute orthodoxie, sur le même terrain.

Mais la tribune, répétons-le sans cesse, n'est pas la chaire : chaire d'enseignement, non plus que chaire de prédication. Il ne s'agit point du bien, mais du droit : non de ce qui doit être et de ce qu'on doit faire, mais de ce qu'on ne doit pas être empêché de faire, de ce qu'on peut faire sans lésion d'un autre pouvoir de faire, également libre. Un mari qui se sépare de sa femme pour en épouser une autre, ou une femme de son mari, feront-ils bien ? feront-ils mal ? seront-ils pécheurs, peut-être de grands coupables ? question de morale. Mais sont-ils libres de le faire comme on est libre de mal faire ? En ont-ils le droit, comme on a le droit d'être ce qu'on veut être, bon ou ou mauvais, et d'agir comme on veut agir, bien ou mal, dans la limite du respect des droits d'autrui ? Question de législation civile. Y a-t-il des cas où, le faisant, ils lèsent un droit d'autrui ? Le législateur civil doit leur interdire de le faire en ces cas, qu'il doit prévoir. Y en a-t-il où, le faisant, ils ne lèsent aucun droit ? Le législateur civil doit leur laisser la liberté de le faire, sans juger si, le faisant, ils agissent bien ou mal. Il n'a pas qualité pour en juger. Son office est de reconnaître le droit, non le devoir.

Et le droit, il n'a pas à le créer, mais à le reconnaître.

Je ne veux pas reprendre ici ce qui a été dit ailleurs (1) sur ce qui constitue le droit, sur le domaine de la loi civile. Nous nous devons les uns aux autres

---

(1) Voir l'étude précédente.

le respect réciproque de nos libertés ; arrêtons-nous devant la liberté d'autrui ; arrêtons autrui devant la nôtre : pleine liberté jusque-là. Tel est le droit, et il appartient à la loi civile de le reconnaître, de le consacrer, de le garantir.

On sait ce qu'est le mariage : l'union de l'homme et de la femme, d'où naissent les enfants, les membres de l'humanité future; la famille, dans ce renouvellement continu qui est comme une perpétuelle naissance du genre humain, est le berceau perpétuel de l'homme.

La société civile consacre ce lien d'un homme et d'une femme unis pour une vie commune, qui sera féconde ; les religions également. Les religions ne le permettent qu'à certaines conditions, qui obligent leurs fidèles : la société civile n'entre pas dans les consciences ; elle ne le permet ni ne le défend, mais garantit les droits qui en résultent. Tel est l'effet du mariage civil. Le lien des époux peut exister hors de ce mariage : mais la loi ne le connaît pas, les droits des époux ne sont pas garantis, ni ceux des enfants. C'est-à-dire qu'il n'y a pour elle, hors du mariage consacré par elle, ni enfants légitimes, ni époux. Elle n'impose pas la morale, elle n'exige pas la pratique du devoir, telle n'est point sa tâche ; elle ne condamne donc pas le rapport libre des sexes, ni ne l'approuve : elle l'ignore. Sa tâche est de faire respecter le droit : il y a un droit des époux, un droit des enfants, qu'elle ne peut faire respecter si elle ne connaît les enfants, les époux ; et elle estime qu'elle ne peut connaître les enfants que par les époux, les époux que par la consécration authentique, officielle, qu'elle a pu faire de leur lien, quand ce lien remplit les conditions qui le rendent valable à ses yeux, et qu'elle détermine.

Partout où il y a société civile, il y a mariage civil. Dans les temps même et les pays où le mariage est religieux, le mariage civil existe; c'est le mariage religieux qui est alors le mariage civil. Ce sont deux mariages qu'il ne faut pas confondre, même quand ils sont unis : l'un permet aux fidèles, aux croyants, le lien conjugal ; l'autre garantit les droits qui en résultent. Ils ne peuvent être unis que dans les pays où la société civile est en même temps une société religieuse, où l'Etat impose une religion ; dans les pays où la religion d'Etat n'existe pas, il faut les séparer.

Sous le régime de la liberté religieuse, chaque religion aura son mariage, mais qui n'obligera que ses fidèles ; l'Etat aura le sien, qui garantira les droits de tous également. Des époux de droit naturel, hors du mariage religieux, sont hors du droit religieux ; et, hors du mariage civil, hors du droit civil. Qu'est-ce à dire ? Que, s'ils ne sont d'aucune religion, ils n'ont pas à tenir compte du mariage religieux et, étant dans leur droit naturel, sont dans leur plein droit moral ; que, s'ils sont d'une religion, ils doivent en suivre les prescriptions relatives au mariage : catholiques, par exemple, recourir à un sacrement sans lequel, étant dans leur droit naturel, ils ne seront pas dans leur droit moral, sans lequel, en d'autres termes, leur lien sera concubinage et péché grave. Mais, qu'ils soient ou ne soient pas dans leur droit moral, ils peuvent être dans leur droit civil, et ils le doivent ; car c'est une obligation de justice, non-seulement de respecter les droits d'autrui, mais encore, quand on les crée par l'effet d'une conduite libre, quand soi-même on en est l'auteur, de leur assurer la garantie de la loi : ce que fait le mariage civil. Et peut-être la loi devrait-elle y contraindre, dans la mesure du possible, les parents d'enfants nés hors mariage ; mais ceci touche à la question de la recherche de la paternité, qui n'est point celle du divorce.

Souvent on entend dire que le mariage civil est seul valable, qu'il est le vrai mariage ; d'autres disent qu'il n'est rien sans le mariage religieux : ils s'indignent de la thèse des premiers, qui s'indignent de la leur. Des deux côtés (c'est l'ordinaire) on a raison et l'on a tort. Hors du mariage religieux, un homme et une femme catholiques ne peuvent s'unir sans péché ; de même un homme et une femme protestants, musulmans, juifs, chacun selon les exigences morales de sa religion, impératives pour eux, nulles pour un homme et une femme qui ne seraient point de leur religion, ou qui ne seraient d'aucune religion, ou qui ne seraient que de la religion naturelle. Mais, qu'ils pèchent ou non à vivre ensemble, il résulte de leur vie commune des droits que garantira, et garantira seul, le mariage civil. Il est donc le seul mariage pour la garantie des droits tels que ceux de succession, de protection due à la femme, aux enfants, etc. ; et le mariage religieux est le seul pour l'innocence morale du lien entre fidèles d'une Eglise. L'Eglise considère le péché : ce qu'elle règle en pareille matière n'a de valeur que pour ses fidèles. L'Etat considère l'effet civil, et ce qu'il règle en pareille matière a pour tous une valeur, civile sans doute, mais aussi morale : car c'est un devoir, ou du moins une haute convenance, une prudence d'honnêteté, de donner à ses engagements la sanction de la loi ; et la justice ou le respect des droits, qui est l'objet de la loi civile, l'est aussi, pour une part, de la loi morale. Un musulman aura innocemment plusieurs femmes : notre loi civile pourra ne lui en reconnaître qu'une. Qu'elle admette le divorce : un catholique devra, pour en bénéficier innocemment, obtenir de son Eglise l'annulation.

La loi morale, rationnelle ou religieuse, et la loi civile, ne se règlent donc pas d'après les mêmes principes : l'une déterminant, à sa manière, le bien ; l'autre reconnaissant et garantissant le droit. Il peut y avoir droit où n'est pas le bien : tel un riche usant mal de sa fortune : il en a l'usage : il appartient à la loi religieuse, comme à la loi morale, de lui en interdire un usage qu'il appartient à la loi civile de lui garantir : celle-ci lui permettra ou lui laissera faire ce que la religion lui défend, que dis-je ? ce que lui défend la morale même, naturelle, universelle. Et il peut y avoir bien où n'est pas le droit, car le domaine du bien est plus étendu que celui du droit. La loi religieuse, la loi morale, a donc un autre domaine que la loi civile ; il ne faut ni les confondre, ni, en les distinguant, conclure de l'une à l'autre.

Que le mariage, au point de vue moral, soit indissoluble ou qu'il puisse être dissous, annulé, et dans quels cas, chaque religion en décidera suivant ses principes, chaque église d'après ses propres règles, chaque conscience, en dehors de toute église, d'après son sentiment et ses lumières ; que le vrai mariage, dis-je, comporte ou non le divorce, il n'importe au mariage civil. Ce n'est plus la question du bien qu'il faut poser ici, mais celle du droit. Nous ne saurions trop prêter l'oreille à l'éloquence des moralistes, car la question du bien ne saurait nous être indifférente : mais ici, dans une question de pur droit, ils n'ont pas la parole.

Le droit est la pleine liberté d'agir, dans le respect de la même liberté, du droit égal d'autrui, comme de tous les droits qui en résultent.

Un homme et une femme, s'étant librement unis, librement se désunissent : font-ils bien ? font-ils mal ? Tant qu'ils ne lèsent aucun droit, ils sont dans leur droit.

Aussi n'ont-ils pu s'unir, la loi ne les a t-elle mariés, que libres de tout autre engagement et avec le consentement de qui de droit, ayant, en un mot, la disposition d'eux-mêmes.

Les voilà époux : engagés l'un envers l'autre, et tous deux ensemble envers les enfants à naître. Peuvent-ils se dégager pour s'engager ailleurs ?

Un premier cas se présente : ils n'ont point d'enfants mineurs. Ou ils n'ont point d'enfants, ou leurs enfants sont majeurs, établis, avec leur part légale d'héritage : car les parents ne peuvent rentrer dans leur liberté naturelle qu'autant que les droits des enfants demeurent saufs. Libres donc et dégagés à l'égard d'enfants qui n'existent pas ou dont les droits sont saufs, les époux peuvent-ils se dégager à l'égard l'un de l'autre, et se rendre libres de s'engager ailleurs ?

Pourquoi non ? et quel droit d'autrui lèseront-ils ? C'est leur affaire ; et ils ne pourront l'un comme l'autre contracter un nouvel engagement, qu'autant que le nouvel époux l'acceptera : un divorcé sera ce qu'est un veuf. Il semble bien qu'en l'absence d'enfants nés ou à naître, le libre consentement des deux parties contractantes, comme il a dû suffire à établir le contrat, doive suffire à le rompre. Je suppose que ce consentement mutuel de rompre le plus grave, le plus sérieux des contrats, ne soit pas un caprice, un coup de tête, la volonté d'un jour de mauvaise humeur : c'est à la loi d'y pourvoir, c'est à la loi de trouver les garanties nécessaires. Elle les trouvera dans notre ancien Code, elle n'a qu'à les y reprendre.

Que si le contrat n'a pas été respecté par l'une des deux parties, elle dégage l'autre, qui dès lors en peut réclamer et obtenir la rupture. Ainsi l'adultère de la femme, qui corrompt dans sa source même la naissance éventuelle des enfants, et ôte au mari toute garantie de sa paternité future. L'adultère du mari n'a pas les mêmes conséquences, ni la même gravité. C'est à la famille que la femme doit la fidélité conjugale : le mari la doit, en retour et comme juste récompense, à la femme. Il ne la doit pas à la famille, mais à la femme ; il ne la doit pas à la femme infidèle, mais à la femme fidèle, par équité. Telle forme d'adultère sera une injure, véritable violation d'un engagement où l'on a promis l'amour, c'est, dit la loi, quand la concubine habite la maison conjugale ; on pourrait ajouter : quand le mari, bigame en fait, quoique n'ayant qu'une épouse légitime, en a une seconde, une maîtresse régulière et d'habitude, un autre ménage.

D'autres faits rompent le lien des époux ou permettent de le rompre : l'absence avec le silence prolongé de l'un des deux, l'abandon de l'un par l'autre ; la mort civile, la folie, le déni habituel des devoirs conjugaux, les mauvais traitements, etc. Il appartient à la loi d'énumérer les diverses formes de violation volontaire ou involontaire de l'engagement par l'un des conjoints, d'où résulte pour l'autre le droit de se dégager : droit, c'est-à-dire liberté : la faculté, non l'obligation.

Mais voici un second cas : les époux ont des enfants mineurs. Ils leur doivent l'éducation physique, intellectuelle, morale. Ils leur doivent de les aimer, de les nourrir, de les entretenir, de les instruire ou faire instruire, de veiller sur eux, de les corriger, de leur donner le bon exemple, de leur procurer un établissement assorti à la vocation du fils et à la fortune père, de leur laisser une part d'héritage que détermine la loi : ne recherchons pas ici jusqu'à quel point la loi, qui reconnaît un droit des héritiers, tient compte du droit de propriété chez le testateur et ne touchons pas à la **question de la « liberté testamentaire »**. Ne compliquons pas les questions. Celle du divorce est assez grave. Les enfants ont des droits, déterminés par la loi, et qui doivent être respectés : nous n'avons plus affaire à des conjoints engagés l'un envers l'autre, mais à des parents engagés envers leurs enfants.

Il arrive pourtant que le lien conjugal, quoi qu'on fasse pour le maintenir, se rompt. Il se rompt par la mort de l'un des époux : que fera l'autre ? Il n'est pas marié, il peut se remarier. Qu'il continue, dans un nouveau mariage, à remplir ses devoirs envers ses enfants du premier lit, la loi civile ne peut lui demander autre chose. Mais il y a d'autres morts que la mort physique : la mort civile, la folie, l'imbécillité, l'absence déclarée, l'abandon, sont de véritables morts. Que fera une femme dont le mari est fou ? Elle est veuve. Ou un homme dont la femme s'est enfuie avec un autre ? Il est veuf.

Il y a des cas enfin où la vie commune est impossible, où l'entretien, où l'éducation des enfants, qui est le grand devoir des parents, souffre de leur intime haine, de leur mauvaise conduite, de leurs désordres ; notre présente loi les sépare, sans les désunir, sans rompre leur lien : mariés sans l'être, ils ne peuvent se remarier. Elle remplace par la séparation de corps le divorce, qu'admettait notre ancienne loi. Il y faut revenir.

On demande ce que deviennent les enfants ? Et que deviennent-ils dans la séparation de corps ? Quand l'un des conjoints, absent, en fuite, flétri par la justice, fou, peut être considéré comme mort, l'autre à la charge des enfants ; quand il n'y a pas mort, mais impossibilité de vie commune, le tribunal décide lequel des deux aura la charge, ou la leur partage. Ainsi fait-il en prononçant la séparation de corps ; ainsi fera-t-il en prononçant le divorce.

Lequel vaut mieux, a-t-on dit, la séparation de corps ou le divorce ? La question, posée en ces termes, ne l'a pas été assez hardiment : alors même qu'on estimerait que la séparation de corps vaut mieux, le divorce devrait encore être admis : car, dans les divers cas qui entraînent la séparation de corps, quel droit lèsera-t-il ? Quelle atteinte un divorcé portera-t-il, en se remariant, à son ancien conjoint, qui aura voulu le divorce, ou qui l'aura rendu nécessaire ? et quelle atteinte à ses enfants, s'il sauvegarde leurs droits ? Il sera pour eux comme un veuf qui se remarie.

S'il estime que la séparation de corps vaut mieux, que le divorce n'est pas permis moralement, qu'il ne doit pas se remarier, il ne se remariera pas : qui l'y force ? Et pourquoi forcerait-il ceux qui pensent autrement que lui à faire comme lui ? Ou pourquoi la loi les y forcerait-elle, et leur imposerait-elle sa doctrine à lui ? Ils sont libres, comme lui. La loi n'a qu'à reconnaître leur liberté, comme la sienne, et, qu'ils pensent bien ou mal, qu'ils fassent bien ou mal, à la leur garantir, dans la mesure du respect des droits d'autrui.

Certains catholiques voient dans la loi qui admettrait le divorce une atteinte à leur liberté de conscience. En quoi donc ? Seront-ils contraints à user du divorce ? Ou même à le croire moralement permis ? La loi qui l'admettra reconnaîtra un droit, sans porter un jugement moral. Ceux qui croiront pouvoir en user en sûreté de conscience, ou qui voudront en user contre leur conscience, innocents ou coupables, en useront ; les autres, non. Les catholiques ne divorceront pas : ou, divorçant, ils pécheront : mais ce sera leur faute, non celle de la loi. La loi qui permet le divorce n'y contraint personne, ni ne le conseille à personne.

Les catholiques de parti voient volontiers une atteinte à leur liberté dans la liberté des autres. A les entendre, il faudrait, pour qu'ils fussent libres, que les autres ne le fussent pas. Est-ce donc les empêcher de penser comme ils pensent et de croire ce qu'ils croient, que penser autrement et croire autre chose? Ils croient le divorce illicite : qu'ils se l'interdisent. D'autres le croient licite : faudra-t-il aussi qu'ils se l'interdisent parce que les catholiques doivent se l'interdire ? Et les catholiques cesseront-ils d'être libres de se l'interdire, parce que les autres seront libres de se le permettre ?

Des époux catholiques ne demanderont pas le divorce. Si l'un d'eux l'obtient, et qu'infidèle à son Eglise il se remarie, rien n'empêchera l'autre de se considérer comme toujours marié dans sa conscience, et de s'interdire un nouveau mariage : l'un bénéficiera de la loi du divorce, l'autre vivra, non de par la loi qui le laissera libre, mais de par sa volonté, sous le régime de la séparation de corps. Où donc est l'oppression ? Où la contrainte ? Où l'atteinte à la liberté de conscience des catholiques, ni à aucune de leurs libertés, dans la liberté de tous ?

Que telle religion ait raison d'interdire le divorce, que telle autre ait raison de le permettre en certains cas ; qu'il soit approuvé ou toléré ou condamné par la morale, c'est ce que je n'ai pas à considérer ici. Qu'il ne doive pas être pratiqué à la légère, qu'il doive être entouré des plus grandes précautions, je m'en fie à la sagesse de nos législateurs : ils n'y manqueront pas. Ils ont l'exemple de pays qui ont une assez longue expérience de ce régime, et notre ancien code, qui avait bien étudié la matière. Doit-il reparaître dans notre code ? Là était toute la question. Qu'en disent la religion et la morale ? Il n'importe. Elles n'ont pas voix au chapitre. Leurs principes sont d'un autre ordre que ceux de la loi civile. Celle-ci a pour objet non le bien, mais le droit. Au point de vue du droit, le divorce est, dans certains cas à déterminer, une faculté, une liberté qui n'aurait pas dû perdre la place légitime qu'elle avait, avant 1816, dans notre Code civil. (1884).

Au moment de l'impression (1893) :

Le droit au divorce est rétabli dans notre code ; non facultatif au gré des conjoints, mais en des cas déterminés, à des conditions rigoureuses, ou même sévères.

Trop sévères, oserai-je dire, et qui portent encore la marque d'une véritable étroitesse d'esprit.

I. La loi n'admet point le divorce par simple consentement des parties.

Elle a raison tant qu'il y a des enfants mineurs : elle est tutrice des mineurs ; et c'est le droit des enfants qui limite alors celui des époux.

Mais des époux sans charge d'enfants, soit qu'ils n'en aient pas, soit qu'ils aient rempli leur tâche à leur égard, où est la limite de leur droit naturel de vivre ensemble ou de rompre à leur gré leur vie commune ? Si l'union de l'homme et de la femme n'avait pas pour conséquence la naissance des enfants, la loi n'aurait pas même à s'en occuper, et l'amour serait libre : je dis au point de vue civil. Le point de vue moral est hors de cause.

A considérer les choses logiquement, voici, au point civil, ce qu'elles devraient être. Les unions sont ce qu'elles sont : la loi les ignore. Un enfant naît : il naît avec des droits, la loi les lui garantit. La distinction des enfants légitimes et des bâtards n'existe pas pour elle : elle a pris au sérieux l'abolition des privilèges. Il n'y a qu'un même droit pour tous les enfants de l'Etat : ils ont droit à des parents qui les entretiennent, les élèvent, les instruisent, les établissent au mieux de leurs ressources, et leur laissent, à leur gré, tout ou partie d'une fortune dont la disposition leur appartient, comme elle ne peut appartenir, en effet, qu'au propriétaire. Ils ont leur père et leur mère : leur mère toujours connue ; leur père le plus souvent, ou par un mariage contracté dans leur Eglise, ou par un libre contrat, ou par leur propre déclaration, ou par la cohabitation, par une fréquentation notoire, etc. A défaut du père, la mère est là, semblable à une veuve ; à défaut des parents, l'Etat.

Avec le mariage civil, disparait la question du divorce. Quant au mariage religieux, qui, dans ce régime des unions libres, serait le plus ordinaire, ou du moins le plus honoré, la loi n'a pas à en connaître.

Et c'est, pour le dire en passant, un étrange déni de justice, que la défense faite à l'Eglise de procéder au mariage religieux avant la célébration du mariage civil. Qu'importe à l'Etat, qui n'a point de religion, le mariage religieux ? Encore une fois, la loi n'a pas à en connaître. Des époux qui ne seraient que religieusement mariés ne le seraient pas pour elle, voilà tout, comme des époux qui ne sont que civilement mariés ne le sont pas pour l'Eglise. Si le principe de la séparation des Eglises et de l'Etat, qui est le vrai, ne peut encore être réalisé, ne faudrait-il pas au moins borner la dépendance de l'une à l'égard de l'autre à la stricte limite de ce que le Concordat en exige ?

II. La loi n'admet point, quand le divorce a été prononcé pour cause d'adultère, le mariage entre l'époux coupable et son complice. C'est ici que je vois étroitesse d'esprit, par confusion du civil avec le moral. Si on ne les distingue pas, que signifie la loi qui admet le divorce ? Elle n'est justifiable, elle n'est intelligible que dans cette distinction, dont on refuse de suivre les conséquences jusqu'au bout.

Mais la confusion qu'on ne devrait pas faire, on la fait à contre-sens. Même au point de vue moral, la femme avec qui on a péché est précisément celle qu'on doit épouser, si l'on se remarie : car elle était la vraie femme selon le cœur ; et toute autre qu'on épouserait, que serait-elle ? Il y a une logique dans le faux, une raison dans le déraisonnable, le désordre a son ordre, et du mal qu'on a fait sortent des devoirs. On avait des devoirs envers sa femme selon la loi, on ne les a pas remplis : peut-être on avait eu tort de l'épouser, on s'était trompé ; à côté d'un mariage légal malheureux, on en avait un autre naturel, illégitime. Le mariage légal est rompu : envers la femme légale, qui ne l'est plus, on n'a plus de devoirs : n'en a-t-on pas envers l'autre ? N'en a-t-on pas, devenu libre, envers celle dont on avait déjà fait sa femme ? Et sera-t-il plus moral d'aller prendre une troisième femme ? Ou un troisième mari ? car il s'entend bien que tout cela s'applique à l'épouse comme à l'époux. Et la loi qui, par crainte d'encourager l'adultère, aura refusé de régulariser l'amour, n'aura-t-elle pas favorisé le libertinage ?

Il fallait ou interdire tout nouveau mariage, — et c'est la séparation, non le divorce, — ou autoriser tout nouveau mariage, sans aucune distinction, même celle-là, surtout celle-là.

caisse. L'un et l'autre me prennent ce qui ne leur appartient pas : mais l'un ne me prend que mon argent, l'autre me prend mon honneur.

Il la faudrait donc, cette loi dont on ne veut pas. Il faudrait qu'une loi, laissant toute latitude à la discussion des idées, toute liberté à l'appréciation des œuvres, punît de peines très sévères (elles ne le seront jamais trop) toute insulte aux personnes, toute diffamation, toute intrusion dans la vie privée même des hommes publics, qui ne relèvent de la publicité que pour leurs actes publics ; et il faudrait que le parquet fût chargé de poursuivre d'office, sans attendre la plainte des victimes, toute infraction à cette loi, — loi tutélaire; qui ne serait qu'une loi juste.

Quelques bons exemples, quelques fortes peines infamantes infligées à qui de droit, finiraient peut-être par apprendre à ces brigands de la plume que, pour être plus dangereux que les brigands du révolwer ou de la dynamite, il ne leur est pas dû plus de respect, ni moins de mépris.

LIBERTÉ DE LA PRESSE

La liberté d'aller et de venir n'est pas la liberté d'empêcher la circulation, d'obstruer les chemins, de pousser les gens, de frapper les passants, de poignarder à droite et à gauche par les rues. On arrête un malfaiteur : sera-t-il admis à se prévaloir de la liberté d'aller et de venir ? à s'écrier que, puisqu'on lui défend de voler, de tuer, il n'est donc pas libre ? La loi qui le condamne sera-t-elle dénoncée comme une loi injuste ?

Mais si une loi était assez osée pour condamner et poursuivre le journaliste diffamateur, violateur de la vie privée, insulteur des adversaires de sa doctrine ou de sa cause ou de son parti ou de sa coterie politique, un malfaiteur de la presse, toute la presse protesterait contre cette abominable loi. Même les honnêtes d'entre les journalistes feraient chorus, au nom de la liberté de la presse, avec ces poignardeurs qui n'assassinent pas l'épée au poing, mais la plume à la main !

Les gens de la presse entendent la liberté de la presse, pour la plupart, comme les assassins entendraient, si on les consultait, la liberté d'aller et de venir.

Qui fouille dans ma vie privée me fait plus de tort que celui qui fouille dans ma poche ou dans ma

LE SERMENT EN JUSTICE

Il est telle circonstance, tel acte de la vie publique, où l'État exige d'un citoyen la garantie du serment. Les témoins cités en justice, les jurés chargés de statuer sur le sort des prévenus, s'obligent par serment, les uns à ne dire que la vérité pure, les autres à n'avoir égard, dans leur verdict, qu'à la pure justice. Le président des assises donne aux jurés lecture de l'engagement qu'ils doivent prendre : chacun d'eux tour à tour lève la main devant une image sacrée, et dit à haute voix : Je le jure. Puis, l'heure venue de prononcer le verdict, le chef du jury l'émet en l'accompagnant de ces mots : « Sur mon honneur et ma conscience, devant Dieu et devant les hommes.... »

L'image sacrée, le nom de Dieu dans la formule du serment, ont paru, dans ces derniers temps, une atteinte à la liberté de conscience. On a revendiqué le droit d'être athée, non seulement dans la vie privée, mais dans la vie publique même, et en justice. On a suspendu le cours de la justice, pour n'avoir pas à reconnaître un symbole religieux ; pour n'avoir pas à s'incliner devant le nom de Dieu, on a fait ajourner des causes toujours trop retardées, on a prolongé des prisons préventives de malheureux peut-être innocents, dont l'acquittement a dû attendre que le scrupule de consciences délicates permît enfin l'ouverture de nouveaux débats. Le cas s'est présenté en divers pays, il mérite qu'on s'y arrête.

Des journaux populaires ont approuvé ces athées scrupuleux, et leur courageuse attitude. La conscience de ces athées reconnaît donc au-dessus des hommes quelque chose que les hommes soient tenus de respecter, un devoir qui oblige : mais que signifie la formule « devant Dieu et devant les hommes », sinon cela même ? Devant les hommes et devant ce qui doit leur être sacré ; devant la conscience humaine, et le principe qui lui impose un devoir. C'est une sorte de répétition, et comme le redoublement, de la première partie d'une formule belle en sa gravité : *Sur mon honneur*, est-ce autre chose que *devant les hommes* ? *sur ma conscience*, est-ce autre chose que *devant Dieu* ?

« Ni Dieu ni maître », ont dit quelques énergumènes ; et un journal a porté ce titre. Autant valait dire : ni devoir ni obligation d'aucune sorte, rien que le bon plaisir. Le devoir n'est-il pas notre maître ? Mais sont-ce les hommes qui nous l'imposent ? Ou est-ce un principe supérieur qui oblige les hommes ? Si les hommes ne sont pas obligés, ils n'ont aucun droit de nous obliger nous-mêmes, ils ne peuvent que nous contraindre ; s'ils sont obligés, ils le sont par un principe supérieur. Je parle de droit : mais quel droit est concevable, s'il n'est droit que relativement ? Comment m'obligera-t-il, s'il n'est absolu ? La justice est absolue, ou n'est pas : s'il y a une justice humaine, il y a une justice ; et s'il y a une justice, il y a un absolu qui nous domine.

Dieu est le nom de cet absolu. Il en exprime l'idée d'une manière très variable selon les diverses intelligences ; il en exprime surtout le sentiment, invariable, universel, qui est dans toute âme, dans l'âme de ceux qui l'adorent et dans l'âme de ceux qui le nient. Ceux-ci repoussent tel ou tel Dieu : le Dieu du Pape, ou le Dieu de Mahomet. Mais Dieu, depuis ceux qui le conçoivent comme une Volonté souveraine jusqu'à ceux qui ne le conçoivent que comme un pur Idéal, qui donc ne le reconnait ? Qui ne s'incline devant lui ? Sauf ceux qui rejettent, avec tout absolu, toute obligation, tout devoir !

On invoque la liberté de conscience. Il n'y a plus de religion d'Etat ; mais n'y a-t-il pas toujours une morale d'Etat ? Sans doute, puisqu'il y a une loi, un droit, une justice. On peut penser que la justice est une convention, que le droit est ce qu'a voulu le législateur du jour, qu'il n'y a point de droit, et que le vol n'est pas un crime : le voleur pourra-t-il arguër de la liberté d'opinion ? Dans sa conscience, il en croira ce qu'il voudra ; officiellement et devant le tribunal, il devra croire qu'il y a une justice, et qu'il est coupable. Anarchistes et monarchistes peuvent dans leur pensée, dénier au gouvernement de la République son droit, les uns, parce que c'est un gouvernement, les autres, parce que ce n'est pas le bon : ils le récuseront tant qu'ils voudront comme hommes privés : comme hommes publics et dans leur conduite officielle, ils auront à le reconnaître.

La liberté, dans un Etat constitué, s'arrête devant les idées, les principes, qui sont les bases mêmes de l'Etat. Le nôtre n'est point fondé sur une religion : ni sur la Bible, ni sur l'Evangile, ni sur le Koran ; mais sur le Droit, conçu comme absolu, imprescriptible, antérieur et supérieur à toute volonté humaine : et c'est ce qu'exprime, dans la formule du serment, le mot Dieu. Il serait difficile de le remplacer.

LA CONSTITUTION
DE LA RÉPUBLIQUE FRANÇAISE

J'ai donné, en 1870, à une collection qui se formait alors sous le nom de *Bibliothèque démocratique*, un petit livre ayant pour titre *La République*, et pour objet l'idée de la République, avec la constitution essentielle qui en résulte logiquement. Il en fixait les traits généraux, sans en imposer aucune forme particulière à l'exclusion de toute autre.

On y lisait ceci :

« Comme il n'y a qu'une vraie République, ne
« devons-nous pas reconnaître aussi qu'il n'y a qu'une
« forme parfaite, une forme vraie de la République ? »

C'était l'objection ; et voici quelle était la réponse :

« — Oui, la constitution de la république doit en
« respecter l'idée vraie, telle que nous avons essayé
« de la déterminer dans cet entretien ; oui, l'idée de la
« république impose à la constitution certains prin-
« cipes constitutionnels, dirais-je, qui se tient par
« un rapport si étroit aux principes de la république
« même, que toute constitution qui s'en écrterait faus-
« serait ce qu'elle prétendrait appliquer de la sorte.
« Mais ce ne sont là que des éléments, nécessaire-
« ment accompagnées, pour être réalisées, d'un en-
« semble de moyens qui concourent avec ces éléments

« pour un seul tout, savoir : la constitution pratique
« et pour ainsi dire vivante d'un peuple. Si vous
« ne considérez que ces éléments fondamentaux,
« vous ne reconnaitrez qu'une seule constitution vraie
« de la vraie république. Si vous considérez cet en-
« semble de moyens par lesquels se réalisent et vi-
« vent les principes, vous jugerez qu'ils n'ont rien
« d'absolu ; que, sans être d'égale valeur, ils ne peu-
« vent avoir qu'une valeur de moyens, c'est-à-dire
« une valeur de convenances et d'appropriations di-
« verses, et mesurable à ce seul titre ; que, quoiqu'il
« y en ait de meilleurs et de pires, les meilleurs ont
« encore leurs inconvénients, et les pires, dans cer-
« tains cas donnés, leurs avantages ; qu'ils ne com-
« portent pas la perfection, et empêchent que la cons-
« titution, dont ils sont partie intégrante, soit jamais
« parfaite : parfaite en ses éléments fondamentaux, elle
« ne le sera pas en ses moyens ; prise dans son tout,
« elle ne saurait être que perfectible et progressive. »

La République française, au moment où parut ce livre, n'était pas encore constituée. Elle l'a été peu d'années après : depuis que nous en faisons l'expérience, elle s'est créé des amis et suscité des ennemis. Pouvait-il en être autrement, si la république, en effet, comporte bien des formes, dont la meilleure a des inconvénients, et la pire des avantages ? La nôtre donc a des avantages, qui lui ont gagné des amis, et des inconvénients, qui lui ont valu des ennemis. Ceux-ci, à diverses reprises, en réclament la révision, désireux de soustraire la France à un *parlementa-*

risme funeste, en lui substituant, les uns, sous le nom de roi ou d'empereur ou sous n'importe quel nom, un despotisme qui serait sans durée comme sans justice ; les autres, par la suppression du Sénat et de la Présidence, une sorte de nouvelle Convention nationale, c'est-à-dire, à un parlementarisme timide et mitigé, un parlementarisme absolu : ceux-ci raisonnent comme ce plaisant personnage qui

Se jette à l'eau de peur qu'il ne se mouille.

La constitution de la République française ne diffère de celle dont le livre que je rappelle ici présente l'idée qu'en un point : le Parlement s'y divise en deux Chambres. Le système des deux Chambres, peu soutenable en principe et que nous avons combattu, peut se prévaloir de raisons d'ordre pratique. Deux Chambres forment ensemble comme une double représentation de la souveraineté nationale. Elles se modèrent l'une l'autre, ou s'arrêtent l'une l'autre : l'une enraye l'autre, ce qui est ou, sur une plaine, l'empêcher de marcher, ou, sur une pente, l'empêcher de se précipiter et d'entraîner le pays à l'abîme. C'est une division de la représentation, un dédoublement de la souveraineté coupée en deux pour que l'une des deux retienne l'autre.

On conte une anecdote qui explique sous une forme piquante l'utilité de cette division. Jefferson, qui tenait pour une seule Chambre, dînait chez Washington, qui tenait pour deux. Le thé lui est servi ; il en verse une partie dans la soucoupe. — Que

LA CONSTITUTION DE LA RÉPUBLIQUE FRANÇAISE 355

faites-vous là ? lui dit Washington. — Mais, répond Jefferson, je fais refroidir mon thé, pour le boire. — Bien, réplique l'autre, il vous faut deux tasses ; votre soucoupe est votre seconde tasse. Il nous faut aussi deux Chambres pour ne pas nous brûler.

L'une des deux Chambres va de l'avant, l'autre sert de frein ; celle-ci, formée de membres plus expérimentés, issue d'un suffrage à plusieurs degrés; la première, populaire, issue directement du suffrage universel. L'une représente surtout l'ardeur, l'autre la sagesse du pays. Une loi votée par les deux a les meilleures chances d'être une bonne loi. L'opposition de l'une des deux peut faire avorter une loi qui serait bonne, sans doute, mais qui ne viendrait pas en son temps : si l'une des deux grandes représentations du pays la repousse, elle risque fort, à tout le moins, de n'être pas opportune.

Le principe même de l'unité de l'Assemblée sera sauvé si les deux Chambres s'accordent, si elles se réunissent pour les cas graves ; si elles sont comme deux corps d'une seule armée ; si elles ne sont chacune à part qu'une moitié, et ne font ensemble qu'un seul Parlement. Un ministère qui serait condamné par l'une des deux et non par l'autre ne le serait que par une moitié de l'Assemblée nationale.

Les vices de notre *parlementarisme*, qu'on attribue à notre constitution, ne lui sont pas imputables, mais à la manière dont elle a été appliquée : elle a été faussée. Un Président partisan d'un tout autre régime et qui ne voulait qu'un Chef de Cabinet désigné par une Assemblée unique, un Président hostile en principe et à la Présidence même et au Sénat, a établi la tradition d'une Présidence annulée, d'un Sénat presque annulé, d'une Chambre des députés usurpatrice de tous les pouvoirs, de ce *parlementarisme* enfin dont on se plaint, et dont plusieurs cherchent le remède dans la consécration constitutionnelle du mal !

Que le Président de la République ne se contente pas de signer les actes de ses ministres, mais tienne dans sa main l'unité de leur gouvernement et gouverne avec eux ; qu'il étudie avec eux les réformes à faire, nécessaires ou utiles, et fasse présenter par eux des projets de loi élaborés par lui-même avec eux, dont lui-même, pour une grande part, soit l'auteur. Et que les ministres, responsables devant le Parlement, le soient, comme ils doivent l'être, devant le Parlement tout entier : à cette seule observation de notre constitution véritable ne devrons-nous pas une plus grande stabilité ministérielle, et surtout un gouvernement ferme, le gouvernement du Président secondé par ses ministres, arrêté dans ses erreurs possibles par leur chute, responsable lui même non du détail des affaires laissées aux ministres, mais de la conduite générale du pays, qui l'observe, lui donne le temps d'agir, et, son temps expiré, lui ôte ou lui garde sa confiance ?

— Un tel Président est un roi...— Est-ce un roi, qui ne l'est point de son propre droit, mais du choix d'un peuple ? Roi, si l'on veut : un roi élu. — C'est le gouvernement personnel... — C'est un gouvernement. Eh ! un gouvernement n'est-il point personnel par essence ? La délibération est d'un Conseil, d'un Assemblée, mais l'action est d'un homme. Si un pays peut se passer d'être gouverné, qu'il ne le soit pas : et, en effet, qu'il ne le soit pas dans les matières où il ne doit pas l'être ! Mais s'il doit l'être, et là où il doit l'être, qu'il le soit, par un véritable Chef de l'Etat. On rêve un gouvernement qui n'en soit pas un ? On rêve une contradiction. Il faut un gouvernement, ou il n'en faut pas : s'il n'en faut pas, n'en parlons plus ; s'il en faut, qu'il en remplisse les conditions ; s'il en faut ici et non pas là, qu'on le supprime là où il ne doit pas être, et que là où il doit être il ait la volonté, la force, la puissance d'action sans laquelle, à vrai dire, il n'est ni gouvernement ni rien. Qu'il ait un Chef, responsable et remplaçable. Un roi ? Non : car il est choisi, et le pays qui l'a mis à sa tête l'y retient librement, l'ayant jugé à l'œuvre, ou librement le remplace par un plus digne.

Quant aux ministres, il est écrit dans la constitution qu'ils sont « individuellement et solidairement responsables » ; il n'est pas écrit que le ministère doive se retirer au premier signe du Parlement, et qu'il suffise à l'Assemblée de le mettre en minorité sur une question pour l'abattre. A ce régime-là, c'est l'Assemblée qui gouverne : qu'on ne nous parle plus de la distinction des pouvoirs, de la séparation du législatif et de l'exécutif : l'exécutif disparaît dans le législatif qui l'absorbe et l'annule. C'est le grand danger du système parlementaire ; et ce danger serait un mal qui le tuerait, s'il n'avait un remède : l'institution de deux Chambres.

Le ministère a la majorité dans les deux Chambres : il gouverne avec autorité, avec suite, avec puissance. — Il est en minorité dans les deux Chambres : il succombe. — Ou enfin, troisième hypothèse, il a dans l'une la minorité, mais la majorité dans l'autre : faut-il qu'il se retire ? Le pays lui a-t-il témoigné sa méfiance ? Non. Une des représentations du pays est pour lui, si l'autre est contre lui. Et qui dira que l'une soit supérieure à l'autre ? Que l'une compte, et non l'autre ? La constitution les met sur le même pied. Si elles n'ont pas la même origine, c'est qu'elles représentent des éléments différents, mais également importants, du pays. La méfiance de l'une des deux Chambres doit être pour le ministère un avertissement, mais la confiance de l'autre un encouragement : qu'ainsi averti et encouragé à la fois, il se garde bien d'interrompre son œuvre, mais, avec les modifications qu'elle comporte, la continue ! Sans continuité ni stabilité, point de gouvernement, anarchie pure.

Que nos Cabinets donc ne se considèrent comme étant en minorité dans le Parlement qu'autant qu'ils le seront à la fois dans les deux Chambres qui ensemble sont le Parlement : isolément, elles ne sont que la moitié d'un tout.

Car, à quoi servent deux Chambres, s'il suffit du caprice de l'une des deux pour faire tomber un gouvernement ? A quoi sert un Président, s'il n'est rien dans le gouvernement de la République ?

La constitution, qui a établi un Président et deux Chambres, a donc été faussée : il n'y a pas à la réviser, mais à l'appliquer telle qu'elle a été conçue, telle qu'elle a été faite.

Conçue et faite par des monarchistes : ce sont eux, disent nos adversaires, qui ont faussé la république ; et si nous faussons, nous, dans l'application, leur constitution monarchico-républicaine, c'est pour la conformer, autant qu'il nous est possible, à la vraie république, trahie par eux.

Je n'ai pas à la défendre ici : je renvoie à mon livre de 1870. Elle est, dans ses grands traits, conforme à l'idée d'une république viable, qui serait un vrai gouvernement. Il n'y a de gouvernement viable que celui où tous les éléments d'un gouvernement ont leur place : même dans une monarchie l'élément républicain a sa place, et l'élément monarchique dans une république. Des républicains l'auraient méconnu peut-être, et c'est peut-être parce que notre République française a été constituée par des monarchistes, qu'elle l'a été si sagement, si conformément à la raison : ils ont fait, par nécessité, un pas en avant de la royauté constitutionnelle, et ce pas en avant les a conduits au terme. La royauté constitutionnelle était presque une république : ils sont arrivés, malgré eux, à la république, et nous ont arrêtés où le chemin s'arrête : au-delà, il n'y a plus de république, parce qu'il n'y a plus de gouvernement. Les questions qui restent à résoudre (n'en restera-t-il pas toujours? Le progrès peut-il avoir une fin?) sont d'un autre ordre : elles ne portent plus sur la nature ni sur la forme essentielle du gouvernement, mais sur ses attributions, sur les améliorations à poursuivre, les réformes à faire, etc. Elles ne manquent pas, elles ne manqueront jamais. Convient-il, par exemple, qu'il y ait séparation des églises et de l'Etat ? Qu'il y ait un enseignement de l'Etat ? Une organisation par l'Etat du travail, de l'industrie, du commerce, de la propriété ? Que les juges soient inamovibles ? soient élus par le peuple ? Et mille autres semblables : toutes questions non plus politiques, mais sociales.

Quant aux imperfections de notre constitution républicaine, point n'est besoin d'une révision pour qu'il y soit porté remède : l'exercice normal du pouvoir législatif y suffit.

Les principales, à mon avis, sont dans l'élection des représentants, soit députés, soit sénateurs. Rien de plus important, rien aussi de plus difficile, sous le régime de la volonté nationale, que de reconnaître la véritable expression de cette volonté : où la prendre ? Il faudrait une bonne loi électorale : au Parlement de la faire, comme toutes les lois.

Je voudrais des conditions d'éligibilité. Il faut être licencié en droit pour appliquer la loi, et le premier cabaretier venu, élu par un aveugle suffrage d'ignorants et de sots, pourra la faire ! Il semble que la capacité requise pour être avocat, pour être juge, doive l'être à plus forte raison pour être législateur. Je voudrais que de tout candidat au Sénat ou à la Députation fût d'abord exigée l'une quelconque de nos licences, n'importe laquelle : il n'en est pas qui ne soit la garantie d'une certaine culture générale de l'intelligence, suffisante, mais nécessaire à qui prétend au gouvernement d'un grand peuple. Cette exigence aurait écarté bien des choix indignes ! S'il existe des personnages considérables, des hommes d'une réelle et utile capacité pratique, non licenciés, ils peuvent bien, dès qu'ils aspirent à l'honneur d'être sénateurs ou députés, se donner la peine d'acquérir un grade qui n'est, après tout, que la marque d'un homme instruit, tel que devrait l'être tout fonctionnaire de haut rang.

Je voudrais des conditions d'électorat. Elire n'est pas un droit, mais une fonction ; ni un acte de liberté, mais un acte d'autorité, un acte de gouvernement. Ces conditions seraient de nationalité et de capacité : la nationalité, non seulement légale, mais morale, constatée soit par la propriété, par la patente commerciale, par la fonction, ou tout autre attache sérieuse au pays, soit, à défaut d'aucune de ces attaches, par un domicile prolongé ; la capacité, constatée par un minimum d'âge, par un brevet d'études primaires, et par l'obligation d'écrire soi-même son vote en présence des scrutateurs. Le suffrage, d'autre part, serait universel, dans toute la force du mot, par la pluralité des voix d'un même électeur, selon qu'il représenterait un plus ou moins grand nombre de têtes : mineurs, femmes, incapables, militaires sous les drapeaux, tous les non votants, auraient dans la personne de leur plus proche parent électeur comme un tuteur politique chargé de déposer dans l'urne autant de bulletins, en outre du sien, qu'il aurait de pupilles :

un chef de famille, par exemple, ayant quatre enfants avec sa femme et un frère mineur, aurait sept voix. Mesure très démocratique, s'il est vrai que les plus nombreuses familles sont dans le petit peuple ; favorable d'ailleurs au développement de la famille, dont elle consacrerait l'importance : au lieu que le suffrage universel tel que nous l'avons, borné, malgré son nom d'universel, aux hommes adultes, s'émiette dans une foule confuse d'individus sans lien, il se produirait en groupes de votes représentant l'universalité non plus fictive mais effective du pays, entre les mains des électeurs les plus dignes de confiance, en même temps que les plus touchés, pour la plupart, de l'intérêt des classes populaires.

Les électeurs connaissent généralement fort peu les candidats pour lesquels ils sont appelés à voter : ils sont renseignés par des comités qui s'instituent à cet effet de leur autorité privée, sans autre mandat que celui qu'ils se sont conféré à eux-mêmes. N'y a-t-il pas là une indication précieuse ? Pourquoi de tels comités, si utiles, ne recevraient-ils pas leur mandat d'une loi qui les aurait institués ? Sans préjudice de comités libres usant de leur droit de réunion, dans chaque circonscription électorale se formerait un comité officiel, composé de délégués des électeurs, soit un pour cent, avec adjonction de personnages qualifiés, tels que licenciés, représentants de la circonscription (conseillers généraux, députés, sénateurs) : ce comité aurait pour tâche d'étudier les candidatures, et de présenter son candidat, — candidat officiel, mais d'un comité indépendant, — aux électeurs, libres d'ailleurs de ne pas le nommer, d'en préférer un autre.

Je voudrais enfin le renouvellement partiel et continu de la Chambre des députés comme du Sénat.

D'un suffrage universel où tous auraient leur vote direct ou indirect, éclairé par un comité tenant son mandat en partie d'une première élection, en partie du titre de ses membres, d'un tel suffrage appelé à choisir des députés qui ne seraient éligibles qu'autant qu'ils seraient pourvus d'une de nos licences, ne sortirait-il pas une Chambre sérieuse, une représentation supérieure, auguste, digne d'un pays dont elle serait l'élite ?

Le Sénat, formé de membres issus d'une autre origine, mais pourvus du même grade, s'unirait à une telle Chambre pour constituer avec elle un Parlement qui, sans doute, serait à la hauteur de sa grande tâche.

Dans tout régime parlementaire, quel qu'il soit, royauté constitutionnelle ou république, la question électorale est grave : elle a été étudiée sous divers aspects par d'éminents publicistes ; elle n'a pas été résolue, ou ne l'a été que dans leurs livres, sans que nulle de leurs solutions, telles que représentation des minorités, pluralité des suffrages, ou d'autres, ait passé de la théorie à la pratique. Je propose, après eux, la mienne : ce n'est aussi qu'une proposition, dont je ne puis savoir ce qu'elle vaut : mais je pense que toutes les propositions, toutes les idées, doivent se produire. Aux habiles de faire le triage, et, s'ils trouvent quelque part quelque chose à prendre, de le prendre : c'est leur bien.

Pendant qu'on imprime ces pages, je lis, dans l'un des excellents articles donnés à la *Revue bleue* par M. Paul Laffite, sous le titre général de *Lettres parlementaires*, les lignes suivantes, qui terminent une comparaison entre notre constitution et celle de l'Angleterre :

« Deux Chambres élues, l'une par le suffrage à un degré,
« l'autre par le suffrage à deux degrés ; des ministres respon-
« sables, non pas seulement devant une des Chambres, mais
« devant le Parlement tout entier ; un président qui peut faire
« appel à l'opinion, soit en adressant des messages au Parle-
« ment, soit en exerçant le droit de dissolution ; enfin, le suf-
« frage universel, juge suprême de tous les conflits : voilà la
« *vraie Constitution* ; et elle n'est pas plus anglaise qu'elle
« n'est américaine ou italienne ou espagnole. Si, dans la
« pratique, les pouvoirs publics sont trop souvent sortis de la
« vérité constitutionnelle ; si la Chambre, outrepassant ses
« droits, a fait capituler le Sénat sur les questions les plus
« graves ; si le Sénat, à son tour, a souffert qu'on lui envoyât
« le budget aux derniers jours des sessions ; si des ministres se
« sont retirés pour quelques voix perdues à la Chambre,
« quand ils avaient pour eux la majorité du Parlement ; si
« enfin, par la violence des uns, par la faiblesse des autres,
« tous les rouages du système ont été faussés, faut-il s'en
« prendre à la Constitution, et ne serait-il pas plus juste d'en
« accuser nos mœurs parlementaires ?

« Je rencontre tous les jours des gens qui demandent
« qu'on révise la Constitution ; je demande, moi, qu'on l'ap-
« plique. » (*Rev. bleue*, 4 fév. 1893).

On ne saurait mieux dire.

« Relisez la Constitution », dit aussi avec non moins de justesse, M. Eugène Melchior de Vogüé dans une étude intitulée
L'Heure présente; « elle donne au chef de l'État des pouvoirs
« plus que suffisants pour gouverner. — Le président a l'ini-
« tiative des lois, concurremment avec les membres des
« deux Chambres. — Il dispose de la force armée, il nomme
« à tous les emplois civils et militaires. — Le président com-
« munique avec les Chambres par des messages, qui sont lus
« par un ministre. — Le président peut, par un message mo-
« tivé, demander aux deux Chambres une nouvelle délibéra-
« tion, qui ne peut lui être refusée.—Le président peut ajour-
« ner les Chambres, pour un mois, deux fois dans la même
« année ; il peut, sur l'avis conforme du Sénat, dissoudre la
« Chambre des députés.—Et ce sont là ses fonctions précises,
« régulières. En outre, aucun texte ne limite sa liberté dans
« le choix de ses ministres ; rien ne lui interdit les messages
« directs au pays. Le président n'est pas prisonnier dans la
« Constitution ; il est prisonnier d'une tradition fausse ».

(*Rev. des Deux Mondes*, 15 déc. 1892).

LA VRAIE DÉMOCRATIE

La France est une démocratie.

Que faut-il entendre par ce mot ? Le régime démocratique est-il politique, ou social, ou l'un et l'autre ? Est-il de fait, ou de droit ? De fait légitime, auquel nous devons nous attacher pour le conserver et le développer, pour le réaliser et comme le produire de plus en plus ? Ou de fait illégitime, auquel nous ne devons nous attacher que pour le déraciner du milieu de nous ?

Il y a longtemps qu'on l'a dit : « La démocratie coule à pleins bords. » Il y a longtemps qu'elle a franchi ses bords, et inondé les campagnes : d'un flot dévastateur ? ou d'un flot fertilisateur ? Est-elle mauvaise, est-elle bonne ? Est-elle juste, ou injuste ?

On a écrit de belles pages, instructives et salutaires, sur ses caractères, ses avantages, ses inconvénients, ce qu'elle nous promet, ce dont elle nous menace. Nous ne voulons pas le rechercher ici, mais reconnaître ce qu'elle a de juste, et le circonscrire en ses limites. On invoque en sa faveur le droit : quel est ce droit, et jusqu'où s'étend-il ? Elle résulte, assure-t-on, de la déclaration des droits de l'homme inscrite en tête de la constitution de 1791 ; elle est une application des principes dits de 1789. Ou même on ne se contente pas de ces principes, on les dépasse : on n'a pas assez de la liberté qu'ils établissent, ni de l'égalité devant la loi, de l'égalité civile : on institue l'égalité politique, au nom de la souveraineté nationale : on réclame jusqu'à l'égalité sociale, au nom de l'égalité et de la fraternité naturelles des hommes.

Il y a des préjugés démocratiques, et il n'est point aujourd'hui de préjugés plus funestes : ils sont mortels pour la France : il y a une vraie et une fausse démocratie : nous voudrions déterminer la vraie, et combattre la fausse.

I.

La démocratie n'est pas un régime social, c'est un régime politique. On entend un État démocratique : un état où le gouvernement appartient au peuple. Tel est précisément le sens du mot *démocratie* : gouvernement du peuple. Cette expression : *un État démocratique*, a donc un sens : que signifie cette autre expression : *une société démocratique* ? A moins que la société n'y soit prise pour l'État, et qu'elle ne signifie aussi : une société, c'est à dire un État, où le peuple gouverne. Mais l'État n'est que la société politique ; la société est encore civile, économique, religieuse, etc. Que dans la société politique le peuple gouverne, cela s'entend ; mais qu'il gouverne dans la société économique ou civile, cela peut-il avoir une autre signification, sinon qu'il fait des lois d'ordre économique ou civil, celles qui régissent la propriété, par exemple, ou la famille, comme il fait d'ailleurs, dans la société politique, toutes les lois ? Mais c'est là l'Etat démocratique ; et la société démocratique, ainsi comprise, ne signifie pas autre chose.

On entend autre chose. On entend une société où règne l'égalité civile, politique, économique, où les rangs sont égaux, où les fortunes, où toutes les conditions sont égales ; un régime de nivellement universel, au profit des inférieurs, et de la brute qui est dans l'homme.

Mais ce régime n'est pas plus démocratique qu'il n'est aristocratique ou monarchique ; il est mal nommé. Un roi, un empereur, maître d'un peuple, peut le gouverner par des lois égalitaires : on aura l'égalité dans la servitude, comme on eût eu l'égalité dans la liberté. Et un peuple maître de lui-même peut se refuser à ce nivellement universel, qui n'est pas toujours pour déplaire à un despote.

Démocratie et république vont naturellement ensemble : ces deux termes sont à peu près synonymes.

La république est le gouvernement qui ne s'exerce point par un roi, par un empereur, ou, sous quelque nom qu'on le désigne, par un chef maître héréditaire du peuple, mais par le peuple, son propre maître. La république peut se définir comme la démocratie : le gouvernement du peuple, ou de la nation en corps. Le mot même de *république* signifie la *chose publique* : la république est donc ce gouvernement qui est proprement la chose publique, l'affaire de tous.

On la considère souvent comme étant le gouvernement de plusieurs, par opposition au gouvernement d'un seul, ou à la monarchie. On se trompe : elle n'a point point pour contraire la monarchie. mais la monarchie irresponsable, irrévocable, héréditaire, c'est-à-dire la royauté. Le gouvernement d'un seul, mais élu, responsable, révocable, d'un chef qui remplit, au nom et par délégation expresse du peuple, la magistrature suprême, est une république. *République française, Napoléon empereur*, cette inscription empreinte sur quelques monnaies du premier empire n'était pas contradictoire.

Dans la royauté, la magistrature suprême est la propriété du roi ; dans la république, elle est, par quelques mains qu'elle s'exerce, la propriété du peuple.

Il ne faut pas dire que, dans la royauté, la souveraineté appartient au roi, et dans la république au peuple. Il peut en être ainsi, mais non pas nécesssairement. Il y a telle forme de royauté où la souveraineté appartient au peuple, sauf la magistrature suprême, propriété du roi. Car magistrature suprême et souveraineté ne sont pas synonymes. La magistrature suprême est une des fonctions de la souveraineté. La souveraineté comprend plusieurs pouvoirs, qui donnent lieu à plusieurs charges : la magistrature suprême peut être le résumé de tous ces pouvoirs, comme elle peut n'être qu'une de ces charges la plus haute, mais circonscrite. Ne fût-elle qu'une charge très circonscrite, dès qu'elle est propriété, elle est royauté. Telle est, par exemple, la royauté constitutionnelle.

Quand je dis que la magistrature suprême est la propriété du roi, j'entends qu'il en use comme de sa chose, l'exerçant en son nom, à son gré, et la transmettant à son héritier naturel, dans la plénitude d'un droit tout semblable à celui du propriétaire sur son bien ; et comme on est un voleur si on prend à un propriétaire son bien, si l'on prend son trône à un roi on est un usurpateur. Ainsi Louis-Philippe Ier, ainsi les Bonaparte, aux yeux de ceux qui se nomment *légitimistes* ; et la république même, à leurs yeux, ne peut s'établir sans usurpation.

Le roi, propriétaire, peut ne l'être que d'une charge : c'est le cas où il possède par droit d'héritage, et comme un patrimoine, la magistrature suprême. Il peut aussi l'être d'un peuple : c'est le cas où il possède par droit d'héritage, et comme un patrimoine, la souveraineté.

La souveraineté, bien qu'elle donne lieu à des magistratures comme à des fonctions multiples, est une par essence : et, si la multiplicité des magistratures comporte celle des magistrats, elle ne comporte pas celle des souverains : le souverain est un.

On comprendrait difficilement qu'une magistrature pût appartenir, sauf par délégation, à un autre qu'au souverain ; que la magistrature suprême pût être la propriété d'un homme, roi sans être souverain. C'est une contradiction, qui n'a point son explication dans la logique, mais dans l'histoire.

Le roi fut d'abord le souverain, et le souverain fut le propriétaire du peuple, ou du territoire conquis.

avec le peuple qui l'habitait, comme on l'est d'un bétail avec le domaine dont on a pris possession : il fit la loi, ou plutôt fut la « loi vivante. » La royauté fut originairement l'empire du roi, loi vivante ; d'où la république peut être dite, par une juste opposition, l'empire de la loi, reine idéale. La souveraineté passa du roi dans le peuple, mais peu à peu : le roi ne fut plus le souverain, mais quelque chose du souverain jusqu'à l'heure où, le peuple étant tout le souverain, il n'y eut plus royauté, mais république. La royauté constitutionnelle est déjà presque une république. « Une république plus un roi, » a-t-on dit, avec un esprit qui n'exclut pas la justesse. L'empire, ce gouvernement exercé par un chef d'État héréditaire et responsable (responsable sans être révocable !) était une république moins la sanction : la république niée en même temps que reconnue.

Il y a donc deux sortes de royauté ; la royauté absolue, et la royauté tempérée, où le roi la partage avec le peuple. Celle-ci comporte une foule de degrés, et peut prendre divers noms, suivant que le roi est plus ou moins souverain, plus ou moins roi.

Mais la souveraineté n'appartenant qu'au roi ou au peuple, il faut opter entre la royauté absolue et la république. Logiquement, il n'y a point de milieu. La souveraineté est une : si elle appartient au roi, il n'y a de rationnel que la royauté absolue ; si elle appartient au peuple, il n'y a de rationnel que la république.

Demande-t-on auquel des deux, du roi ou du peuple, elle appartient en vérité ? C'est demander si le peuple est pour le roi, ou le roi pour le peuple, ou plutôt c'est demander s'il se peut qu'une société d'hommes soit la chose d'un homme. Comme un peuple n'appartient pas à un homme, le gouvernement d'un peuple ne saurait être la propriété d'un homme ni le patrimoine d'une famille, mais le droit, mais le devoir du peuple même. C'est le devoir d'un peuple de se gouverner, sous sa responsabilité propre. Il n'y a d'autre souverain que le peuple, ni d'autre gouvernement légitime et rationnel que la république.

Or, la république est la démocratie. Non que ces deux termes soient absolument synonymes : on a pu voir des républiques aristocratiques et des empires démocratiques, ou prétendus tels. Il y a république dès qu'il n'y a point de roi ; et il y a démocratie, même sous un roi, dès que le peuple entier concourt, sous une forme ou sous une autre (sous la forme du suffrage universel, par exemple), à l'exercice du pouvoir. Mais la république où le peuple est réduit à une caste n'est qu'une république mutilée ; et la démocratie où le peuple n'a qu'une portion du pouvoir, qu'il partage avec un chef irrévocable, avec un maître, n'est qu'une imparfaite, une illusoire, une mensongère démocratie.

La vraie démocratie est la même chose que la vraie république, sauf une différence de points de vue. La république, *chose publique*, affaire de tous, est le gouvernement pour le peuple ; la démocratie, *pouvoir du peuple*, est le gouvernement par le peuple. *Répu-*

blique démocratique est la réunion de deux mots, l'un d'origine latine, l'autre d'origine grecque, signifiant *gouvernement de la chose publique par le peuple.* L'emploi simultané de ces deux mots n'est pas un pléonasme : c'est une explication, une détermination de la vraie république, qui n'est pas aristocratie, mais démocratie, et de la vraie démocratie, qui est proprement un gouvernement, et un gouvernement républicain.

II

Rien de plus juste, rien de plus légitime jusqu'ici, que la démocratie. Elle est le gouvernement du pays par le pays, et ce gouvernement comporte bien des formes, de même qu'il s'accommode avec bien des états sociaux.

Mais la plupart l'entendent autrement, sans être toujours d'accord, et même sans être toujours clairs, dans leur manière de l'entendre.

La démocratie est, pour beaucoup, le gouvernement des classes inférieures du peuple, à l'exclusion des hautes classes.

Pour d'autres, c'est le gouvernement dans l'intérêt des classes inférieures du peuple, dans l'intérêt du plus grand nombre, dans l'intérêt des masses, comme ils disent.

Pour d'autres encore, et pour la multitude, c'est un certain état social, caractérisé, soit par l'égalité des droits politiques, soit même par l'égalité des conditions.

On tient ces diverses manières d'entendre la démocratie pour logiquement liées à l'idée de république, sans prendre garde qu'une royauté partageant la souveraineté avec le peuple peut la partager avec les classes inférieures, au lieu de la partager avec les hautes classes ou avec le peuple même ; que, d'autre part, la république n'est pas plus le gouvernement des classes inférieures du peuple qu'il ne l'est des hautes classes ; et qu'enfin, si la démocratie est le gouvernement dans l'intérêt des masses, ou si elle est un certain état social, il se peut qu'une royauté soit démocratique et qu'une république ne le soit pas.

Du moins voit-on, dans ces différentes démocraties, des aspects différents d'une même chose ; et l'on veut que la démocratie, gouvernement du peuple par le peuple, soit à la fois le gouvernement des classes inférieures du peuple, et le gouvernement dans l'intérêt des masses, et l'égalité des droits politiques, et l'égalité des conditions.

Mais d'abord, si elle est le gouvernement du peuple, elle n'est pas le gouvernement des classes inférieures du peuple.

Y a-t-il donc des classes dans le peuple sous la république démocratique ? Et la démocratie n'est-elle pas précisément la négation des classes ? Non, mais des castes. Il ne faut pas confondre la caste et la classe. La caste est une classe privilégiée, fermée à quiconque ne remplit pas certaines conditions étrangères au droit commun ; la classe est un groupe, une catégorie de citoyens distincts des autres par des caractères qui ne sont le privilège de personne. Ainsi les tailleurs ne sont pas les maçons : mais ce n'est point par privilège qu'on est tailleur ou maçon : c'est par un libre choix, ou par un fait d'aptitude, de naissance, de circonstances naturelles ou sociales indépendantes du régime politique.

Il y a donc des classes, et elles ne sont pas égales. — Si la démocratie, dit-on, n'est pas la négation des classes, ne l'est-elle pas du moins de la distinction entre les classes inférieures et les hautes? —Non, certes. S'il y a des classes de citoyens, elles ne peuvent pas plus être égales que les citoyens eux-mêmes ne sont égaux. Car les citoyens, quand la démocratie les ferait égaux comme citoyens, ne sauraient être égaux comme hommes. Les hommes sont naturellement supérieurs les uns aux autres, en force, en richesse, en lumières, en intelligence, en puissance et en facultés de toute sorte. Les supérieurs forment des groupes naturels, qui sont les hautes classes, et qui doivent être les classes dirigeantes, sinon gouvernantes.

Et qu'on ne dise point que cela n'est pas juste. Juste ou non, cela est naturel ; et il n'y a point de régime politique ou social qui puisse aller à l'encontre de la nature.

On se révolte contre ce fait. On ne veut pas qu'il soit naturel, quand on est petit, de n'être pas grand, et qu'un homme plus actif ou plus intelligent soit plus riche ou plus instruit qu'un autre qui a moins travaillé ou qui a moins bien profité de l'école. Et si l'un n'a eu rien à faire pour être riche, ou si l'autre n'a pu recevoir les mêmes leçons ? On demande à la république démocratique de mettre entre toutes les mains des moyens égaux de fortune, de science, de bien-être.

C'est un point sur lequel nous aurons à revenir. Mais produira-t-elle pour cela cette égalité réclamée de fortune, de science, ou de bien-être ? Ce n'est pas en mettant entre toutes les mains des moyens égaux qu'elle y pourrait parvenir. mais des moyens proportionnés aux facultés de chacun, et plus de moyens entre les mains des moins favorisés de la nature. Cela serait-il juste ? Cela fût-il juste, est-ce la tâche d'un régime politique ? Et alors même, elle n'y parviendrait pas Elle ne pourrait que proportionner à l'inégalité naturelle l'inégalité sociale, et établir entre les hommes, entre les classes du peuple, une hiérarchie en harmonie avec celle qu'il semble que Dieu même ait voulue. Peut-être doit-elle, en effet, avoir en vue ce grand résultat.

Quoi qu'il en soit, il y a des hommes supérieurs les uns aux autres ; il y a, par suite, des classes du peuple supérieures, et s'il n'est pas vrai que le gouvernement appartienne indistinctement à toutes les classes du peuple, ce n'est assurément pas aux classes inférieures qu'il appartient. Le gouvernement des classes inférieures a un nom : ce n'est pas *démocratie* qu'il se nomme, c'est *démagogie*.

Le gouvernement ne doit pas être exercé par les classes inférieures du peuple ; et il ne doit pas l'être non plus dans l'intérêt de ces classes : il doit l'être par le peuple pour le peuple.

On veut que, les intérêts des diverses classes étant en conflit, il ait en vue ceux des plus nombreuses. Il n'a pas à prendre parti pour les intérêts des uns contre ceux des autres, mais pour la justice. Il n'a point pour objet l'intérêt public, ni le bien-être du peuple, ni le bien social en général, mais cette forme particulière du bien social qui est le droit. Sa tâche est de garantir le respect mutuel des droits, prêtant main-forte au droit même du petit nombre contre l'intérêt du grand nombre, au droit même d'un seul contre l'intérêt de tous, s'il était possible qu'un droit privé fût contraire à un véritable intérêt commun.

S'il arrive que le conflit des intérêts amène un conflit de droits, s'il est impossible de concilier deux droits, il faut bien sacrifier l'un à l'autre : mais non celui du petit nombre à celui des masses. Il y a entre les divers droits des degrés d'importance, qui sont des degrés d'excellence, et qui ont pour mesure un tout autre principe de valeur que le plus ou moins grand nombre de ceux qu'ils intéressent : telle sera, par exemple, la liberté de la pensée, indifférente à la foule des non pensants, plus précieuse néanmoins que la liberté de l'industrie ou du commerce, qui intéresse tout le monde. Ce sont libertés parfaitement conciliables Mais les droits ont donc une valeur propre, d'après laquelle il faudrait les subordonner les uns aux autres, s'il y avait lieu.

III

Ni le gouvernement des masses, ni le gouvernement dans l'intérêt des masses, ne sont la vraie démocratie ; et il est à prendre garde que le suffrage universel ne la jette dans l'une ou dans l'autre de ces deux formes de la fausse démocratie, ou dans les deux à la fois. Mais nous parlerons mieux du suffrage universel à propos de l'égalité politique. Comme la chimère de l'égalité politique est la plus répandue et la plus spécieuse des erreurs de la fausse démocratie, réservons-la, et parlons d'abord de cette autre chimère qui est toujours le rêve de nos démocrates socialistes, utopistes généreux ou petits envieux des grands : l'égalité des conditions.

— Si la démocratie n'est pas l'égalité des conditions, n'a-t-elle pas du moins cette égalité pour idéal ?

— Non c'est là un faux idéal ; et s'il était jamais réalisé, ce serait la fin de tout progrès, non point dans la perfection désormais immuable, mais dans l'avilissement de l'homme retombé à la bassesse d'où il est parti. La nature est une hiérarchie : elle va de la pierre à la plante, de la plante à la bête, de la bête à l'homme ; elle monte de degré en degré, de race en race, et, dans une même race, dans un même peuple, du moins capable au plus capable, du moins bon au meilleur.

La démocratie ne saurait, sans se condamner

elle-même, avoir un idéal contraire à la nature des choses. Les hommes naissent égaux dans leur liberté d'user de facultés inégales, et, par suite, dans les droits qui en résultent pour eux : rapports égaux de termes inégaux. C'est une égalité relative, non absolue ; c'est une égalité de proportion. Je veux dire qu'à égalité de facultés ils peuvent avoir égalité de mérite ; et qu'à égalité de mérite ils doivent avoir égalité d'avantages. La conséquence pour la société n'en est pas plus l'égalité qu'elle n'est cette inégalité artificielle et arbitraire dont nous souffrons, mais une sorte d'inégalité rationnelle, une hiérarchie harmonique.

On commet les plus étranges confusions. La démocratie n'est-elle pas essentiellement la négation de tout privilège de naissance? — Oui, certes, de tout privilège, mais non de tout avantage. Peut-elle interdire à Paul de naître avec plus d'esprit que Jacques, ou avec plus de cœur, ou avec un meilleur estomac ? Et faudra-t-il faire les parts égales ? Peut-être préférerait-on les mesurer aux estomacs !

Un célèbre publiciste a écrit : « De chacun selon sa capacité, à chacun selon ses besoins. » On lui prend la moitié de sa formule. A chacun selon ses besoins ! c'est le cri d'une école considérable par l'audace et l'ardeur plus encore que par le nombre de ses adeptes.

A chacun selon ses besoins ! Mais cela ne constitue nullement l'égalité des conditions, sinon peut-être cette égalité proportionnelle, seule légitime, qui est une **hiérarchie**.

A chacun selon ses besoins ! Mais la supériorité des besoins, qui vaudrait plus à l'un qu'à l'autre, serait pour le plus favorisé un avantage de naissance.

Et enfin l'étrange principe de justice distributive que cette hiérarchie de besoins ! Le gourmand recevra plus que le sobre, et l'on sera d'autant plus riche, ou d'autant plus heureux, on aura sa part, dans l'avoir commun, d'autant plus large, qu'on sera né ou qu'on se sera rendu plus insatiable !

L'idéal de la démocratie est tout 'autre. *De chacun selon sa capacité*, soit, — et encore sans contraindre personne ; — *à chacun selon son mérite*. Que l'on ne produise rien, si l'on est incapable, ou si l'on veut l'être ; mais que l'inutile ne prétende non plus à rien. Et tout cela sans aucune atteinte à aucun droit, à aucune liberté, mais par le seul jeu d'institutions fondées sur la liberté même.

Les socialistes ne conçoivent pas que des institutions fondées sur la liberté puissent jamais réaliser un tel idéal de hiérarchie harmonique. Ils ne veulent voir dans la liberté que le pur laisser-faire, ce laisser-faire qui livre au hasard, ou plutôt à la fantaisie des puissants, le sort de chacun. La liberté n'est pas le laisser-faire absolu, mais un laisser-faire relatif, et dans la mesure de l'égale liberté d'autrui. La liberté est le propre caractère de l'activité dans l'homme ; elle est, à ce titre, la condition de la production, et crée le droit sur le produit : qui attente à ce droit attente à la liberté qui le crée ; et qui prélève, sur un produit auquel ont concouru plusieurs activités libres, une plus grosse part que la sienne, empiète sur d'autres parts, attente à d'autres libertés productrices, créatrices d'autres droits. Cet attentat est un vol : la liberté n'est point le laisser-faire du vol.

Mais c'est là, dans la plupart des cas, un vol qui s'ignore : la juste distribution des parts, en conséquence d'une juste détermination des coopérations diverses dans les œuvres de l'activité humaine, est un problème à résoudre : problème de liberté. La démocratie peut se constituer sans en tenir encore la solution, parce que cette solution ne sera qu'une application et une suite de principes qui lui suffisent.

La démocratie nous traite inégalement, non selon nos besoins, mais selon nos mérites. Elle repousse tout privilège, elle ne repousse pas les avantages naturels. Ces avantages ne sont pas des privilèges.

Il ne faut pas les confondre ; et c'est ce qui arrive trop souvent, même à des publicistes de valeur. On voit des écrivains distingués repousser, au nom de la démocratie, toute aristocratie, disent-ils, même celle de l'intelligence ; tout privilège de naissance, même le droit du talent, qui n'est à leurs yeux qu'une faveur. Le talent, à les en croire, ne confère aucun droit : un travail vaut un travail ; et le barbouilleur qui aura mis dix jours à peindre quelque enseigne de village devra être rémunéré le double de l'homme de génie qui en aura mis cinq à peindre un chef-d'œuvre !

Voilà où ils arrivent, opposant aristocratie à démocratie, et confondant un privilège avec un avantage. En quoi ils se trompent : un avantage n'est un privilège qu'autant qu'il est une faveur créée par la loi, au profit d'une catégorie de personnes qui ne la doivent qu'à cet arbitraire même de la loi. Que la loi préfère au mérite roturier l'imbécillité noble, ou (suivant les temps) au mérite à pied l'imbécillité en voiture, elle crée une faveur, ici, au profit d'une classe de riches, là, d'une espèce d'hommes qu'elle institue supérieure aux autres. Mais que l'avantage cesse d'être une faveur, ou que la faveur cesse d'être créée par la loi, il n'y a plus privilège : un avantage fondé, non plus sur une supériorité d'espèce, mais sur une supériorité de mérite, et que tout homme eût pu obtenir également à mérite égal, est de droit commun ; et un avantage qui est une faveur de la nature est de droit naturel, — de droit divin, dirai-je. Dans tous les cas, ce n'est pas à la loi qu'il faut s'en prendre, si l'on y veut voir une injustice : la loi ne connaît que du mérite, des titres actifs, de la part prise par chacun à l'œuvre commune ; et si plus de moyens naturels, faisant aux uns la tâche plus facile qu'à d'autres, leur permettent une coopération plus considérable avec un travail moindre, ou même sans travail, elle n'en peut mais.

Sans travail, disons-nous. Ce mot soulèvera l'indignation et la révolte des hommes qui s'appellent eux-mêmes les travailleurs. Je les entends s'écrier : Comment concevez-vous que l'on puisse prendre part à une œuvre sans se mettre à l'œuvre ? — On s'y met autrement que par le travail. On y intervient par le capital. Il est vrai que c'est encore là un travail, au sens économique du mot : *travail* signifie en économie : *création d'utilité*. Or le capitaliste est, au premier chef, créateur d'utilité : car nul ne concourt plus puissamment à l'œuvre, impossible sans lui.

Ils ne sont pas convaincus, et se récrient de plus belle. Si la loi ne peut empêcher un homme de naître plus intelligent ou plus vaillant qu'un autre, ne peut-elle l'empêcher de naître plus riche ? Ne crée-t-elle pas la faveur, le privilège, en consacrant l'héritage ?

— Non, car l'héritage ne repose point sur un droit fictif, mais sur un droit naturel : sur le droit qu'on a de disposer comme on veut d'un bien qu'on possède en propre, et, par conséquent, de le transmettre. Parmi les biens qu'on possède, il en est dont on n'a que le dépôt : telles sont les charges publiques confiées par l'Etat à des hommes qui, ne les possédant pas en propre, n'ont pas le droit naturel de les transmettre : si donc ils en ont le droit, ou si leurs fils ont le droit de leur succéder, ce droit d'hérédité des charges publiques est une fiction légale, une création de faveur, un privilège : ainsi la pairie héréditaire, la noblesse, la royauté, sont des privilèges. Mais il est des biens dont on a la propriété : les facultés ; le nom, avec le degré de respect mondain, ou de considération, ou d'honneur, qui s'y attache ; la fortune acquise, soit qu'on l'ait conquise par le travail, ou qu'on l'ait reçue : de pareils biens on est le maître ; on en dispose comme on veut, ou comme on peut ; si l'on peut les transmettre, il est naturel qu'on le fasse, et l'on a le droit naturel de le faire.

C'est le droit du testateur. Y a-t-il un droit naturel de l'héritier limitant celui du testateur ? Ou ce droit, inscrit dans notre code, est-il une de ces fictions légales, une de ces créations de faveur, qui sont les privilèges ? Ce n'est pas le lieu d'examiner ce point. Quand ce droit serait effacé et la *liberté testamentaire* pleinement reconnue, l'héritage en serait modifié, il ne serait pas supprimé.

Le problème des rapports du capital au travail n'est pas de supprimer le capital par la suppression de l'héritage, mais de le supprimer comme facteur séparé dans l'œuvre, de faire que le travail laisse naturellement dans la main du producteur un capital qui suffise à la production future ; de mettre, en un mot, entre les deux termes une si intime union, que le travail devienne capitaliste, et le capital stérile entre les mains de l'oisif.

S'il existe dans notre société une aristocratie de la richesse, elle est contraire, sans doute, à l'idéal d'un Etat démocratique : non parce qu'elle est aristocratie, mais parce que la richesse n'est pas le véritable fondement d'une aristocratie légitime.

C'est un grand préjugé que celui qui fait de la démocratie et de l'aristocratie deux contraires. La démocratie est le gouvernement du peuple par le peuple, ou par ceux qui le représentent, par les meilleurs : que les *meilleurs*, ainsi qualifiés par droit de conquête, ou par droit de naissance, ou par droit de richesse, le gouvernent par privilège, comme ses maîtres et en leur nom, ce sera une aristocratie contraire à toute démocratie comme à toute justice ; que les *meilleurs*, ainsi qualifiés par droit de mérite, le gouvernent en son nom et comme ses représentants, ce sera toujours un gouvernement des *meilleurs*, une *aristocratie*, mais de droit populaire, et légitime.

Il y a des classes supérieures, de même qu'il y a des hommes supérieurs : le groupe des hommes supérieurs est une aristocratie. Ce qui est contraire à la démocratie, ce n'est pas la classe, c'est la caste ; c'est aussi l'aristocratie de caste, et non l'aristocratie de classe, pourvu que la classe ne soit pas constituée par le privilège, mais par le mérite. L'aristocratie, à cette condition, est si peu contraire à la démocratie, que celle-ci se propose comme but suprême de substituer à une hiérarchie artificielle une hiérarchie naturelle, rationnelle, harmonique, c'est-à-dire, à une aristocratie qu'elle condamne, une autre aristocratie ; et non seulement la démocratie veut une aristocratie sociale, mais (toujours sous la condition du droit commun) une aristocratie politique même ne lui répugnerait pas.

IV

Une des plus graves erreurs de nos démocrates est de faire de la démocratie un régime d'égalité politique. La démocratie est la négation du privilège politique ; il ne s'ensuit pas qu'elle soit l'égale participation de tous au pouvoir : ni de tous les hommes, ni même de toutes les classes.

Il en est des classes comme des hommes : il peut se faire qu'il y ait dans un peuple des classes plus capables politiquement ; et cet avantage qu'elles auront sur d'autres ne sera pas un privilège, s'il n'est point une création de la loi en leur faveur, mais un fait naturel. Il suffit que la différence des classes résulte de celle des mérites ou des titres, et que la différence des titres résulte de la nature seule. Le pouvoir judiciaire, par exemple (sauf la justice dite *de paix*), n'est chez nous qu'entre les mains d'hommes choisis dans la classe des licenciés en droit.

Mais on veut que cela soit contraire à la démocratie. On veut que la véritable démocratie, la véritable république, soit le gouvernement direct du peuple par lui-même, c'est-à-dire un gouvernement où chacun serait souverain pour sa part, où chacun serait portion intégrante de tous les pouvoirs : législatif, exécutif, administratif, judiciaire... Quelle chimère ! quelle contradiction ! Car ces innombrables souverains s'annulent les uns les autres. La loi que fera Pierre ne sera point la loi que fera Paul. Alors, ou chacun fera sa loi pour soi-même, et nous n'aurons plus un peuple souverain, mais une confuse et anarchique multiplicité de souverainetés individuelles ; ou la loi faite par Paul obligera Pierre, et la souveraineté de Pierre aura été annulée par celle de Paul. De même pour l'exécution, pour l'application de la loi. Si c'est Paul qui administre, si c'est Paul qui juge, la souveraineté de Pierre est annulée par celle de Paul ; et si chacun administre, si chacun juge pour soi, que devient la justice ? que devient le gouvernement ?

La solution de cette contradiction sera-t-elle dans le vote des lois, dans le choix des magistrats et des juges, par le suffrage de tous ?

Ce n'est pas la solution d'une contradiction, car une contradiction ne se peut résoudre ; c'est une des applications possibles d'un tout autre système.

L'expression de gouvernement direct du peuple par lui-même n'a de sens que dans le système où, le peuple étant la somme de ses membres, la souveraineté du peuple se divise par portions égales, entre tous. Dans cette souveraineté à des milliers de têtes, la souveraineté de l'un vaut celle de l'autre ; chacun y possède, non point quelque chose de la souveraineté, mais une égale part de tout ce qui constitue la souveraineté : chacun y est également législateur, magistrat, juge, etc. Celui donc qui, ayant voté pour une loi, la voit écartée par le vote d'une majorité contraire, celui qui est obligé de se conformer à une autre loi que la sienne, n'est plus législateur, ni magistrat, ni juge, pour sa part : cette souveraineté nationale, comprise comme la somme des souverainetés individuelles de tous, aboutit à la négation des souverainetés individuelles de la minorité annulées par celles de la majorité, substitue la souveraineté des masses à la souveraineté du peuple, et coupe le peuple en deux : des souverains, des non-souverains.

Première contradiction. Celle-ci en amène d'autres. Autant de souverainetés individuelles, autant de souverainetés vaines. Voter pour une loi n'est pas légiférer, voter pour un juge n'est pas juger. Non seulement le votant peut se voir forcé de subir un autre candidat que le sien ; mais fût-il assez heureux pour voir élire le sien, il n'exerce point sa part de souveraineté, il la délègue ; et dans le plébiscite même, où il semble qu'il l'exerce par le rejet ou l'acceptation d'une proposition, d'une loi, non seulement il peut se voir forcé de se soumettre à un vote contraire au sien, mais il ne fait que se prononcer pour ou contre une proposition dont il n'a pas l'initiative : ici encore, il délègue sa souveraineté. En sorte que le prétendu gouvernement direct disparaît pour faire place à un gouvernement par délégation.

Même dans le régime plébiscitaire, il y aura toujours un pouvoir chargé de présenter des lois à voter, des mesures à prendre, chargé de poser des questions, auxquelles il ne pourra être répondu que par oui ou par non : un tel pouvoir, par la manière de poser les questions, sera le maître des réponses. Il sera le maître du peuple. C'est lui qui gouvernera sous la trompeuse apparence, sous l'étiquette mensongère du gouvernement direct de la nation par elle-même. Et quand il ne ferait que des propositions sincères ; laissant le peuple maître de ses réponses, il n'aurait pas tout le gouvernement, je le veux : il en aura le principal, en ayant l'initiative entière. Quel sera ce pouvoir ? Qui le possédera ? Un homme ? Un Conseil ? Un groupe de citoyens ? Le groupe ou le Conseil ou l'homme qui possède ce pouvoir, ne le possède et ne l'exerce qu'en vertu d'une délégation. Le gouvernement par délégation se retrouve toujours, à un degré quelconque, dans le prétendu gouvernement direct.

Rien de plus enfantin — elle est le fait de braves gens, simples d'esprit, quoi qu'ils prétendent, et qui naissent à peine à la vie de la pensée, — rien de plus enfantin et de plus naïf, mais rien de plus chimérique, rien de plus faux, de plus contradictoire, que cette conception du gouvernement direct. Nous l'avons vu contradictoire à sa propre idée de la souveraineté du peuple ; le voici contradictoire en soi.

Dès que l'on entend par le peuple autre chose que la somme de ses membres, le gouvernement direct ne signifie plus rien ; il n'y a plus lieu de concevoir que le gouvernement par représentation.

Le peuple, le corps de la nation, n'est pas la collection des habitants d'un pays, une somme, un nombre : augmentez, diminuez le nombre, ôtez, ajoutez les citoyens par centaines de mille, vous rendrez le peuple plus ou moins considérable : il n'en sera pas plus ou moins le peuple. Le peuple est un, non d'une unité de totalité, mais d'une unité organique, qui est comme l'individualité nationale ; et la souveraineté nationale ne se divise pas. Elle ne se compose pas d'une foule de souverainetés individuelles ; les membres du peuple ne sont point des souverains, ni des portions du souverain. C'est le peuple qui est souverain, d'une souveraineté une, dont il exerce les divers pouvoirs par divers organes, comme l'individu vivant exerce par des organes appropriés les fonctions diverses de la vie. Le peuple souverain légifère par ses législateurs, juge par ses juges, gouverne par ses magistrats. Les magistrats ne représentent point, ainsi qu'on l'imagine à tort, des individus, des membres du peuple, dont ils ne seraient que les délégués, mais le peuple lui-même dont ils sont les organes.

Le tout est de les reconnaître, ces vrais représentants du peuple, organes de la représentation nationale. C'est le problème de la république démocratique. Adopte-t-elle pour le choix de ses législateurs, par exemple, l'élection des députés à la majorité des suffrages ? Chaque député sera le légitime représentant, non seulement de son département, mais de la France entière ; chaque député, que la majorité qui l'aura constitué tel soit forte ou faible, sera un vrai représentant du peuple.

Voilà ce que ne comprennent pas les partisans du *mandat impératif* : ils croient déléguer une part de souveraineté qui est en eux ; ils veulent être représentés, comme s'ils étaient eux-mêmes les souverains, ou des portions du souverain : ils ne sont ni les souverains ni des portions du souverain, et il ne s'agit pas de les représenter, eux, mais le peuple. Ils se traitent en législateurs empêchés, qui conficraient leur fonction à des fondés de pouvoir : leur fonction n'est pas de légiférer, mais d'élire. Eux-mêmes représentent le peuple, en tant qu'électeurs ; eux-mêmes exercent, en cette qualité, un des pouvoirs de la souveraineté, le premier de tous, qui est d'en reconnaître les organes.

V

Nous rencontrons ici une des questions capitales que soulève le principe de la souveraineté du peuple, celle de savoir si les représentants du peuple, si les élus, n'ont qu'à porter aux assemblées les volontés, les idées, et, pour ainsi dire, les votes de leurs électeurs, ou s'ils ont à délibérer, à décider, à voter, selon leurs propres lumières. C'est la question du *mandat impératif.*

Notre constitution l'interdit expressément. Une école démocratique très répandue, et qui se donne volontiers pour la vraie doctrine, pure, orthodoxe, le réclame, et l'impose. Je la crois dans l'erreur, et je tiens cette orthodoxie pour hérésie au premier chef.

Les élus représentent-ils leurs électeurs, ou la France? Les électeurs sont-ils des législateurs empêchés légiférant par leurs mandataires, ou sont-ils des citoyens élisant des législateurs? Tout est là.

Il semble, à entendre les partisans du mandat impératif, que les élus représentent leurs électeurs, non la France ; que les élus ne sont pas des législateurs choisis par les électeurs pour gouverner la France, mais des commis de leurs électeurs, qui légifèrent, eux, par leurs élus : les électeurs, les citoyens, sont les souverains, leurs élus ne sont que leurs agents.

Ne leur dites point, à ces fiers théoriciens d'une démocratie enfantine, qu'il est inutile de délibérer, que discuter les propositions, étudier les questions, éclairer les votes, est un jeu ridicule, une vaine parade parlementaire, si les élus n'ont qu'à prendre le mot d'ordre de leurs électeurs et à voter sur commande ; qu'il y a peu d'apparence que les premiers venus, des gens incultes, médiocres (pour ne pas dire pis) d'esprit et de cœur, sachent quelle politique intérieure convient à notre prospérité matérielle, à notre prospérité morale, quelle politique extérieure à notre grandeur et à notre gloire, et que les profondes masses du suffrage universel, toutes composées d'incapables par manque de loisir ou d'étude, tiennent d'une sorte de mystique illumination la solution des problèmes les plus graves, les plus complexes, les plus délicats, où n'arrivent pas sans tâtonnements laborieux les habiles qui ont pour tâche de les résoudre, qui en ont le loisir, et dont c'est le travail. Ne leur alléguez pas ces difficultés d'ordre pratique : le bon sens les touche peu. Ne traitez pas leur théorie d'utopie ou de chimère : ils vous répondent, avec hauteur, que l'utopie du présent est la réalité de l'avenir, que l'instruction universelle établira la compétence universelle, que l'humanité transfigurée qu'ils rêvent est l'humanité future ; qu'au demeurant, leur chimère est sacrée, parce qu'elle est un dogme. Car ils ont un dogme, eux aussi ; ils sont aussi les hommes d'une foi, et j'ajoute d'une foi généreuse : ils croient à l'humanité. Ils ont un idéal, et,afin qu'il s'accomplisse, le tiennent pour accompli. Ils s'attachent d'une main ferme à un principe : ils l'estiment salutaire ; mais, quand il ne le serait pas, c'est assez pour eux qu'il soit vrai; et ils rediraient, à l'occasion, le mot célèbre : « Périsse le monde plutôt qu'un principe ! »

Ils se placent donc sur le terrain de l'absolu. Du principe de la souveraineté nationale, ils tirent comme seul juste et légitime le gouvernement de la nation par elle-même, par l'universalité des citoyens. Les citoyens gouvernent, ou directement, ou, s'ils ne le peuvent, par leurs mandataires : ils chargent leurs agents, non du soin de vouloir pour le peuple, ou pour eux, mais de leur propre volonté souveraine. Telle est la logique, tel est le principe avec ses conséquences : le principe est la souveraineté nationale ; et quelle en est la conséquence, disent-ils, sinon le gouvernement du pays par tous les citoyens, ou, à défaut de ce gouvernement direct, le gouvernement par commission expresse de l'universalité des citoyens, le mandat impératif ?

Nous aussi, nous tenons pour la logique; et nous n'opposerons pas à l'absolu d'un principe une pratique dont la valeur, toute relative, est toujours contestable. Mais leur principe est-il juste ? Et l'entendent-ils bien ?

Ne remontons pas plus haut que la souveraineté nationale. Nous l'admettons comme eux.

La souveraineté est le pouvoir d'établir des lois. **Elle appartient au peuple.**

La souveraineté nationale, principe de notre droit public, est elle-même la conséquence du principe sur lequel se fonde tout droit public : une délégation du droit naturel qu'a tout homme d'exiger la justice.

La loi est l'expression de la justice ; la force qui fait exécuter la loi maintient la justice. Etablir des lois n'est donc autre chose que reconnaître la justice et la faire prévaloir : il appartient à chacun, dans la société naturelle, de la reconnaître et de la faire prévaloir, en ce qui le concerne : chacun pour sa part y établit la loi. L'impuissance des particuliers à y réussir amène l'institution d'une puissance commune, qui établit la loi pour tous, au nom de tous, et précisément celle que tous établiraient s'ils en avaient la sagesse et la force : à la société naturelle succède la société civile.

Celle-ci est la même que l'autre, mais organisée pour la justice. La société, dont les membres ont le droit d'exiger la justice, a elle-même, prise en corps, le droit de maintenir le respect mutuel des droits de tous ses membres ; et, prise, en corps, elle en a le pouvoir, que ses membres n'ont pas séparément. C'est la souveraineté, nationale par essence ; et quiconque exerce un pouvoir public l'exerce au nom de la nation qui l'institue.

Mais la souveraineté nationale est-elle cette multiple souveraineté, partagée, divisée entre un grand nombre de citoyens ? ou la souveraineté une, indivisible, du peuple en corps ?

La nation souveraine est-elle identique à l'universalité des citoyens ? Ne comprend-elle que des citoyens ? Et des nationaux qui ne sont pas des citoyens, que fait-on ? Pour quoi les compte-t-on ? Les femmes, les enfants, ne sont-ils pas membres de la nation ? ou n'y ont-ils aucun droit ? Si légiférer, si gouverner, est le droit de tous, c'est aussi leur droit : pourquoi les en exclure ? Les incapables ont des droits ; ils ont tous les droits naturels, imprescriptibles, absolus : si c'en est un de gouverner, ou seulement d'élire, qu'ils élisent, qu'ils gouvernent.... Quelle chimère !

Mais gouverner est une fonction, non un droit ; élire est une fonction: quelle en est la nature ? Est-elle de choisir un agent de l'électeur, qui légifère et gouverne par lui, ou de choisir un agent de la nation, ayant la tâche de la gouverner elle-même pour elle-même ?

Le gouvernement de la nation par la nation ne serait pas le gouvernement de la nation par ses citoyens, car les citoyens ne sont pas la nation. La nation n'est pas une collection, une multitude ; elle est une, et elle comprend d'autres éléments que des citoyens. Mais encore ce gouvernement, fût-il ce qu'il prétend être et qu'il n'est pas, est impossible.

Le gouvernement direct, on l'a vu, n'existe pas. Et c'est sur le principe chimérique de ce gouvernement imaginaire que se fonde le mandat impératif. La conséquence croule avec le principe.

Tout membre d'un peuple n'est pas nécessairement citoyen. Nulle condition n'est requise chez nous, pour l'être, que d'être Français, majeur, homme, libre du service militaire, domicilié, non frappé d'incapacité légale : ces conditions ou d'autres, il en faut (il faudrait surtout des conditions de capacité et d'indépendance relatives); il en faut, dis-je, et cela suffit pour qu'il n'y ait pas à confondre un droit naturel avec un droit civique ou social, qui est une fonction. Les citoyens sont électeurs : ils élisent, ils choisissent les hommes chargés de gouverner la France, et qui la représentent ; ces hommes représentent, dis-je, non point leurs électeurs, seuls représentés à l'exclusion des autres, mais tous également, même leurs adversaires, mais les nationaux de tout sexe, de tout âge, de toute situation, mais, d'un seul mot, la France ; et les électeurs qui les choisissent exercent en cela une des fonctions de la souveraineté, la première, cette fonction fondamentale, vitale, qui donne l'existence à toutes les fonctions publiques, à tous les pouvoirs.

Je ne suis donc pas, quand je vote pour un candidat, un homme qui confie à un autre le soin de le représenter en un lieu où il devrait être lui-même, où, faute de pouvoir s'y rendre, il envoie un mandataire ; je ne délègue pas mon droit de gouverner la France à un agent qui me représente, et, pour ma part de souverain, la gouverne à ma place : loin de moi une une telle prétention ! Je ne suis pas une part du souverain, qui est indivisible et sans parties ; et je n'ai pas le droit, même pour une dix-millionième part, de gouverner la France !

Et le puis-je, d'ailleurs ? Ai-je étudié les questions ? En ai-je le loisir, avec les documents nécessaires ? Quand j'aurais les documents, quand j'aurais le loisir, aurais-je la compétence ? En vérité, j'entends tous les jours autour de moi raisonner et déraisonner les politiquants, et débiter des billevisées, qui m'inspirent une légitime peur d'être aussi peu sensé qu'ils le sont ! Car, valent-ils moins que moi ? Et cependant, les singuliers votes, si nos députés n'avaient qu'à porter leurs votes à la Chambre ! — Hélas ! ils ne l'ont que trop fait !

Je ne demande pas au candidat de mon choix de porter mes votes : je n'en ai point ; mais d'en avoir, lui, sur les questions qu'il aura étudiées, discutées, débattues : d'en avoir pour moi, non pas dans mon intérêt ou dans celui d'une coterie, d'un parti qui est le mien, d'un groupe où je me flatte d'être quelque chose, mais pour moi comme pour tous, — pour ceux mêmes dont il n'est pas l'élu, car, s'il n'est pas l'élu de tous, il est le représentant de tous, il est le délégué de la nation, — pour tous donc aussi bien que pour moi, dans l'intérêt de la justice ou de l'honneur national. Je le choisis pour son esprit de justice, pour son patriotisme, pour ses lumières, pour les mérites qui me le font estimer propre à prendre part au gouvernement de la France. Je n'exerce pas un droit naturel, mais un droit civique, une fonction ; et non une fonction de gouverner la France, mais d'élire qui la gouverne.

Sans doute, je n'irai pas, si je suis républicain, choisir un royaliste, ou, royaliste, un républicain. Mais cela même est anormal et transitoire, qu'il y ait désaccord et division sur la constitution du pays.

Sans doute aussi, j'aurai à juger si la part que j'ai confiée au député de mon choix dans le gouvernement de la nation est ce qu'elle doit être, s'il remplit bien sa tâche; comme j'aurai pu juger des qualités qui me l'ont fait choisir, je pourrai juger du bon et du mauvais usage qu'il en aura su faire, et j'aurai à lui continuer ou à lui retirer ma confiance. Mais c'est à l'œuvre que je le jugerai, et je ne lui dicterai pas ses votes. Je ne l'ai pas élu pour me représenter, moi, mais la France ; je lui ai reconnu, en le choisissant, une compétence à laquelle je ne saurais prétendre, et je m'estimerais singulièrement présomptueux et téméraire de lui imposer un mandat impératif !

VI

Je me suppose électeur. Je suppose électeurs tous les citoyens. Volontiers on considère le suffrage universel direct comme le principe même du régime démocratique ; on aime à dire qu'il devrait présider à toutes les élections, que les magistrats, les juges, les fonctionnaires de tout ordre devraient être élus par le peuple, comme les législateurs.

Ici encore n'y a-t-il pas un grand préjugé à combattre ? Il est hors de doute que tous ceux qui exercent, à un titre quelconque, les divers pouvoirs de la souveraineté, doivent être choisis pour l'aptitude propre qui les constitue, chacun dans son ordre, vrais représentants du peuple ; mais il ne s'ensuit nullement qu'il appartienne à tous de les choisir, c'est-à-dire de les reconnaître. Cela même est une tâche qui a sa difficulté, et qui exige son aptitude. Les fonctions qui supposent des études qu'on n'a pu entreprendre sans compter sur l'avenir, veulent à la fois des garanties de choix et des garanties de stabilité qui les élèvent au-dessus de l'ignorance et de la mobilité des suffrages populaires. Le suffrage universel direct ne saurait donc présider à toutes les élections ; il n'est donc point le principe du régime démocratique, puisqu'il ne peut suffire à tout dans ce régime : il n'est pas même un principe, il est un moyen, contestable et discutable comme tout moyen ; un instrument, qui peut avoir son usage, mais dont il ne faut ni forcer ni fausser l'emploi.

Il n'est donc pas le principe de la démocratie ; et il n'en est pas non plus la conséquence. Il n'en est pas le principe : le principe de la démocratie est la souveraineté du peuple. Et il n'en serait la conséquence que si la souveraineté du peuple était la somme des souverainetés individuelles, le peuple n'étant lui-même que la somme de ses membres : il s'agirait alors de les représenter pour représenter le peuple, et tous les membres auraient le même droit à être représentés : ce qui est une impossibilité ; du moins le même droit à se faire représenter s'ils 'e peuvent. Le suffrage universel direct ainsi entendu n'est qu'une sorte de pis aller en remplacement du gouvernement direct. Mais nous avons vu que le gouvernement direct est une contradiction, et la confusion du peuple avec la somme de ses membres l'erreur fondamentale de la démocratie mal comprise.

— Si tous les citoyens n'ont pas au moins le droit de suffrage, y aura-t-il donc des citoyens qui ne seront rien dans la cité ? Oser seulement le dire, ne serait-ce point comme un blasphème démocratique ?

— Entendons-nous. Des citoyens qui ne seraient rien dans la cité ne seraient pas des citoyens. Des citoyens qui n'exerceraient à aucun degré la souveraineté nationale, qui à aucun degré ne représenteraient le peuple, ne seraient pas des citoyens. Si le peuple n'est pas la somme de ses membres, de même qu'il n'est pas de membre du corps qui ne le représente à quelque degré, et ne participe à sa vie, vivant de sa vie et tout ensemble contribuant à le faire vivre, de même il n'est pas de membre du peuple qui ne le représente à quelque degré et ne participe à la souveraineté nationale, en recevant son caractère civique et tout ensemble la constituant pour sa part. La question ne sera donc point de savoir si tous les citoyens auront au moins un droit (disons plutôt une fonction) de suffrage ; mais, en premier lieu, si tous les enfants d'un peuple seront des membres actifs du peuple, si tous les natifs d'un pays en seront des citoyens.

La fiction du *pays légal* n'était contraire à la démocratie, et n'était une erreur, que parce que la classe des membres actifs du peuple, ou des vrais citoyens, était constituée par un privilège : c'était une aristocratie politique par privilège, non par nature.

Elire n'est pas faire acte de liberté, mais d'autorité : l'électeur ne se fait pas représenter lui-même par un mandataire, il impose pour sa part à la nation un mandataire qui la représente ; il influe sur le gouvernement du pays. Le suffrage est donc une fonction, non un droit. Les enfants, les femmes ont des droits : ils n'ont pas le droit de suffrage. Est-ce un tort ? Ils sont mineurs, ou incapables, ou considérés comme tels. Le suffrage universel n'est donc pas universel, puisqu'il tient à l'écart, en outre des enfants, des militaires sous les drapeaux, des incapables, les femmes, c'est-à-dire toute une moitié de la société, et qui n'est, certes, ni moins intéressée au bien social ni moins intelligente que l'autre. Plusieurs publicistes réclament pour elles, au nom du droit, la fonction du suffrage. Toujours est-il que c'est là, non un droit naturel, mais un droit civique, soumis dans son exercice à des conditions d'aptitude.

Encore une fois, ne confondons pas les droits du citoyen avec ceux de l'homme : ceux-ci ne sont soumis à aucune condition, sinon d'appartenir à l'espèce humaine. Au moins faut-il être majeur pour être citoyen. Mais suffit-il, pour être majeur, d'avoir vingt et un ans ? Est-on adulte, si on ne l'est que physiologiquement, sans l'être intellectuellement, moralement ? Vous excluez certains indignes que la loi frappe d'incapacité politique ; vous vous demandez s'il ne conviendrait point d'en exclure ceux qui n'écrivent pas leur vote ; bien plus, le suffrage des uns est vain aux yeux des autres : volontiers les villes répudient celui des campagnes comme un suffrage d'ignorants, et les campagnes celui des villes comme un suffrage de fous. Tant, par un juste sentiment du vrai, on le considère moins comme un principe que comme un moyen pour une fin qu'on se propose, moins comme un droit que comme une fonction !

On veut que ce soit une des tâches de la démocratie de détruire ces incapacités politiques, par l'obligation d'une instruction universelle, qu'on va jusqu'à réclamer *intégrale*... Hélas ! le mot a fait fortune : ce n'est encore qu'un mot. A quel niveau faudra-t-il faire descendre cette *instruction intégrale* pour la mettre à la portée de l'universalité des intelligences d'un pays ? La plupart sont au-dessous même de notre enseignement primaire, dont les programmes sont trop chargés pour le plus grand nombre des esprits : faudra-t-il priver les autres d'enseignements supérieurs dont ils sont capables ? Comment s'y prendra tel apôtre de l'*instruction intégrale*, pour élever jusqu'à sa hauteur les humbles intelligences de la foule ? Ou consentira-t-il à n'être, pouvant être un savant, qu'un ignorant avec les ignorants qui ne le peuvent ? Consentira-t-il à s'abêtir par amour de l'égalité ? Car on a beau faire et beau se regimber contre une loi de nature : les esprits ne sont pas égaux.

Mais, soit. Le régime démocratique a pour tâche de faire en sorte qu'il n'y ait plus d'autres inégalités entre les hommes que celles qui résultent de la nature même, et qui constitueraient, dès qu'elles ne seraient que ce qu'elles doivent être, une hiérarchie rationnelle. Si l'obligation d'une instruction universelle est un des moyens qui lui permettent d'atteindre un tel but, il doit, dans la mesure où le lui permet le respect de la liberté, le mettre en usage. En attendant, la question reste : si, en premier lieu, tous les natifs d'un pays seront citoyens ; si, en second lieu, tous les citoyens auront le même droit de suffrage.

Il n'y a pas seulement différents degrés, mais différentes natures de suffrages. Le suffrage universel n'existe à aucun degré, par exemple, pour les élections à un grand nombre de fonctions, auxquelles nomme l'Etat. On peut trouver à redire à ce que ce soient les ministres qui y nomment : on les remplacera peut-être par des Conseils, ou par des jurys, ou par des suffrages de pairs, ou encore par un suffrage universel de collègues : jamais, assurément, on ne les remplacera par le suffrage universel des citoyens.

Celui-ci est réservé pour certains objets, où il semble plus à sa place, tels que les Assemblées communales, dites Conseils municipaux ; les Assemblées départementales, dites Conseils généraux ; une ou plusieurs Assemblées nationales, dites Chambres.

Y aura-t-il deux, trois Chambres, ou n'y en

aura-t-il qu'une ? S'il y en a plusieurs, sortiront-elles toutes du suffrage populaire ? S'il n'y en a qu'une, ou si une sort du suffrage populaire, sera-ce d'un suffrage direct, et de voix égales, ou de voix inégales, selon la capacité, la qualité, l'état civil, etc. ? D'un suffrage à deux, à trois degrés ? Du suffrage des conseillers municipaux, seuls issus de celui des citoyens ? **N'y aura-t-il que ces trois degrés d'Assemblées, ou y en aura-t-il d'autres, des Assemblées cantonales, des Assemblées provinciales ?** Les membres de ces Assemblées diverses seront-ils indistinctement les élus du suffrage de tous, ou seront-ils les élus spéciaux au suffrage de classes distinctes : les uns, par exemple, du suffrage des agriculteurs ; d'autres, de celui des fabricants ; d'autres, de celui des commerçants, etc. ? Et le suffrage universel, soit indistinct, soit par catégories, ne sera-t-il que le suffrage d'une circonscription électorale, ou d'une circonscription administrative, arrondissement, département, ou du peuple entier, de la France même ? N'aura-t-il, ce suffrage, qu'à élire les membres des Assemblées délibérantes, ou devra-t-il encore élire les **magistrats politiques, les maires, les préfets, les membres du gouvernement central** ? Ou seulement le gouvernement central, qui nommerait les préfets et les maires ? Ou seulement les maires, laissant aux Chambres l'élection d'un chef responsable, qui nommerait les ministres, lesquels nommeraient les préfets ? N'aura-t-il même qu'à élire, à choisir les dépositaires des **divers pouvoirs du peuple, ou devra-t-il exercer** quelque chose de ces pouvoirs, comme une portion du pouvoir législatif par le vote des lois? Et combien je suis loin d'épuiser ici toutes les questions que soulève l'emploi de ce grand instrument, d'autant plus merveilleux qu'il est nouveau, mais dont l'expérience est encore à faire!

Toutes ces choses sont-elles donc indifférentes à la démocratie? Tant s'en faut. Mais la démocratie comporte bien des formes, plus ou moins heureuses. Ce sont là des modes, non des principes : modes discutables, tout relatifs, et qui peuvent différer selon les temps ; moyens divers, et qui ont leurs divers inconvénients comme leurs divers avantages, de réalisation d'un principe unique.

Dans le peuple, dans le peuple seul, dans le peuple en corps, un, indivisible, réside la souveraineté : voilà le principe ; la conséquence en est la république démocratique. Le peuple exerce sa souveraineté par des autorités constituées, qui le représentent ; il établit ses représentants, constitue ses autorités, de la manière qui lui permet le mieux de les reconnaître. C'est ce que détermine la constitution ; et il peut y avoir différentes constitutions de la république démocratique sans que nulle ait aucun droit de se prétendre absolue.

VII

La vraie démocratie a pour idéal, non l'égalité,

séparée de la liberté et de la justice, mais la justice même, qui est la liberté, et qui ne va pas sans l'égalité, conformément à la belle devise de la République française : *Liberté, Égalité, Fraternité*. Cette devise exprime, comme une formule sacrée, le principe et l'esprit même de la république, démocratique, libérale, humaine. Mais il en est de cette devise comme de toutes les formules, elle a besoin d'explication.

Qu'est-ce donc que la liberté ?

Liberté est un mot qui, du langage de la philosophie, auquel d'abord il appartient, passe dans la langue générale, et de là dans celle du droit : droit des gens, droit politique, droit civil. Dans chacune de ces langues il a son sens propre ; ce sont autant de sens différents, qu'il ne faut pas confondre, sous peine des plus graves erreurs, mais qui dérivent les uns des autres : d'où le même mot pour plusieurs idées. L'idée maîtresse qu'exprime ce mot est celle d'indépendance dans la disposition de soi : est libre qui se possède, qui se dirige, qui se gouverne soi-même.

La liberté, pour la philosophie, est l'indépendance de la volonté, dite *libre-arbitre*, c'est-à-dire ce caractère propre à la volonté de se déterminer à une action avec la conscience ou au moins le sentiment très ferme qu'elle pourrait se déterminer à une autre. Liberté toute spirituelle, et qui subsiste dans la perte même des autres libertés, chez le prisonnier, chez l'esclave, chez tous les hommes, sauf peut-être le fou ; mais c'est ce qui constitue la personne morale de l'homme, c'est la condition du devoir en même temps que le fondement du droit, c'est le principe des autres libertés ou, pour mieux dire, de la légitimité d'un tel nom pour toutes les formes de l'indépendance humaine. La plante a son développement indépendant, sa spontanéité : elle n'est point dite libre. La bête a son indépendance plus grande encore, elle ne se borne pas à vivre, elle sent, elle se meut : elle n'est point dite libre. L'homme est libre, et autant de formes de l'indépendance humaine, autant de libertés.

Vient d'abord, d'une manière générale, l'indépendance à l'égard de tout agent extérieur (sauf les agents naturels), l'exemption de tout obstacle, de toute entrave : c'est la liberté dans le sens où la langue courante emploie ce mot. L'enfant, le domestique, l'ouvrier, l'engagé lié par un contrat quelconque à autrui, n'est pas libre.

Vient ensuite, dans la langue du droit, l'indépendance à l'égard de tel genre de force capable d'oppression, l'exemption de tel genre de servitude. Pour le droit des gens, la liberté est l'indépendance nationale, l'exemption de la servitude étrangère : c'est la liberté d'un peuple à l'égard des autres peuples. Pour le droit politique, la liberté est l'indépendance à l'égard d'une dynastie ou d'une caste, l'exemption de la servitude intérieure : c'est encore la liberté d'un peuple, en tant que souverain ou maître de soi. Pour le droit civil, la liberté est l'indépendance de chacun à l'égard de chacun et de tous, l'exemption de toute servitude personnelle, de tout assujettissement à autrui : ce n'est plus la liberté d'un peuple, mais la liberté des citoyens dans le peuple.

Il n'est point de gouvernement qui ne veuille la liberté extérieure du peuple, l'indépendance nationale. La république démocratique en veut aussi la liberté intérieure, qui n est autre chose que la souveraineté nationale. Et la république libérale veut la liberté des citoyens dans le peuple, le règne de ce droit individuel qui constitue l'ensemble de ce que la République française a elle même nommé *les Droits de l'homme*.

Qu'est-ce que l'égalité ?

C'est d'abord l'identité de la nature humaine, une en son essence. Il est clair que tous les hommes possèdent tous les attributs constitutifs de l'homme, et ils sont égaux en cela ; mais ils ne les possèdent pas également. Egalité d'humanité, inégalité des hommes : d'où se tire l'égalité de droit, ou de titres, à égalité de valeur, — et aussi l inégalité de droit, ou de titres, à inégalité de valeur : ce qui est encore une égalité, la vraie, non de fait, mais de mesure.

C'est encore l'identité de la liberté chez tous les êtres moraux. La liberté ne comporte pas de degrés ; on n'est pas plus ou moins libre, comme on est plus ou moins intelligent : qui est libre l'est absolument ; tous les hommes en possession de raison sont donc également libres. La liberté étant le fondement du droit, l'égalité de la liberté est l'égalité du droit : de là, dans la cité, l'égalité des citoyens. Inégaux comme hommes, ils sont égaux comme citoyens, en ce sens qu'ils jouissent des mêmes droits. Mais n'oublions pas que l'égalité du droit est essentiellement une égalité proportionnelle, relative, toute de mesure : à mérite égal, à titres égaux, droits égaux. Rien de moins, rien de plus.

Cette sorte d'égalité est bien caractérisée : l'égalité devant la loi. A quoi l'on ajoute que toutes les charges publiques, toutes les fonctions, sont également accessibles à tous, sans acception de classes, sans considération de titres autres que les titres personnels, sans autre distinction que celle du mérite. Mais cette distinction est toujours à faire. Egalité du droit : la république démocratique ne prétend pas autre chose.

Et qu'est-ce enfin que la fraternité ?

C'est, par suite de l'identité de la nature humaine, l'unité du genre humain : d'où l'unité du peuple, et le caractère unitaire de la république.

Ce mot a une signification d'autant plus compréhensive, qu'il exprime plus peut-être un sentiment qu'un principe. Il signifie que la république est une ; il signifie aussi que la république n'est pas seulement libérale, mais humaine, et, en quelque sorte, maternelle : les citoyens, enfants du peuple, ont en elle une commune mère ; il signifie enfin que la république s'efforce de réaliser, par une protection chaque jour mieux comprise des droits privés comme par une gestion chaque jour plus large des intérêts communs, par la suppression de plus en plus sévère des privilèges, sources d'iniquité et de mort, comme par la dispensation de plus en plus abondante des sources générales de la vie, un régime où l'égalité du droit ne mesurerait pas seulement les emplois aux titres, mais encore les fortunes au travail, où chacun, sans atteinte à aucune liberté, et par le jeu même de l'universelle liberté, recevrait selon ses œuvres.

C'est l'idéal de la démocratie. La fausse démocratie le rêve, et le dénature ; la vraie démocratie le conçoit, et, par de bonnes lois, de sages réformes, par des améliorations prudentes, lentement mais sûrement, sans violence mais ferme en sa marche progressive, le réalise peu à peu.

TABLE DES MATIÈRES

	Pages.
Des variations de la morale	1
La morale spiritualiste	55
Qu'est-ce qu'une littérature ?	102
La France et les Lettres	131
Les responsabilités solidaires	155
Questions du temps	185
Du droit entre peuples	215
Le premier congrès de l'Internationale	229
Le rôle de l'Etat dans les questions économiques	284
Le divorce	329
La liberté de la Presse	346
Le serment en justice	348
La constitution de la République française	352
La vraie démocratie	365

OUVRAGES DU MEME AUTEUR

Chez Félix ALCAN

La Philosophie de M. Cousin (*Bibliothèque de Philosophie Contemporaine*), 1 vol. in-12.

La Religion progressive, Etudes de philosophie sociale, 1 vol. in-12. (Epuisé).

Etudes esthétiques, 1 vol. in-12.

L'Analyse métaphysique (*Méthode pour constituer la Philosophie première*, 1 vol. in-8.

Esquisse d'une philosophie de l'être, 1 vol. in-8.

Le Problème religieux au XIXᵉ siècle, 1 vol. in-f°.

Chez DEGORCE-CADOT

Bibliothèque de vulgarisation

Histoire de la Philosophie, 1 vol. in-12

La Langue et la Littérature françaises au XVᵉ siècle, 1 vol. in-12 et in-8.

Précis d'Instruction morale et Manuel d'Instruction civique, 1 vol. in-12.

Chez Divers

Laure, *nouvelle*, 1 vol. in-? (entu). Epuisé.

La République (*Bibliothèque démocratique*). Epuisé.

De la Métaphysique considérée comme science (ouvrage récompensé d'une mention honorable par l'Académie des Sciences morales et politiques), 1 vol. in-8 (Pedone-Lauriel).

Les Tendresses humaines, *poésies*, nouvelle édition, 1 vol. in-12 (Lemerre).

Un Fils du siècle, *poème*, nouvelle édition ; **Seppo**, *poème dramatique*, 1 vol. in-12 (Lemerre).

POUR PARAITRE PROCHAINEMENT :

THÉORIE DE L'AME HUMAINE

www.ingramcontent.com/pod-product-compliance
Lightning Source LLC
Chambersburg PA
CBHW052122230426
43671CB00009B/1082